KB068636

중국과 공존하는 아세안의 지혜

이선진

박영사

머리말

한국 외교에 가장 큰 영향을 미친 외부요인은 무엇일까. 현대에 들어서는 미국의 존재감을 빼놓고 얘기하기 힘들다. 그러나 역사적으로 한반도에 가장 큰 영향을 끼친 나라는 역시 중국이었다. 지난 수십 년 동안 미국이 우리에게 큰 영향력을 행사할 수 있던 배경에는 냉전(冷戰) 기간에 한·중 관계의 단절이 여러 원인 가운데 하나일 것이다. 냉전 체제가 무너져내리자 자연스레 한·중관계가 복원되었다. 그리고 이제 중국은 미국과 경쟁하면서 우리의 삶에 영향을 끼치고 있다.

이러한 중국에 대해 우리는 어떻게 대응해야 할까. 이 문제는 저자가 외교관으로 재직하는 기간 내내, 그리고 외교관 생활을 그만둔 지 십여 년이 지난 지금까지도 머릿속을 떠나지 않는 화두(話頭)였다.

저자는 인도네시아 주재 대사로 3년 근무하고 외교관 생활을 끝냈다. 여러 아세안 사람들과 대화를 나누면서 중국에 대한 시각이 우리와 크게 다르다는 점을 발견하였다. 우리와 마찬가지로 동남아 사람들의 최대 위협은 중국이다. 그렇지만 중국을 대하는 태도와 방식은 우리와 달랐다. 왜 그럴까. 그리고 서로 다른 방식을 택한 한국과 아세안의 행로가 어떻게 진행될까. 이러한 호기심이 지난 17년 동안 저자를 아세안에 묶어놓고 있다.

중국·아세안과의 인연

저자가 중국과 인연을 맺은 것은 1989년 천안문 사태 전후의 시점이었다. 천안문에서 세상을 놀라게 할 사건이 벌어질 당시 저자는 외교부 중국 담당과장이었다. 한 청년이 천안문 광장으로 진입하는 탱크 앞을 가로막던 장면이 기억에 생생하다. 홍콩에 근무할 때 중국 외교부장 첸지천(錢基琛)이 1991년 11월 서울에서 개최될 아·태 경제협력체APEC에 참석한다는 중국 신화사측의 통보를 받고[1] 한·중 수교가 눈앞에 다가왔다는 사실을 직감했다.

1992년 한·중 관계가 정상화된 직후, 베이징(대사관)과 상하이(총영사관)에서 근무하면서 중국의 격동기를 지켜보았다. 개혁개방 초창기에 중국 정부 관리들은 외부 세계, 특히 한국에 대한 호기심이 대단했다. 중국은 사회주의 경제 체제를 유지한 채 세계화 조류에 적응해야하는 만큼 한국의 개혁과 개방의 성공 또는 실패의 경험을 듣고 싶어했다. 한국 대사가 그 어떤 부장(장관)에게 면담을 신청해도 거절당한

---

1) 홍콩 주재 한국 총영사관과 중국 신화사 통신은 당시 공인된 비접촉 창구.

적이 없었다. 당시 중국은 국제 질서의 충실한 추종자follower의 모습을 하고 있었다. 이제 추종자에서 주동자prime mover로의 상승을 꾀하고 있다. 불과 30년 사이에 일어난 일이다.

저자와 아세안과의 본격적인 인연은 2002년 외교부 외교정책실장으로 재직하면서부터이다. 동아시아 지역의 정치·안보 회의에 참여하여 아세안 외교관들과 교류를 시작한 것이다. 이어 2005년 5월 인도네시아 주재 대사로 부임하여 3년 근무하였다. 중국이 일본을 추월하여 세계 2위 경제 대국으로 발돋움하기 직전이었다. 아세안 외교관, 학자, 언론 및 기업인들과의 대화의 중심에는 언제나 중국이 자리했다. 저자는 인도네시아 부임 전까지 미국 또는 중국의 눈으로 지역 정세를 보는 버릇에 배어 있었으나, 인도네시아 부임 후 태도가 바뀌었다. 아세안의 시각에서 동아시아 정세와 아세안-중국 관계를 살피기 시작했다. 비로소 아세안이 동아시아 지역협력의 구동축驅動軸, driving axle 역할을 한다는 사실을 알게 되었다. 자동차는 엔진에서 만들어진 에너지를 구동축을 통하여 바퀴에 전달할 때 비로소 움직인다. 이 역할은 아세안이 스스로 만든 것이다.

아세안에 관하여, 그리고 아세안-중국 관계에 관한 관심은 2008년 외교부를 퇴직한 이후에도 계속되었다. 퇴직한 다음 해부터 대학강단에 설 수 있었다. 한림대학교(춘천), 서강대학교 국제대학원, 서울대

학교 정치외교학과에서 동아시아 지역주의와 동남아를 주제로 강의
하면서 동남아 현지답사 여행을 시작하였다. 십여년 동안 여름 방학
과 겨울 방학이 되면 혼자서 아세안과 중국 국경 지역을 20여 차례
찾았다. 가능하면 버스와 철도를 타고 아세안−중국 국경 지역의 도
로망, 물동량, 인적교류, 출입국 절차 및 국경 경제권의 개발 상황을
살폈다.

아세안의 지혜를 보다.

이 책이 다루는 1990년대부터 30여 년 동안 중국은 변신을 거듭하
였다. 크게 나누면, 1990년대 고난의 시기, 2000년대 고도 경제성장의
시기, 그리고 2010년대 세계 대국의 꿈을 키우던 시기이며, 이어서
미·중 경쟁의 시대로 이어진다. 이러한 중국의 변신에 대하여 아
세안은 어떻게 대응하였는가. 아세안 국가는 개별적 대응과 공동 대
응collective response이라는 두 개의 모자를 가지고 수시로 바꾸어 쓰고
있다. 이 책은 아세안의 공동 대응을 중심주제로 다루고 있다.

저자는 중국을 겨냥한 아세안 전략의 핵심을 다음 세 가지로 정리해
보았다. 첫째, 주요 사안에 대하여 공동 대응 방식을 택한다. 한 가지
사례로 아세안 정상들은 1992년 회합에서 남중국해 문제에 대하여 중

국에 공동 대응하기로 합의하였다. 아세안은 역사적 경험을 통하여 일대일 방식으로는 중국에 대항할 수 없다는 것을 알고 있다. 마치 작은 물고기들이 고래나 상어 등 큰 고기로부터 살아남기 위하여 떼를 지어 다니는 것과 같은 이치다. 중국을 다자협력 틀 속에 포용하는 것도 공동 대응 방식의 일종이다. 아세안지역안보포럼ARF, 아세안＋3 정상회의, 동아시아정상회의EAS 등 다자관계의 틀 속에 중국을 묶어 공존을 모색해 왔다.

둘째, 자기의 힘capacity building을 키우는 것이다. 아세안은 지난 20여 년 동안 지역통합과 회원국 결속에 큰 노력을 기울였다. 아세안은 1992년 정상회의에서 아세안의 공동 목표를 경제 통합으로 의견을 모았다. 그전까지 정치, 안보 중심의 공동 목표를 경제로 방향 전환하기로 합의하였다. 첫 사업으로 아세안자유무역지대AFTA 설립을 추진한 것이다. 시대의 흐름을 정확히 읽은 혜안(慧眼)이었다. 그 결과 아세안은 중국이나 미국이 함부로 할 수 없는 경제력을 갖게 되었다.

셋째로는 균형 외교equilibrium diplomacy 전략이다. 아세안이 1967년 창설 이후 유지해 온 외교원칙이다. 중국을 견제하기 위하여 미국과의 단합을 추구하지 않는다. 아울러 동남아 지역을 특정한 국가의 배타적 세력권 아래에 위치하도록 허용하지 않는다.

2016년 7월 남중국해 문제 관련, 헤이그에 있는 국제중재재판소가 중국의 주장을 거부하는 판결을 내리자 미국은 중국에 동 판결을 준수하라는 성명을 발표하려고 시도했다. 그러나 필리핀, 베트남을 등 분쟁 당사국들을 포함 아세안 전체가 미국의 요청을 거부하였다. 미국과 단합하여 중국에 대항하지gang-up 않겠다는 태도이다.

균형 외교는 경제적 성과로도 이어진다. 아세안의 최대 교역 상대는 중국인 반면, 아세안에 가장 많이 투자FDI하는 나라는 미국이다. 개별 회원국 차원에서 보면, 베트남은 끊임없이 중국과 정치적 마찰과 물리적 충돌을 일으킨다. 그러나 이 나라는 2021년 중국과의 무역에서 539억 달러 적자를 보았고 미국과는 811억 달러 흑자를 기록했다. 캄보디아는 친중(親中) 국가로 알려졌지만, 이 나라의 최대 수출 시장은 미국이다.

한마디로 아세안은 1990년대부터 현재까지 어떠한 국제정세 및 중국의 정책 변화에도 자기 나름의 대응 전략을 스스로 개발해 온 것이다. 여러 전략이 나왔으나 궁극적으로 우리 속담으로 풀어 쓰면 "친구는 백 명이라도 적은 것이요 적은 한 명이라도 많은 것이다Thousand friends and no enemy"를 실천한 것이다. 아세안이 미국과의 교류를 강화하더라도 중국을 어렵게 하지 않는다. 반대로 중국과의 관계를 강화되더라도 미국에 대한 배려도 소홀히 하지 않는다. 이 책이 이와 같은

아세안의 전략 방식을 이해하는 데, 조금이나마 도움이 되었으면 하는 바람이다.

책이 나오기까지 많은 분이 도움을 주셨다. 서강대학교 명예교수이자 동 대학교 동아연구소 소장으로 재직하셨던 신윤환 교수는 한국 동남아 지역 연구의 선구자이자, 저자에게는 동남아 연구의 가이드이다. 전 삼성경제연구소 연구위원이자 고려대학교 교수를 역임하신 박번순 교수는 동남아 경제의 대가이자, 저자에게는 동남아 경제 연구의 가이드이다. 중국 대사를 역임하고 현재는 부산 동서대학교 동아시아연구원 원장으로 계시는 신정승 대사는 저자와 함께 중국과 아세안을 여러 차례 여행하고 수시로 만나서 저자의 시각이 치우치지 않도록 고언(苦言)을 아끼지 않았다. 그리고 이 책이 나오기 위해 문장을 다듬고 여러 행정적 지원을 아끼지 않은 고려대 아세안센터 정호재 박사에게도 진심으로 감사의 인사를 드린다. 또한 출판사 박영사의 매우 꼼꼼한 교정과 다양한 책자 디자인 제시에 깊은 인상을 받았다. 그리고 저자의 반복된 수정에도 불구, 불평없이 응해준 장유나 차장에게 특히 감사드린다.

마지막으로, 필자의 아내에 대한 고마운 마음도 빼놓을 수 없다. 노모(老母)를 집에 모시면서 남편이 매년 짧게는 2~3주, 길게는 두 달 가까이 동남아 여행을 떠났지만 한 번도 말리거나 싫은 표정을 짓지

않았다. 이렇게 도와주신 많은 분께 진심으로 감사하는 마음과 함께
앞으로도 아세안과의 인연을 계속해 나갈 것이다.

2023년 9월

저자 이 선 진

추천사①

신 윤 환

서강대 정치외교학과 명예교수

나는 40년 동안 동남아시아 연구에 몸담아 왔지만 여태까지 이런 역작을 본 적이 없다. 이선진 대사는 내가 아는 그 누구도-학자, 외교관, 기자도-하지 못했던 일을 혼자서 그리고 한꺼번에 해낸 것이다. 30여 년간 외교관으로 근무하며 동아시아 주재국의 수많은 외교정책 결정자를 상대한 탄탄한 실무경험을 바탕으로, 퇴임 후 최근 15년 동안은 한-중-일-아세안의 주요 연구소들을 두루 섭렵하면서 전문가와 학자들을 만나 의견을 청취하고 토론을 벌이는 연구 활동을 어떤 학자보다도 성실하게 수행해 왔으며, 인류학자들조차 엄두를 내지 못할, 중국의 동남부와 동남아 국가들의 북부를 잇는 도로와 물류를 따라 국경지대 변방 도시를 찾는 현지 조사를 무려 스무 번이 넘게 실시했다. 외교관, 학자, 연구자의 길로 쭉 걸어 온 저자의 풍부한 경험, 치밀한 관찰, 날카로운 분석을 이 책 한 권에 오롯이 담아 놓았다.

이 책을 독자에게 꼭 추천하고 싶은 또 하나의 이유가 있다. 이선진 대사의 연구와 분석이 우리 한국인들에게, 한국의 외교와 미래에 던져

주는 값진 조언과 시사점 때문이다. 이 책은 지난 30여 년 동남아에 압도적 물량과 외교 공세를 펼쳐 온 중국과 사이사이 이에 견제, 대응하려는 미국 간의 경쟁과 갈등 속에서 줄타기하며 자신들의 교섭력을 키우고 이익을 철저히 챙겨 온 아세안의 지혜로운 선택과 공동 전략, 그리고 그 장애물과 그들 사이 잠재적인 갈등까지도, 치밀하게 살펴보고 있다. 중국의 압력과 미국의 보호막을 더욱 직접적으로 느끼는 우리 대한민국에 아세안은 동병상련하는 관계이지만, 무한한 잠재력을 지닌 협력파트너이기도 하다. 지금까지 교역, 투자, 이주, 관광 등 주로 경제협력과 사회문화교류의 대상으로만 여겨 온 동남아와 아세안은 이제 우리의 대외관계와 외교 정책에도 중요한 변수로 떠오르고 있음을 이 대사의 이 역작을 통해 절감하게 된다.

트럼프 행정부 이후 격화된 미·중 간의 갈등 속에서 정권이 바뀔 때마다 요동쳐 온 우리의 외교에 아세안의 경험이 던져주는 잠재적인 시사점과 실질적인 이익은 지금까지 제대로 연구된 적이 없다. 문화, 역사, 정치이념과 체제 등 여러 측면에서 실로 극단적인 이질성을 가진 아세안 국가들이 중국, 미국, 일본 등 강대국의 진출과 접근에 대응하여 일치된 목소리를 내면서 지역협력과 지역통합을 통해 아세안공동체 건설에 매진하고 있는 모습은 한국인의 눈에는 경이롭기까지 하다. 아세안과 다른 의미의 지역주의가 이념적, 세대 간 갈등으로 비화

추천사①

하고 급기야는 대외관계와 외교전략에서도 분열상을 드러내는 우리와
는 얼마나 대조적인가. 이 책을 국제정치전문가나 외교관뿐만 아니라
정치인이나 언론인에게도 권하고 싶은 이유이다.

　이 책은 국제관계와 외교사를 연구하는 학자들에게도 매우 중요하
고 흥미로운 사례연구를 제공할 것이다. 동아시아의 지역협력, 미·중
관계, 중국의 대외경제정책, 동남아의 지역주의와 아세안, 미국의 대
동아시아 정책 등등 실로 다양한 연구주제와 연관성을 가진 이 연구는
외교실무자들의 실제 경험과 변화하는 현장의 소리를 생생하게 듣고
싶어 하는 국제정치학자들이 일독하여야 할 책이다.

추천사②

박 번 순

전 고려대학교 교수, 고려대학교 아세아문제연구원 연구위원

이선진 대사께서 오랫동안 준비해 온 책이 드디어 출간되었다. 아세안을 중심으로 하되 이를 둘러싸고 벌어지는 미국과 중국의 경쟁과 갈등 관계까지 분석했다. 그동안 미·중 경쟁 관계를 다룬 저작물이 많이 출판되었으나 대부분 양자 차원에서 다룬 것이었다. 그에 비해 이 책은 아세안의 정치경제적 국제관계의 진면목을 볼 수 있게 할 뿐만 아니라, 아세안이란 프리즘을 통해 미·중관계를 들여다 볼 수 있게 함으로써 아세안을 한 차원 더 높은 수준에서 파악할 수 있게 한다.

책의 저자와 처음 만난 시점은 아마도 15년 전쯤이다. 당시 저자는 서강대에서 개최된 한 세미나에서 주제 발표를 했다. 인도네시아와 아세안의 정치경제 구조를 경제적 기초 위에서 설명한 세미나 내용은 기존 외교관들의 세미나 주제발표와는 질과 격이 다른 것이었다. 드디어 우리나라에서도 외교관 출신의 학자가 나왔구나 생각했다. 이후 저자는 외교현장에서 본 미국, 중국, 아세안의 관계를 서강대학교와 서울대학교의 대학원에서 학생들에게 생생하게 전달하였다. 또한, 저자는 현장에 답이 있다는 철학을 갖고 방학이 되면 배낭을 메고 동남아와 중국의 변경지대를 찾아 나갔고, 현장에서 느낀 소회와 정보를 많은 동아시아 연구자들에게 지속적으로 발신함으로써 이들의 동아시아에 대한 이해를 높이도록 했다. 이 책은 저자가 그동안 외교현장에서 보고 겪은 귀중한 경험, 대학교에서 연구와 강의를 통해 쌓은 학문적 지식, 그리고 배낭을 멘 젊은이가 되어 신발에 흙을 묻히며 얻은 현장 지식을 버무려서 나온 것이다.

이 책은 기본적으로는 2차 대전 이후 신생국들로서 생존하기 위해 유연성과 발휘하고 협력을 심화시켜온 아세안의 이야기이다. 그러나 격변하는 국제정치경제 질서 속에서 아세안을 둘러싼 미국과 중국의 경쟁과 갈등의 이야기 역시 흥미롭게 담겨 있다. 특히 중국의 급속한 부상의 결과 미·중의 갈등과 경쟁은 우리에게도 흥미로운 주제이다. 경제사학자들은 미국 GDP는 1870년대 초반이 되면 산업혁명을 성공시킨 후 세계 최강의 경제력을 자랑하던 영국의 GDP를 따라잡았고, 1880년 이후에는 미국의 공업생산액도 영국의 공업생산액보다 많아졌다고 한다. 그럼에도 불구하고, 미국은 영국을 제치고 세계 유일 패권국이 되기까지는 수십년을 기다려야 했다. 제조업 생산에서 중국이 미국을 앞선 지 이미 10여 년의 시간이 흘렀다. 중국이 미국을 제치고 세계 최강의 국가가 될 것인지 아니면 미국의 전방위적 공격으로 영원히 미국을 따라잡을 수 없을지는 아무도 모른다. 영국과 미국의 패권 교체는 양국이 한 뿌리였다는 점에서 상대적으로 순조롭게 이루어졌지만 미·중 관계는 그렇지 않을 것이다.

아세안은 미국과 중국의 갈등 속에서 아세안 공동체를 창설하고, 경제 규모를 확대하고, 동아시아 지역협력을 강화함으로써 성공적으로 대응해 왔다. 그 과정에서 아세안이 가장 강조한 전략은 아세안 중심주의이었다. 그러나 미국과 중국은 정치적 군사적으로 너무 크고, 경제적으로도 교역과 투자에서 아세안은 양국에 깊이 의존하고 있어 아세안이 계속 아세안 중심주의를 유지할 수 있을지 불분명하다. 다구나 미국과 중국의 갈등이 당분간 계속될 것이라는 새로운 과제 앞에서 아세안의 기존 대응이 계속 효과를 낼 것인지는 불확실하다. 당장 아세안은 역내 경제 통합을 강화하여 시장을 창출하고 제 3의 협력대상국을 모색하고 있다.

미·중 경쟁에 관한 우리의 상황은 아세안의 상황과 다르지 않다. 아세안은 아세안 역내라는 시장이 존재하지만 우리는 최소한의 버팀목이 될 수 있는 그런 시장이 존재하지 않는다. 향후 적어도 10－20년 간 우리 앞에는 미·중 간의 갈등이라는 불확실성이 가득하다. 이런 점에서 우리는 아세안을 강력한 협력대상으로 삼아야 한다. 아세안이 어떻게 지난날을 헤쳐왔는지 그리고 미래를 헤쳐갈 것인지 이 책은 우리에게 큰 시사점을 줄 것이다. 일독을 바란다.

차례

서 론 ··· 1

1 동아시아 동반 성장의 시기 ····························· 2

2 미국-중국의 전개 ······································· 5

3 미·중 경쟁에 대한 아세안 대응 ······················· 9

제1장 ▶ **1990년대 중국과 아세안 협력**

1 1990년대 동아시아 정세 ······························· 16

2 중국의 삼중고(三重苦) ·································· 18
   위기 극복 노력 _ 19

3 중국 지원에 나선 미국 ································· 22

4 아세안, 국제 정세 변화에 대한 대응전략 ·············· 27

5 외환위기와 지역주의 ··································· 30

6 아세안과 중국의 만남 ································· 35
   다자 지역협력 구도 _ 35
   화교와 반군(叛軍) 문제 _ 38

제2장 ▶ 중국과 아세안의 동반 경제성장

1 동아시아 지역경제협력 체제 …………………………… 53
지역생산 분업 체제 _ 54
2 중국, 세계 2위 경제대국으로 …………………………… 56
세계무역기구 가입 _ 57
세계 제2위 경제 대국으로 _ 60
中, 동아시아 경제의 중심으로 _ 62
3 아세안 경제성장 전략 …………………………………… 64
아세안 공동체 창설 준비 _ 66
'아세안 공동체' 설립에 대한 열기 _ 68
공동체 창설 성과 _ 69

제3장 ▶ 중국, 공세적 외교로 전환

1 9.11테러와 세계금융위기 ……………………………… 77
2 중국의 공세적 외교 ……………………………………… 79
중국 외교부장의 '대국, 소국' 주장 _ 79
중국 공세적 외교의 사례들 _ 80
3 아세안에 대한 중국의 경제 진출 및 외교 공세 ………… 85
19억 인구를 하나의 경제권으로 _ 86
중국의 공세 _ 87
4 중국이 공세적 외교로 전환한 배경 …………………… 91

5 미국 오바마 행정부의 아시아 전략 ······································· 95

제4장 정세변화에 대한 아세안의 대응

1 아세안의 대응책 ··· 107
2 아세안 헌장 제정 ··· 108
   아세안 헌장 _ 109
   아세안 기구의 조직화 _ 110
3 아세안, 동아시아 지역협력을 주도 ·································· 112
   아세안이 주도하는 지역협력 기구들 _ 113
   동아시아정상회의 창설의 후유증 _ 119
4 남중국해 분쟁 ··· 120
   중국의 '9단선' _ 122
   아세안의 대응 _ 123
5 아세안의 분열 조짐 ·· 124

제5장 시진핑 등장과 세계전략

1 시진핑의 세계전략 ··· 133
   세계전략을 위한 행보 _ 134
2 시진핑의 '중·미 신형대국관계' 제안 ····························· 135

중국의 '핵심이익' _ 137
써니랜드 회담 이후 _ 138

[3] 일대일로 제안과 추진 ································· 141
중국－유럽 경제연결 _ 141
BRI 추진 배경 _ 143
아시아 인프라투자은행 _ 145

[4] 시진핑의 해양 강국 정책 ··························· 146
대륙세력 중국의 탈바꿈 _ 147
해양강국 정책의 분야별 추진 _ 149

[5] '일대일로'에 대한 아세안 대응 ··················· 153

제6장 **시진핑 전략과 미국의 반격**

[1] 일관성 있는 중국 전략 vs. 미국의 무원칙 대응 ·············· 161

[2] 오바마, 뒤늦은 반격 ······························· 162
미·중 경쟁의 신호 _ 163

[3] 트럼프, 중국과 전면적 대립 ······················· 168
전면적 미·중 경쟁 돌입 _ 169
미·중 경쟁에 대한 시진핑의 시각 _ 175

[4] 바이든의 중국 압박 전략 ·························· 176

[5] 오바마 및 트럼프의 동남아 정책 ················· 177
동남아를 경시한 트럼프 대통령 _ 179

제7장 미·중의 군사 및 안보 경쟁

1 시진핑의 야심 ·· 185
2 미국의 인도·태평양 전략 ·· 186
    트럼프 행정부의 인·태 전략 _ 187
    바이든 행정부의 인·태 전략 _ 188
    유럽의 인·태 전략 _ 192
    중국의 고심 _ 194
3 인·태 지역, 미·중 군사력 ·· 195
4 상설중재재판소의 판결 ·· 199
5 중국의 대만 침공 가능성 ·· 202

제8장 아세안 공동체 창설 이후 경제성장

1 아세안 공동체 창설 후 진로 선정 ································· 213
2 지역통합의 대표 사례들 ·· 214
3 지역통합을 가능하게 한 요인들 ···································· 222
    첫째, 회원국의 국내정세 안정 _ 223
    둘째, 경제성장에 대한 열기 _ 225
    셋째, 동아시아 경제협력에 적극 가담 _ 226
4 아세안, 세계 5대 경제규모로 성장 ································ 227
    아세안 상호간 인적·물적 교류의 증가 _ 229

5   Covid-19로 지역통합 열기가 냉각 ·······································229
　　Covid-19 종식, 그러나 여전히 불안 요소들 _ 232

제9장 ▶▶ 미·중의 아세안 경제 진출 경쟁

1   미·중 전략 속 동남아 지역 ···265
2   아세안의 최대 경제 파트너는 미국과 중국 ·······················266
　　미국은 아세안의 최대 투자국 _ 266
　　아세안 무역의 제1, 2위는 중국과 미국 _ 268
3   중국의 인프라 건설 및 경제 진출 ···································268
　　아세안, 일대일로의 최대 집중 지역 _ 269
　　철도 현대화는 아세안의 희망 _ 271
　　중국의 전략적 이해 _ 273
4   아세안에 대한 미·중의 패권적 행태 ······························277
　　미국, 아세안 통신 사업에 '화웨이' 배제 _ 278
　　중국의 부채 함정 외교와 전랑 외교 _ 279
5   미·중에 대한 아세안의 우려 ···282
　　아세안-미 입장 차이 _ 282

미·중 경쟁 속 아세안의 진로

1 아세안의 새로운 과제들 ································· 297
　새로운 과제들 _ 298
2 미·중 글로벌 공급망 재편 ························· 300
　아세안, 디지털 무역의 지역 중심지로 _ 301
3 동남아 지역의 국제화 전략 ····················· 304
　동남아 지역의 국제화 전략 _ 305
4 아세안의 분열 조짐 ································· 306
　'아세안 중심주의' 훼손을 우려 _ 307
5 향후 진로를 고민하는 아세안 ················· 308
　아세안 시각 — 중국 영향력이 미국을 역전 _ 309
　미·중 이외 '제3자'론 _ 312
6 결어 ·· 312

끝내면서 ··· 317
　- 한국은 아세안을 어떻게 보아야 할까.

서 론

저자는 이 책에서 1990년대 냉전 체제 붕괴 이후 2020년 미국과 중국 경쟁이 본격화되고 Covid-19 팬데믹 직전까지, 아세안과 중국의 관계가 어떻게 변해 왔는가를 파악하고자 하였다. 그 과정에서 특히 아세안이 어떻게 대응하였는가에 초점을 맞추었다. 아세안 10개국은 중국과 육상, 해상, 아니면 육·해상으로 국경을 접하고 있다. 이러한 지리적 영향 때문에 아세안은 중국에 정치·경제적 위기, 아니면 자연재해나 전염병이 퍼질 때마다 긴장해야 했고 마땅한 대응 방안을 찾아야 했다.

중국은 1989년 천안문 사태를 전후하여 안팎에서 찾아오는 위기를 겪었다. 구소련USSR이 무너지고 미국이 세계 초강대국의 위치에 있었다. 중국은 미국이 추진하는 민주주의와 시장경제 체제에 대해 고립무원의 상태였다. 무엇보다 중국의 공산당 체제가 서구로부터 봉쇄당할지 모른다는 불안에 시달렸다. 일본, 한국 등 동북아 국가들이 미국의 세력 아래에 있는 상황에서 미국이 동남아 지역에서 중국 봉쇄정책을 취하지 않을까 하는 원초적 불안감이었다. 중국의 우려와는 달리 아세안은, 1991년 아세안 외교부 장관 회의에 중국 외교부장을 초청하게 된다. 이어 아세안이 주도한 지역 안보 포럼ARF에 중국을 참가시키고 아세안 대화 상대국으로 가입시키는 등 적극적으로 중국에 손을 내밀었다. 아세안이 중국의 숨구멍 역할을 한 셈이었다. 운이 좋게도 미국은 중국, 베트남의 공산당 독재체제와 사회주의 경제체제를 용인하는 결정을 내린다. 그 결과 중국과 베트남은 아시아태평양경제협력체 APEC와 세계무역기구WTO에 가입할 수 있었다. (제1장)

1997년 동아시아 경제 위기가 발생하게 된다. 이는 태국, 말레이시아, 인도네시아, 필리핀 등 동남아를 거쳐 한국을 강타하였고, 중국과 일본을 포함하여 동아시아 경제 전체에 막대한 피해를 남기게 된다. 당시 말레이시아를 제외한 동남아 4개 위기 당사국은 국제통화기금 IMF의 재정지원을 받았다. 그러나 IMF 재정지원 조건들이 까다로웠고, 선진 채권국들의 권익만을 옹호한다고 비판하였다. 1998년 2월 13 필리핀 재무장관의 아래 발언에서 이러한 불만이 나타난다. "필리핀, 인도네시아, 태국, 말레이시아는 그룹으로 IMF에 공동으로 대처해야 한다. 또 채권자와 채무자 간 조정 부담을 분담하는 공동의 입장을 채택해야 한다."[1] 동아시아 국가들의 세계체제에 대한 불만은 결국 동아시아를 뭉치게 하였다.

1. 동아시아 동반 성장의 시기
– 동아시아 경제 위기는 기회(機會)도 제공

경제 위기는 동아시아에 전대미문의 경제적 타격을 주었을 뿐만 아니라, 정치, 사회, 문화적 타격도 함께 건넸다. 그렇지만 이 지역 국가들은 위기를 기회로 삼을 줄 알았고 그 계기를 아세안이 제공하였다. 경제 위기가 한창이던 1997년 12월 아세안 정상회의가 말레이시아에

---

1) 원문은 다음과 같다. "The Philippines, Indonesia, Thailand and Malaysia should deal with the IMF collectively as a group" and "adopt a common stance to share the burden of adjustments between the creditors and the debtors."

서 론

서 열렸다. 아세안 정상들은 한국, 중국, 일본 동북아 3국 정상들을 초청하였다. 이들 동북아 국가는 과거에 동아시아 지역 기구 설립에 소극적이었지만 위기 상황에서 아세안의 초청에 흔쾌히 응하였다. 경제 위기를 경험하면서 동아시아 지역협력을 제도화할 필요성에 대한 공감대가 형성된 것이다. 유사한 경제 위기를 방지하기 위한 협력 방안을 본격적으로 논의하기로 합의하였다. 이 회의를 계기로 아세안＋3 (한·중·일) 정상회의를 비롯하여 많은 동아시아 지역협력기구들이 태어났다. 이른바 동아시아 지역주의EA regionalism의 태동이다.

정부 차원의 지역협력이 활성화되자 민간 차원에서 형성되던 지역 생산 분업체제가 정부 지원을 받아서 더욱 활성화되고 조직화하였다. 동아시아 지역 분업체제의 중심에는 WTO 가입에 성공한 중국이 있었다. 중국은 일본, 한국, 아세안 등 주변 지역으로부터 부품과 소재를 수입하여 가공한 후 미국과 유럽 등에 수출하여 막대한 무역 흑자를 축적하게 된다. 반면, 중국은 주변국과의 교역에서는 적자를 보았지만, 최대 교역 상대로 부상하면서 동반 성장한 것이다. 그 결과 동아시아 경제는 유럽EU, 북미NAFTA와 함께 3대 경제권으로 부상하였다.

이처럼, 중국과 아세안은 세계화 시대의 조류에 편승하여 개혁 및 개방, 그리고 시장경제를 습득하는 과정에서, 그리고 중국이 세계 경제에 편입하는 과정에서 아세안은 중국의 경쟁자이자 조력자 역할을 하였다. 2000년대 이후 미·중 경쟁이 본격화되기 이전, 동아시아는 '세계 경제의 엔진'이라고 불렸다. 이 시기 중국과 아세안은 동반 성장하였다. (제2장)

중국의 급부상과 아세안의 대응

중국은 세계무역기구WTO 가입 이후 세계시장 진출을 확대하면서 연평균 성장률 10% 이상의 고도 경제성장을 지속하였다. 중국이 WTO에 가입한 2001년 중국의 경제 규모는 일본의 30%에 불과했으나 2010년에는 일본을 제치고 세계 2위 경제 대국으로 도약하였다.

중국은 경제성장으로 만족하지 않았다. 경제 대국으로 부상하자 세계 무대에서 경제력에 걸맞은 정치적 영향력을 추구하기 시작하였다. 도양광회(韜光養晦), 즉 자신을 드러내지 않고 때를 기다리며 실력을 기른다고 하는 덩샤오핑 시기 중국의 외교방침이었으나 그로부터 차츰 이탈하였다. 중국은 아세안과 주변국에 대하여 미소 외교smile diplomacy를 거두고 공세적인 태도를 보이기 시작하였다. 때로는 경제적 당근으로, 때로는 압박으로, 즉 "채찍과 당근stick and carrot" 전술로서 주변 지역을 경영해 나갔다. 이어서 미국에 대하여 정치, 경제, 군사적으로 자기 목소리를 높이고 자신만의 국제 질서를 이루겠다는 세계 전략, 즉 중국몽(中國夢)을 펴나갔다. (제3장)

이에 대해 아세안은 나름대로 중국의 부상에 대한 대응책을 마련하기 시작하였다. 아세안의 대응 전략에 관해서는 앞(머리말, '아세안의 지혜를 보다.')에서 언급하였기에 설명을 생략하겠으나 전략의 핵심은 집단(공동) 대응, 자신의 능력배양, 균형 외교 등으로 집약할 수 있다. 이 가운데 능력배양capacity building이란 구체적으로 경제성장을 의미한다. 10개국이 정치, 경제, 문화적 차이가 크고 발전 수준이 다른 만큼 '경제성장'이라는 목표는 모두가 동의할 수 있는 분야이다. 또한, 개방과 개혁을 요구하는 세계화 시대에 있어서 정치 분야보다 경제적 개혁·개방이 달성 가능한 분야이기도 하다.

아세안은 1992년부터 지역통합을 시작하였지만, '단일 생산기지"를 건설하자는 공동 목표에 따라 회원국 사이 장벽을 없애고 지역통합을 본격적으로 추진하던 시기는 2000년대 초부터이다. 회원국 사이에 도로망, 통신망, 항공망 연결 및 항만 건설 등 지역수송망을 확대하는 한편, 관세 장벽을 낮추고 출입국, 자동차의 국경 통과 등 사람, 물자, 자본(투자)의 흐름이 원활하도록 법과 제도를 개선하였다. 다시 말하여 지역통합에 필요한 하드 및 소프트 인프라를 건설하였다.

이러한 지역통합 노력은 해외투자 유치에 성과를 거두었고 경제적 시너지 효과를 가져왔다. 회원국 모두가 높은 경제성장률을 기록하였고 회원국 결속을 다지는 데도 큰 성과를 거두었다. 그 성과(실리)를 바탕으로 회원국들은 개혁·개방에 더욱 적극성을 띠게 하였으며, 느리나마 민주화로 나아갔다. 그 예로, 2004년 7월 인도네시아에서 역사상 첫 직선제 형태의 대통령 선거가 치러졌다. 아세안의 지역통합 노력은 드디어 2015년 아세안 공동체ASEAN Community를 공식 발족하기에 이르렀다. (제2장, 4장)

2. 미국 - 중국 경쟁의 전개
- 시진핑(Xi)의 세계 전략과 미국 주도 체제에 대한 도전

아세안-중국 관계는 미·중 경쟁으로 새로운 국면을 맞이하게 된다. 1990년대 구소련USSR이 와해된 이후 미국은 정치, 안보, 경제적으로 경쟁상대가 없는 세계 초강대국의 위치를 차지하였다. 그러나 2000년대 들어서 미국에 대한 9.11 테러와 그 후 미국이 전개한 국제 테러와의 전쟁, 미국발(發) 세계 금융위기, 트럼프 행정부의 '미국 우선주의America First 정책' 등으로 인해 미국은 초강대국 위치에서 차츰 밀려났다. 미국 브라운 대학 분석에 의하면, 미국은 지난 20년 동안 아프가니스탄 전쟁을 포함 테러와의 전쟁을 치르면서 8조(兆) 달러에 달하는 천문학적 비용을 지출하게 된다.[2] 미국 우선주의 정책은 동맹 체제, 인권, 법치주의, 국제 질서의 존중 등 미국의 기존 외교원칙을 무시하였고, 오랜 역사를 가진 국제기구WTO, WHO 등마저 무력화시켰다. 무엇보다 세계적 유행병 Covid—19로 모든 나라가 고통을 받았고 미국마저 Covid—19로 인한 사망자가 1백만 명을 넘어선 것이다.[3] 미국은 국제적 지도력을 발휘하지 못하였고, 중국을 비난하거나 세계보건기구WHO를 탈퇴하는 등 세계적 유행병을 국내 정치에 이용하려고 하였다. 그 결과 미국 우선주의 정책은 미국에 대한 국제적 신뢰를 크게 떨어트렸다. 2020년 대통령 선거 결과를 두고 민주당과 공화당 사이 분열과 대립도 초강대국 미국의 문제해결 능력의 한계를 여실히 드러냈다.

이러한 미국의 추락을 가장 잘 포착하고 활용한 나라는 중국이었다. 중국은 높은 경제성장률을 지속하였고, 동아시아가 '세계의 공장'이라고 불리던 시점에 그 지역의 중심자리를 차지하게 된다. 중국이 막대한 부를 축적하였고 동아시아 국가들과 동반 성장하는 가운데 시진핑Xi이 국가주석으로 취임하여 일대일로, 해양 강국 정책 등 세계 전략을 하나씩 펼쳐나갔다. 세계가 중국의 급부상을 불안스럽게 지켜보았지만, 미국은 이에 대응할 여유가 없었다. (제2장, 3장, 5장)

중국의 부상이 가시화되던 2004년 저자는 한국—미국—일본 연례

---

2) Costs of the 20−year war on terror: $8 trillion and 900,000 deaths (2021.9.1. Brown University, co−directed by Stephanie Save−ll, Catherine Putz and Neta Crawford)
3) 2023년 8월 미국의 Covid−19 확진자는 1억 7백만 건, 사망자는 117만 명이다. (Worldometer)

외교정책 고위 실무 회의에 참석한 경험이 있다. 중심의제는 중국이
었다. 미국 대표는 한·중 관계의 급속한 발전에 우려를 표명했다.
한국과 중국 사이 교역, 투자, 인적교류 및 고위층의 상호 방문이
급격하게 늘어나는 현상에 대한 지적이었다. 이에 대해 한국 대표
는 미국의 중국 정책이 과연 무엇이냐고 반문하면서 미국의 정책이
혼란스럽다고 반박하였다. 일본 대표는 동남아에 '힘의 공백power
vacuum'이 생기고 있으며 그 공백을 중국이 메꾸고 있다며 위험성을
지적했다.

미국 대표는 한국과 일본이 제기한 문제에 대하여 곤혹스러워하는
표정이었다. 당시 중국의 부상에 대하여 우려의 목소리가 커지고 있었
으나 미국은 아프가니스탄 전쟁을 수행하기 위해서 중국의 협력이 필
요하였다. 중앙아시아에 미군 공군기지를 확보해야 했고, 공군기 작전
수행에 중국의 동의가 필요하였다. 미국은 이처럼 테러와의 전쟁을 수
행하면서 동남아와 동아시아에서 힘을 잃어가고 중국을 견제할 타이
밍을 놓쳤다. 즉 '급부상하는 중국과 퇴조하는 미국rising China while
declining USA을 지켜볼 수밖에 없었다.

뒤늦은 미국의 반격

시진핑의 공세적인 세계 전략에 대한 미국의 초기 대응은 '혼란' 그
자체였다. 오바마, 트럼프, 현재의 바이든 행정부에 이르기까지 미국
의 정책은 일관성이 없었다. 오바마는 애초 미·중 협력G2을 추구하다
가 나중엔 압박정책으로 돌아섰다. 트럼프는 처음부터 압박정책을 취
하여 무역과 기술 전쟁에서 군사 및 이념 갈등까지 미·중 경쟁을 전면
적으로 확대하였다. 그러나 트럼프의 미국 제일America First 정책은 중
국의 거센 반발을 초래했을 뿐만 아니라 다자주의 체제를 무시하고 과

도한 보호주의 정책에 의존함으로써 국제사회로부터 지지를 얻지 못하였다. 특히 대통령 선거를 앞두고 Covid-19 확산까지 더해져 중국에 대한 미국의 압박은 힘을 잃을 수밖에 없었다. 후임 바이든은 트럼프 때 소원해진 대서양과의 관계trans-Atlantic를 복원하고 동맹 체제를 회복하였다. 또한, 미-일-호주-인도 4개국으로 구성된 쿼드QUAD, 호주-영국-미국 3개국의 AUKUS 안보 협정, 그리고 15개국이 참가한 인·태 경제프레임워크IPEF 등 트럼프 행정부와 달리 정교하고 조직적인 인도·태평양 전략으로 중국을 에워싸기 시작하였다. (제6장)

더욱이 유럽 세력이 적극 바이든 행정부의 인·태 전략을 지원하고 나섰다. 영국, 독일, 프랑스 등 유럽 선진국들은 애초 시진핑의 세계 전략에 반대하지 않았다. 그러나 이들은 동부 유럽Eastern Europe 지역에 대한 중국의 접근정책이 유럽연합EU 분열로 이어질 위험성을 감지하였다. 이 밖에도 중국의 '부채 함정debt trap' 외교 등 일대일로의 추진방식이 국제적 비난을 받는 가운데 위구르족에 대한 탄압, 홍콩 문제, 남중국해 관련 헤이그 중재재판소 판결에 대한 불복 등 중국 행태를 더는 내버려 두기 어렵다고 판단하게 된다. 유럽 선진국들은 각자 인도 태평양 전략을 발표하였다. 유럽의 군사동맹 체제인 북대서양조약기구NATO 역시도 중국에 대한 경계감을 감추지 않고 있다NATO 2022 Strategic Concept.

이런 가운데 2022년 2월 러시아가 우크라이나를 침공하였다. 푸틴 러시아 대통령이 우크라이나 공격 직전에 중국에서 개최된 동계 올림픽에 참석하여 시진핑 주석과 정상회담을 하고 중·러 특수 우호 관계를 과시하였다. 이에 미국과 서구는 중국의 지지와 지원을 의심하였다. 미국은 '전제주의 vs. 민주주의'라는 구도를 내세워 중국과 러시아를 싸잡아 비난하고 중국 위협론을 부각하였다.

한편, 중국은 2015년 5월 중국군 국방 개혁을 발표하였다. 이는 해양 강국 정책으로, 2013년 일대일로 전략과 함께, 시진핑Xi의 세계 전략의 한 축이다. 동 개혁 방침에 따라 중국군을 전면적으로 개편하고 해군 현대화 계획을 과감하게 추진한다. 중국 군부는 1980년대부터 중국의 연안(沿岸)과 근해(近海)에서, 다시 말하여 중국의 제1 도련선島鏈線·island chain에서 외국 세력의 접근 및 팽창을 저지하겠다는 군사전략을 세웠다. 이 선 안에 대만과 남중국해가 들어있다. Xi의 해양 강국 정책과 해군력 증강 계획은 해양 패권 세력인 미국, 인도, 일본에 중대한 도전이다. 자연이 미·중 사이의 군비경쟁과 군사 대립이 치열해지고, 특히 남중국해와 대만 수역이 화약고flash point로 변하고 있다. 러시아의 우크라이나 침공이 일어나자 중국의 대만 침공 가능성에 관한 공론이 국제사회에서 활발해지기도 하였다. (제7장)

3. 미·중 경쟁에 대한 아세안 대응
- 새로운 성장 패러다임이 필요한 아세안

Covid-19 팬데믹의 발생과 이로 인한 세계 경제의 침체는 아세안 경제에 큰 타격을 입혔다. 2020년 코로나 사태로 많은 사망자가 발생하였고 국경 봉쇄와 이동 제한조치 조치로 경제가 크게 후퇴하였고 급기야 아세안 평균 경제성장률이 세계 평균을 밑돈 것이다. 국경 봉쇄와 중국의 '제로 코로나' 정책의 여파로 아세안 관광 산업도 무너졌다. 오랫동안 어렵게 쌓아 올린 지역통합과 회원국 결속이 무너질 위험성마저 커지고 있다.

또한, 미·중 경제 비동조화decoupling는 아세안에 새로운 경제성장 패러다임을 찾도록 강요하고 있다. 미국은 동아시아 지역협력 체제 속에서 성장해 온 중국의 성장 패러다임을 더는 용납하지 않겠다는 의지가 강하다. 아세안 경제는 중국과 동반 성장해 왔지만 앞으로 그러한 패턴의 성장을 기대하기 힘들게 되었다. 심지어 미·중 경쟁은 아세안의 분열을 심화시키고 있다. 미국과 중국은 아세안의 결속과 '아세안 중심주의centrality'를 지지한다고 말하지만, 실제는 그렇지 않다. 아세안의 결속이 자신들의 전략에 방해가 된다고 판단하면 서슴지 않고 분열 작전을 구사한다. 실례로 중국은 남중국해 문제를 두고 아세안 공동 대응을 무산시키려고 노력하고 있고, 미국은 민주주의 회의, 인·태 경제프레임워크IPEF에 아세안 회원국 일부만 초청하였다. (제9장)

성장 패러다임의 전환?

미·중 경쟁이 동남아 경제에 새로운 변화의 조짐을 보여주는 면도 있다. UNCTAD 자료에 의하면, 미국과 유럽 기업들이 2021년 아세안 반도체 산업 분야에 252억 달러, 전자 분야에 215억 달러를 투자FDI하였다. 2019년과 2020년에는 10억 달러 미만의 수준이었으니 20배 이상 늘었다ASEAN Investment 2022. 다른 통계를 인용하면, 2021~2022년 두 해 동안 반도체 산업 분야에서 해외직접투자를 가장 많이 유치한 세계 10개국 중에 말레이시아와 싱가포르가 들어있다.[4]

바이든 행정부가 중국을 집중적으로 견제하자 미국과 유럽 기업들은 새롭게 아세안으로 눈을 돌리고 있다. 아세안 국가들은 이에 호응하여, 반도체 산업 투자 유치를 위하여 세제 혜택, 인력 개발, 투자 환

---

4) FT 2023.5.3.자 "The world's top semiconductor investors"(Alex Irwin-Hunt 기고).

경 개선에 힘을 쏟고 있다.

이처럼, 미국은 중국을 중심으로 한 동아시아 생산 분업체제를 와해시키는 한편, 새로운 성장 패러다임이 나타나는 것을 두고 보고 있다. 두 가지 조류가 아세안의 미래에 어떠한 영향을 미칠지는 계속 지켜봐야 할 문제이다.

아세안 경제의 장점은 인구 6억 5천만 명, 전체 GDP는 3조 달러가 넘는 경제 규모이다. 프랑스나 인도보다 큰 경제 규모이다. 아세안 경제는 또한 제조업 산업에 장점이 있다. 아세안 10개국을 '단일 생산기지'로 만들려는 노력이, 그리고 아세안 공동체의 창설이 제조업의 장점을 더욱 두드러지게 한다. 중국의 일대일로(一帶一路) 해외 인프라 건설 프로젝트가 가장 몰려있는 지역은 동남아이다. 아세안에 대한 미국의 누적accumulated 투자 규모는 한국, 일본, 중국, 인도에 대한 미국의 투자를 모두 합산한 것보다 많다. 인도 태평양 경제프레임워크IPEF 교섭에 참여 중인 나라의 절반이 아세안 회원국이다.

한편, 아세안은 남중국해 분쟁이라는 인화(引火) 물질을 껴안고 살고 있다. 남중국해는 미·중 경쟁이 될 뿐 아니라, 남중국해에서 아세안과 중국 사이 크고 작은 충돌이 계속 일어나고 있다. 중국은 이 수역에서 군사적으로 아세안 분쟁 당사국들을 압도하려고 한다. 그러나 이 수역이 차츰 국제화되어, 중국의 자의적 군사행동이나 현상 변경을 어렵게 하고 있다. 20~30년 전과 달리, 미국, 일본, 인도, 호주뿐 아니라 유럽 세력까지 가세하여 대만 수역과 남중국해에서 중국의 행동을 견제하는, 다국적 협력체제가 형성되고 있다.

중국은 특히 세계 무대에서 아세안의 존재감과 완충 역할을 반드시 필요로 한다. 2022년 인도네시아에서 개최된 G20 정상회의를 계기로 바이든 미국 대통령과 시진핑 중국 국가주석 간 정상회의가 열렸다.

두 정상의 대면 회의는 수년 만에 처음이었다. 앞으로 미·중 경쟁이 치열해질수록 두 대국은 아세안의 가교역할이나, 패권 세력 사이 완충지대buffer zone가 절실해질 것이다. (제10장)

용어 및 첨부 자료

이 책은 중국에 대한 아세안의 공동(집단) 대응 전략을 다루고 있다. 아세안 공동체란 표현은 조직의 이름 아래 함께 행동하는 의미로 쓴다. 인도네시아, 싱가포르 등 개별 국가의 대응을 의미할 때는 아세안 국가, 아세안 회원국이라는 용어를 쓰거나 국가 명칭을 쓴다. 아세안의 공동 대응 방식은 중국 이외 역외국에 대하여도 흔히 사용한다. 과거 저자가 현장에서 어떠한 사안에 대하여 아세안의 지지를 요청할 때 흔히 듣는 반응은, "자기 나라는 한국을 지지하나 다른 회원국들이 어떻게 반응할지 모르겠다"라고 직답을 회피하는 태도였다. 2005년 유엔안보리 개혁 방안2005 Annan Plan 관련 안보리 상임이사국의 수를 확대하자는 논의가 한창일 때 일본은 상임이사국으로 추대되기를 희망하였다. 당시 아세안 회원 9개국이 일본을 지지하였지만, 한 나라가 반대하여 아세안의 지지 성명을 얻지 못한 경험도 있다. 제1장, 제7장 및 제9장 뒤에 첨부 자료를 추가하였다. 그중 제8장 부록, "아세안 지역통합의 사례들"은 저자의 여행기록을 바탕으로 지역통합의 현장을 재구성해 본 것이다.

1. 1990년대 동아시아 정세

2. 중국의 삼중고(三重苦)

3. 중국 지원에 나선 미국

4. 아세안, 국제 정세 변화에 대한 대응전략

5. 외환위기와 지역주의

6. 아세안과 중국의 만남

제1장

1990년대 중국과
아세안 협력

1990년대 중국과 아세안 협력

1990년대가 시작되며 전 세계를 오랜 기간 얽어맨 냉전체제가 붕괴하기 시작하고 이른바 세계화 시대가 열리기 시작했다. 아세안과 중국은 앞에 펼쳐진 국제정세의 불확실성에 대하여 걱정하기 시작했다. 그동안 동아시아 국가들은 냉전체제에 기대어 자국의 정치·경제·이념적 폐쇄성을 유지해온 만큼, 세계화 시대가 요구한 개혁개방 및 자유민주주의 질서로의 전환에 대한 근원적 두려움을 안고 있었기 때문이다.[1]

이 시기 중국은 안팎으로 중병(重病)을 앓고 있었다. 1989년 천안문 사태로 불거진 국내적 위기와 더불어 국제적으로는 이념적 동맹인 소련이 몰락하면서 사실상 고립된 상태였기 때문이다. 아세안을 포함한 중국 주변국은 그때까지 익숙하였던 국제질서에서 벗어나 눈앞의 불확실성을 극복해야 했다. 특히 '중국위협'은 역사적 산물이자 지극히 현실적 문제이었던 만큼 이를 수수방관하는 것은 불가능했다. 나아가 세계화의 흐름 속에서 냉전시대의 이념 대립을 극복하고 중국 및 이 지역 공산권 국가들과의 정치, 경제, 사회적 교류를 어떻게 할 것인지도 적지 않은 도전이었다. 이러한 숙제를 해결하는 데 크게 이바지한 것이 아·태 경제협력체APEC 등 다자지역협력의 활성화였고, 역설적이지만 1997년 발생하였던 동아시아 외환위기 역시 지역 내 교류와 협력을 증진하는 계기가 되었다.

② 중국의 삼중고(三重苦)

중국은 1990년대 국제정세의 대전환 속에서 다양한 위기에 직면하게 되었다. 1989년 천안문 사태 이후 장쩌민(江澤民) 총서기 체제가 들어섰으나 국내의 정치 불안은 쉽게 가라앉지 못하였다. 국제적으로는 민주세력을 탄압한 인권침해 국가로 낙인찍혀 국제적 경제제재와 외교적 고립을 감수해야 했다. 세계화 시대라는 것은 새로운 국제 질서의 등장을 의미한다. 공산주의 체제가 쉽게 받아들이기 힘든 시대적 흐름이 펼쳐졌고, 중국은 이러한 국제사회의 흐름을 거부할 수 없었다. 따라서 중국지도부는 공산당 체제를 유지한 채 경제 분야의 개혁개방을 추진하게 된다. 중국이 새로운 국제경제 질서에 적응할 수 있을까, 반대로 국제사회가 중국의 변화된 프레임을 받아들일지도 관건이었다.

중국 지도부는 1990년대 초 소련USSR이 붕괴한 다음 15개의 공화국으로 쪼개지고 또한 동유럽 공산 정권의 연이은 몰락을 두 눈으로 목격했다. 자연스레 중국 공산당 역시 내부로부터의 붕괴가 일어나지 않을까 하는 우려 속에서 전전긍긍할 수밖에 없었다.[2] 여기에 더해 세계 유일한 초강대국으로 남은 미국이 언제든지 중국 봉쇄 전략을 추구할

중국과 공존하는 아세안의 지혜

것이라는 불안감을 가지고 있었다. 실제로 1999년 유고슬라비아 내전 당시 미국 전투기가 베오그라드 주재 중국 대사관을 폭격한 사건이 발생했다. 당시 사건은 미국 및 기타 여러 서방국가의 군대로 구성된 나토군에 의해 수행되었다. 나토 측은 지도상에서 중국 대사관과 폭격 목표물의 위치를 잘못 지정하여 발생한 사건이라고 해명하였고 미국도 실수에 의한 오폭(誤爆)이라고 해명했다. 그러나 이 사건은 중국과 나토 측 사이에 중대한 외교적 위기를 초래하였으며, 중국 내에는 미국의 의도적 폭격이라는 의견이 팽배했고 반미 데모가 격렬하게 일어났다. 중국은 미국이 언제라도 중국을 공격 또는 봉쇄할 가능성이 있다고 보고 이에 대한 대응책 마련에 고심하였다.

위기 극복 노력

중국은 어떻게 이 같은 이중, 삼중의 위기로부터 탈출할 수 있었을까. 중국의 자발적인 노력과 국제적 지원 두 가지를 꼽을 수 있다. 두 가지 가운데 어느 쪽이 위기 탈출에 더 큰 도움을 주었는지도 중요한 관점일 수 있다. 경중(輕重)을 따진다면 미국의 지원이 절대적이었고, 일본·한국·아세안 등 중국 주변국들의 직간접적인 지원과 지지가 없었다면 오늘날과 같은 중국의 성공은 불가능하였을 것이다.

중국은 천안문 사태 이후 장쩌민 총서기와 리펑 총리 체제로 국내정세를 안정하는 한편, 막후의 절대적 지도자 덩샤오핑이 1992년 초 선전(深圳), 주하이(珠海) 등 개혁개방의 최전선인 지역을 순회하며 "개혁·개방은 계속되어야 한다."는 메시지를 지속적으로 전달했다. 천안문 사태라는 비극과 갈등에도 불구하고 개혁·개방 노선을 견지하자는 주장이었다. 당시 중국 언론은 물론, 홍콩과 세계 언론들은 덩샤오핑의 발언과 행보를 대대적으로 보도하였다. 이와 함께, 중국이 주변 지역의 정세 안정화에 주력한 것도 주효했다. 인도와의 국경 지역 긴장 완화 조치에 합의(1993년)했고 주변국 여러 나라와 국경선 합의도 무난하게 성사시켰다.[3] 이 시기 일본의 아키히토 덴노(천왕)가 중국을 방문(1992년)한다. 국내정세가 어지럽고 위기를 맞이하면 외국과의 교류를 줄이고 국경을 닫아 폐쇄정책을 취하거나, 아니면 이웃 나라와 분쟁, 전쟁을 일으켜 국민의 관심을 밖으로 돌리는 나라들이 적지 않다. 그러나 중국은 오히려 문호를 활짝 열며 위기 탈출을 시도한 것이다.

아·태 경제협력체(APEC) 가입

이러한 맥락에서 중국은 1991년 아·태 경제협력체APEC에 가입했다. 그동안 중국은 독자적인 개혁·개방 정책을 추진했으나 오랜 기간 폐쇄된 계획경제 체제를 유지해 왔던 탓에 세계화가 요구하는 수준의 시장경제로 전환하는 데에는 오랜 시간과 많은 학습량, 그리고 이를 위한 여러 로드맵이 필요한 상황이었다. 그때까지만 해도 개혁개방 수준이 높지 않은 아세안 회원국과 함께 APEC에 가입하였다. APEC 가입은 시간적인 여유를 가질 수 있고 체제 전환의 경험과 노하우까지 얻게 되는 장점이 있었다. APEC의 '독특한' 의사결정 방식 또한 중국과 아세안에 유리하게 작용했다. 초창기 APEC은 역내무역·투자의 자유화liberalization와 원활화facilitation에 초점을 맞추었고, 그마저 자유·개방의 정도가 현격히 차이가 나는 여러 나라들이 함께 참가한 만큼 각국의 무역·투자 부분의 자유화 수준을 각국이 '자율적'으로 정하도록 느슨하게 관리했다. 심지어 처벌조항이나 분쟁 조정절차도 없었다. 따라서 모든 것이 자율적이며, 오직 회원국 사이의 암묵적 압력peer pressure만 있을 뿐이었다.

중국과 공존하는 아세안의 지혜

무엇보다, 중국은 APEC에 가입함으로써 미국의 봉쇄나 고립전략으로부터 자연스럽게 벗어날 수 있었다. 미국, 일본, 호주, 캐나다, 아세안 등 아·태 지역의 주요 나라들이 APEC에 참가했다. 만약 이들이 중국에 시장경제 체제를 받아들이도록 압박했다면 미·중 관계뿐 아니라 동아시아 지역 질서는 지금과 다른 모습이 되었을 것이다. 중국은 APEC에 가입하여 자국의 개혁·개방을 촉진했고 냉전 시대 단절되었던 이웃 나라와의 경제교류를 복구, 확대했으며 그로부터 10년 후인 2001년 세계무역기구WTO 가입의 토대를 마련하였다.

'21세기 新안보구상'

중국은 미국 주도의 국제정치 질서에 대하여 우려했고 특히 앞에서 이야기하였듯이 중국 봉쇄(고립화)정책을 취할 가능성에 대비할 필요가 있었다. 실제, 미국, 일본, 호주 등 서구민주주의와 시장경제를 신봉하는 나라들이 아·태 경제협력체APEC를 창설하고 지역협력을 강화하고 있었다. 동북아에는 한국, 일본, 대만이 미국의 세력권에 포진하고 있었다. 중국이 이들 사이로 비집고 들어갈 여유가 없었고 이들 나라와 경제발전 격차도 너무 컸다. 당시 중국이 한국과 일본에 자유무역협정FTA 체결을 제안했으나 호응을 얻지 못했다. 중국으로서는 만약 동남아마저 미국의 동맹·우호 세력으로 편입될 경우 중국은 미국세력에 의하여 봉쇄당할 수 있다는 절박감과 위기감이 컸었다고 한다.[4]

이러한 배경에서 장쩌민 국가주석은 1996년 '21세기의 신 안보구상 New Security Concept'[5]을 발표했다. 이 구상은 구체적으로 주변국들과 영토문제를 포함 분쟁의 평화적 해결, 경제적 교류를 포함한 교류와 협력을 통하여 항구적 평화, 지역 안보 구축을 위한 대화와 협력 체제 구축을 제시하고 있다. 이 개념은 1990년대에서 21세기 초까지 중국 주변국 외교의 기초가 되었다. 구체적으로 아세안과의 협력관계를 구축하고, 상하이 협력기구를 창설했다. 또한, 러시아와의 새로운 관계를 구축하고 미국과 협력하여 북한 핵 문제를 통제하려고 했다.[6]

동남아에 대한 중국 정책은 다음 세 가지로 요약된다. 첫째, 중국에 대한 주변국의 불안감을 해소하기 위하여 분쟁의 평화적 해결을 강조하고 고위급 인사교류를 증진하며 미소 외교smile diplomacy를 적극적으로 구사한다. 둘째, 경제 중심의 교류를 강화한다. 동남아 지역과의 통상, 경제협력을 강화하고 중국·아세안 자유무역협정FTA을 제의한다. 한편, 중국의 국토개발계획인 '서부 대개발 전략'과 연계하여 중국 남부지방과 아세안 경제권을 연결하는 정책을 추진한다. 셋째, 중국은 ASEAN 대화 상대국으로 가입, ASEAN+3 참가, 메콩 유역 개발계획 GMS 등 동남아 지역의 다자 기구에 적극적으로 참가한다. 중국은 위기 극복을 위한 탈출구로, 또한 미국의 봉쇄 가능성을 차단하기 위하여 아세안에 접근하기로 했다. 중국은 실제 새로운 안보구상에 따라 아세안과의 교류를 적극적으로 추진하고, 아세안이 주도하는 다자지역 기구에 참가했다.

③ 중국 지원에 나선 미국

클린턴 대통령은 1993년 1월 취임 후 미·중 긴장 관계를 해소할 필요성을 느끼기 시작했다. 북한 핵 문제, 동남아시아의 정치 갈등, 인도-파키스탄 분쟁 등 지역 정치안정과 함께, 시장경제의 확산을 위해서도 중국의 뚜렷한 역할이 필요했던 것이다. 중국의 고립화가 지역 정치·경제 안정과 미국의 이익에도 도움이 되지 않는다고 본 것이다. 클린턴 행정부는 아래 '표(1−3−1)와 같이 정상 간 방문 교류를 통하여 중국과의 관계를 점차 회복시켜 나갔다. 이러한 미국의 태도는 자연 중국 주변국을 포함 다른 나라들의 대 중국 접근을 활성화했다.

[표 1-3-1] 클린턴 행정부의 중국 관계 주요 일지

연도	주요 사건	비고
1993년	▪ APEC 시애틀 정상회의	▪ 클린턴-장쩌민 정상회의
1997년 10월	▪ 장쩌민, 미국 양자 방문	▪ 클린턴 초청, 정상회담 및 공동성명
1998년 6월	▪ 클린턴, 중국 양자 방문	▪ 동아시아 경제위기 중. 정상회담 및 공동성명
1999년 4월	▪ 주룽지 총리 미국 방문	▪ 중국 WTO 가입 관련 미·중 협상 타결 실패
1999년 5월	▪ 미군기가 베오그라드 주재 중국 대사관 폭격	▪ 미국, 오폭을 주장했으나 중국 반미감정 고조
1999년 11월	▪ 중국 WTO 가입 협상	▪ 미·중 협상 타결, 미국은 중국 가입에 동의 ▪ 중국은 2001.12 WTO 정식 가입
2000년 10월	▪ 미국, 미·중 관계 Act 2000 성립	▪ 상하원 동의얻어, 중국에 정상무역관계(normal trade relations) 자격 부여, 매년 자격 심사제도 폐지
2001년	▪ 중국 전투기와 미국 첩보기 충돌(4월) ▪ 미국 9.11 테러(9월)	▪ 클린턴 대통령 임기 만료(2001.1) 이후 발생

클린턴 대통령은 1993년 시애틀에서 개최된 아·태 경제협력체APEC 정상회의 계기에 장쩌민 중국 국가주석을 만났다. 이어 1997년 10월 중국 국가주석 장쩌민이 클린턴 대통령의 초청으로 미국을 방문하게 된다. 천안문 사태로 인하여 국제사회의 중국 제재가 계속되는 가운데, 또한 1995~1996년 대만해협 위기에도 불구 클린턴은 장쩌민을 초청하였던 것이다. 대만해협 위기는 중국이 리덩후이(李登輝) 대만 총

통의 분리 독립 주장과 1996년 3월에 실시된 대만 선거를 겨냥하여 대만해협에서 미사일 발사훈련을 시행함으로써 발생하였다. 그 결과 중국-대만 사이 긴장이 고조되면서 중국-대만 간 무력충돌 가능성이 제기되었다. 미군 항공모함이 대만 수역으로 파견되기도 했다.

1997년 10월 24일, 클린턴 대통령은 미국의 소리Voice of America에서 행한 연설에서 장쩌민의 초청목적과 관련 중국의 도움이 필요한 분야를 열거했다. 첫째, 세계 평화와 번영을 추구. 둘째, 아시아의 평화와 안정에, 특히 북핵 문제 해결에 중국의 도움 필요. 셋째, 대량살상무기WMD 확산 방지. 넷째, 마약 및 국제 범죄조직 문제. 다섯째, 국제 자유, 공정 무역 및 투자의 확산. 마지막으로 세계 기후변화 문제 등이었다.[7] 한마디로, 1997년 장쩌민의 미국 방문초청은 중국과 장쩌민이라는 중국 지도자를 미국 사회에 소개하기 위한 목적이었던 것으로 보인다.[8]

그로부터 8개월 후인 1998년 클린턴이 장쩌민의 초청으로 무려 열흘간(6.25.~7.3) 중국을 답방해 시안, 베이징, 상하이, 구이린(桂林), 홍콩 등지를 여행하였다. 상하이에서는 중국 국영 TV의 중계를 통해 일반 시민들과 대화의 시간을 갖기도 했다. 클린턴의 중국 방문은 동아시아 외환위기가 한창 기승을 부리던 시기에 이루어졌다. 미국은 위기 당사국에 대하여 직접 지원하는 양자지원 대신, 국제통화기금IMF을 중심으로 세계은행과 아시아개발은행ADB 등 세계 금융 기관의 지원 아래 위기를 극복한다는 방침이었다. 그럼에도 미국은 중국이 자국의 화폐(人民幣)를 평가절하하지 않도록 요청했다. 동아시아 다른 나라의 통화가치가 하락하면서 중국도 대외 수출에 큰 타격을 입고 있었다. 대부분의 동아시아 국가들은 수출 지향적인 경제 구조로 되어 있다. 따라서 만약 중국이 자국의 수출 촉진을 위하여 환율을 인상할 경우,

중국과 공존하는 아세안의 지혜

위기 당사자는 물론 이 지역 국가들이 받는 경제 타격은 엄청날 것이다. 클린턴도 이를 우려, 장쩌민과의 회담에서 이를 제기했다. 이에 대해 장쩌민은 인민폐의 평가절하를 하지 않겠다고 약속했고, 이 소식은 당시 금융위기를 겪던 대부분의 동아시아 국가들을 크게 안심시켰다.

1999년 11월 중국 세계무역기구WTO 가입의 최대 관문인 미·중 양자협상이 타결되었고, 중국은 2001년 12월 공식 가입했다. 중국의 WTO 가입은 국제사회가 사회주의 경제 체제를 받아들인다는 의미가 있다. 그 다음해인 2000년에 클린턴 행정부는 미국 의회에 중국 관련 '무역법안 US−China Relations Act 2000'을 제출했다. 동 법안은 상원, 하원의 동의를 얻어 2000년 10월에 성립되었다. 중국은 1980년 이후 매년 정상무역 관계Normal trade relations: NTR 자격 심사를 받아왔으나, 동 법안의 발효로 인하여 중국은 영구 자격을 부여받았고, 매년 받던 심사제도는 폐지되었다. 클린턴은 중국 관련 무역법안을 의회 제출하면서 행한 연설에서, 중국의 WTO 가입과 중국 관련 무역법안 성립은 장래 "중국에 개방과 자유를 제공하고, 미국에 부를 제공하며, 아시아와 세계에 평화와 안전을 제공하는 것"이리고 정의했다. 이처럼 클린턴 대통령은 그동안 중국에 채웠던 족쇄를 하나씩 제거하여 국제경제 질서에 참여하도록 했다. 중국의 경제성장은 결과적으로 중국의 개혁개방 및 자유화로 이어지고, 지역 및 세계 평화에 이바지할 것이라고 내다보았다.[9]

아세안·한·일의 지원

중국 주변국들은 중국이 폐쇄정책 또는 국제고립에서 벗어나 동아시아 지역의 정치, 안보, 경제협력에 참여하기를 희망했고 지원을 아끼지 않았다. 1990년대 중국-주변국 무역, 투자 등 경제교류의 증가세가 이를 극명히 입증하고 있다.

아세안은 1991년 중국 외교부장을 아세안 외교부 장관회의에 초청했다. 그 후 아세안이 주도하는 동아시아 지역 기구에 중국을 참가시켰다. 한국은 1991년 APEC 서울 정상회의를 계기로 중국, 대만, 홍콩의 APEC 동시 가입을 성사시켰다. 베이징, 홍콩, 타이베이 사이를 오가는 한국의 왕복 외교가 주효했다. 중국에게 국제고립 탈출의 기회를 제공한 셈이다. 일본은 총리 중국 방문(1991년), 아키히토 왕 부부의 중국 방문(1992년) 및 장쩌민 국가주석의 일본 방문(1992) 등 정상적인 외교관계를 부활시켰다. 중국은 1989년 천안문 사태로 인하여 미국과 서구 사회로부터 제재를 받고 있었다. 일본은 G-7 정상회의 등 계기 때마다 중국에 대한 제재를 해제하는 데 앞장섰다.

아시아개발은행ADB은 1992년 메콩 유역개발Greater Mekong Subregion, GMS 사업을 시작했다. GMS 사업 중 중국-아세안(대륙) 도로망 연결 프로젝트는 국경무역 증진과 중국의 동남아 진출에 큰 도움을 주었다. 메콩 강은 히말라야 티베트 고원(高原)에서 시작하여 중국, 미얀마, 라오스, 태국, 캄보디아, 베트남 등 아세안(대륙)의 중심부를 관통하여 남중국해로 흘러나간다. GMS 프로그램은 인프라 개발, 무역 및 투자 촉진, 관광, 인적 자원 개발, 환경 보호 등 다양한 부문에 중점을 두고 있다. 1992년 출범한 이래 GMS 프로그램은 이 지역의 경제성장과 통합을 촉진하는 데 도움을 주었으며, 이 지역 내 많은 사람의 빈곤 감소와 생활수준 향상에 이바지해왔다.

중국과 공존하는 아세안의 지혜

4) 아세안, 국제 정세 변화에 대한 대응전략

1990년대 아세안이 가졌던 가장 큰 우려는 보호무역주의와 폐쇄적 지역주의의 창궐이었다. 이는 앞으로 본격화될 세계화 시대가 가져올 일종의 불확실성에 대한 걱정이었다. 이러한 불안한 국제정세에 대하여 아세안은 방어적 자세가 아니라 적극적으로 대응하게 된다. 몇 가지 예를 들면 다음과 같다.

첫째, 1992년 1월 싱가포르 정상회의에서 아세안(6) 지도자들은 그전까지 정치·안보에 초점을 맞추었던 역내협력을 경제협력으로 전환하기로 합의했다. 국제적으로 탈(脫)이념·세계화, 자유무역주의 확산 추세 가운데, 유럽연합이 경제권을 형성하는 것을 지켜보면서 아세안도 시대의 조류에 순응할 필요성을 감지했다. EU(유럽), NAFTA(북미) 등 다른 지역과 같이 경제 블록을 추진하자고 의견을 모으고 아세안 자유무역지대협정AFTA 체결했다. 가입국은 브루나이를 포함하여 6개국이었으나 그 후 캄보디아, 라오스, 미얀마, 베트남(국명의 앞 글자를 따서 CLMV로 통칭) 4개국이 아세안 가입에 앞서 AFTA에 서명하도록 했다.

AFTA 추진 목적은 우선, 아세안 역내 관세 및 비관세 장벽을 줄여 세계적 생산기지를 설립하겠다는 것이었다. 이에 따라 선발 아세안(브루나이 포함)은 2010년까지, 후발 아세안은 2015년까지 회원국 간 역내무역의 관세를 없애기로 하였다. 즉 제로 관세zero tariff 지대를 만든다는 목표를 세웠다. 둘째, 10개 회원국으로 몸집을 불렸다. 아세안은 5개국으로 출범했으나, 1984년 브루나이가 독립하자마자 아세안에 가입했다. 1990년대 들어, CLMV 네 나라가 가입했다. 그 중, 베트남, 라오스 등은 공산체제를 유지한 채 가입하였다. 아세안이 10개국으로 확대한 배경에는 중국에 대한 고려도 있었다. 회원국들이 일대일 대결에서 중국의 경쟁상대가 될 수 없다는 판단에서 몸집 불리기 전략이었다.

아세안은 CLMV의 가입을 고려하면서 두 가지를 우려했다. 선발과 후발CLMV 회원국 사이 경제발전 격차 극복이 첫째이고, 두 번째는 미얀마의 가입을 두고 아세안과 미국 사이에 첨예한 갈등이 있었다. 미국은 미얀마가 군부 정권 아래의 인권침해국이라는 이유를 들어 가입에 반대하였다.

이미 널리 알려진 대로, 아세안은 미국과 서구의 우려를 무시하고 미얀마의 가입을 허용하였다. 만일 미얀마가 중국 세력권에 편입될 경우 동남아 전체가 중국 영향력 아래에 놓일 것을 우려했기 때문이라고 알려졌다. 오늘날에도 중국은 윈난(云南) 성에서 미얀마를 통해 인도양으로 연결되는 지정학적 지름길을 찾고 있다. 그동안 꾸준히 미얀마의 협조를 압박해 왔는데 미얀마 혼자서는 이러한 대국의 압력을 견뎌내기 힘들다. 결과적으로 아세안이라는 기댈 언덕이 생겨 중국의 압력을 버텨낸 셈이다.

아세안은 창설 당시부터 지금까지 '다양성 속의 통일unity in diversity'을 추구하고 있다. 10개 회원의 정치, 경제, 언어, 종교, 역사가 다르다(diversity). 이러한 다양성을 극복하고 결속unity하려는 노력을 계속하고 있다. 이 장 끝에 첨부하는 자료는 아세안의 다양성과 아세안의 원칙과 특징을 요약했다.

셋째, 중국 위협에 대한 대응 전략이었다. 아세안 국가들은 중국 위협을 심각한 현실문제로 인식하기 시작했다. 동남아 공산 반군에 대한 지원, 천안문 사태, 남중국해에서 군사 활동 등으로 중국 위협론이 동남아 지역에 널리 퍼졌다. 중국이 남중국해에서 군사 활동을 증강하는 가운데 미국은 1993년 필리핀 주둔 미군을 철수시켰다.

이러한 안보 정세 속에서도 중국 경제는 1979년 개혁·개방 정책을 취한 이후 천안문 사태 이후 3년을 제외하고 연평균 10% 이상의 경제 성장률을 기록하여 성장 잠재력을 보였다. 미국과 서구는 중국의 위기 극복을 지원하는 모습을 보였다. 아세안은 이러한 복합적인 상황에서 중국에 대한 접근을 시도했다. 중국 외교부장을 아세안 외교부장관 회의에 초청하고(1991년), 중국을 아세안 대화 상대국으로 참가시켰다. 동아시아 외환위기가 발발하던 해 아세안이 통상의 아세안 정상회의에 한·중·일 3국 정상들을 초청하여 처음으로 아세안＋3(한·중·일) 정상회의를 개최하였다. 그 외에도 다양한 동아시아 지역협력기구를 주도하면서 중국을 참여시켰다. 다자지역기구 테두리 안에서 중국 위협에 대응하려는 것이었다. 아래 소개하는 남중국해에 있어서 중국에 대한 공동대응도 아세안 전략의 하나이다.

1992년 마닐라 선언

남중국해 영유권을 주장하는 국가들은 대만을 제외하고 중국, 필리핀, 베트남, 말레이시아, 브루나이 5개국이다. 역사적으로 이들 국가 사이 영유권 및 어업 분쟁은 끊이지 않았다. 중국은 공산당 정부 수립 이후에도 남중국해에서 크고 작은 군사행동을 벌였다. 그러나 1990년대 이전 무력충돌은 중국과 동남아 국가 양자 사이의 충돌이었으며 아세안(그룹)이 간여하지 않았고 집단적인 행동을 취하지 않았다. 그러나 중국은 1992년 영해법을 제정하여 남중국해 도서를 중국 영토로 선포했고, 1996년 유엔 해양법 협약UNCLOS을 비준했다. 중국은 1980년대 후반부터 남중국해에서 무력시위를 늘려갔다. 중국－베트남 해군충돌(1988년), 천안문 사태(1989년), 중국의 필리핀 미스치프 암초

사건(1995년과 1998년), 대만해협에서 중국의 미사일 발사훈련(1995.7~1996.3) 등이 그 예이다.

이러한 중국의 움직임에 위협을 느낀 아세안은 1992년 7월 마닐라에서 개최한 아세안 외교부 장관회의에서 필리핀의 제안으로 '남중국해에 관한 마닐라 선언'[10]을 채택했다. 이 선언에서 남중국해에서 무력불(不)사용, 당사국들의 자제 등을 당부했다. 그리고 아세안이 제정한 '동남아 우호협력조약TAC'에 포함된 원칙을 앞으로 남중국해 행동규범을 제정할 경우 동 행동 규범의 기초로 삼기로 합의했다.[11] 1995년 3월 아세안은 성명을 발표하여 미스치프 암초 분쟁 당사자(필리핀과 중국)가 1992년 마닐라 선언의 정신에 따라주기를 촉구했다. 이후 아세안은 남중국해 문제를 아세안의 공동과제로 삼았다. 중국은 아세안의 요구에 응하여 1999년부터 협상을 시작하여 '남중국해 행동 선언(DOC, 2002.11)'에 합의했고, 이어 '남중국해 규범화COC' 협상을 2023년 현재 진행하고 있다.

5 외환위기와 지역주의

싱가포르, 인도네시아, 태국 등 아세안 선발 국가들은 1980년대 이후 높은 성장률을 보였으며, 경제 개혁개방의 국제적 확산은 아세안의 경제성장 잠재력을 더욱 높였다. 그러한 가운데 발생한 1997년 발생한 동아시아 외환위기는 아세안에 정치, 경제, 사회적으로 큰 충격을 준 사건이었다. 이 위기는 전파 속도가 빨랐다. 1997년 7월 초 태국에서 발발한 외환위기는 필리핀, 인도네시아, 말레이시아를 거쳐 불과 3개월

중국과 공존하는 아세안의 지혜

만에 한국을 강타했다. 이들 5개국은 물론, 중국, 일본, 홍콩, 대만 등 동아시아 국가 대부분이 심각한 타격을 받았다. 이들 나라는 1990년대 중반까지 7~10% 고도 경제성장을 보였으나 위기가 발생하자 단숨에 마이너스 7~10% 성장으로 빠졌다(표 1-5-1). 이는 동북아와 동남아 사이 경제적 연계economic connectivity가 심화했음을 의미했다.

당시 김대중 한국 대통령이 "동북아와 동남아를 분리하는 것은 이 시대에 맞지 않고 어리석은 짓이다."라고 언급하기도 했다. 오랫동안 마이너스 성장을 경험하지 않은 여러 국가에 큰 충격이 되었다. 매일 쏟아지는 기업 부도, 실업률, 주가 급락 및 급기야 국가 부도 가능성 뉴스에 사회 전체가 불안에 떨어야 했다. 동아시아 위기의 원인과 IMF 대응의 문제점에 관하여 다양한 분석들이 나왔다.[12] 위기의 다른 특징은 경제뿐 아니라 정치, 사회적 충격도 컸다는 점이다. 예로, 32년 장기 집권한 수하르토 인도네시아 대통령을 권좌에서 물러나게 했고, 위

[표 1-5-1] 외환위기 5개국의 GNP 마이너스 성장률

Country	GDP(US$1 billion)		Change
	1997	1998	
Thailand	150	114	-24.0
Indonesia	216	95	-56.0
Philippines	94	74	-21.3
Malaysia	100	72	-38.0
South Korea	570	383	-32.8

주: GDP는 경상 GDP임
자료: 세계은행.

기 이후 한국의 자살률이 심하게 증가했고 아직도 세계에서 가장 높은 자살률을 보인다.

위기가 남긴 유산들

동아시아 경제는 위기 이후 과거와 같은 고도성장을 더는 기대하기 힘들 정도로 성장 동력을 잃었다. 그보다 국가 부도 직전까지 갔으며 국제사회가 동아시아 경제체제를 두고 '족벌(族閥) 자본주의crony cap-italism'라고 조소를 보냈다. 동아시아 사람들의 자존심이 크게 손상됐다. 그러한 가운데 국제통화기금IMF의 위기처방전이 당사국의 현실에 맞지 않는다는 학자들의 비판도 쏟아졌다. 미국 및 서구에 대한 동아시아 국가들의 분노와 불신감도 덩달아 팽배했다.

동아시아 위기는 이상에서 보듯이 동아시아 국가들에게 많은 고난을 가져왔다. 무엇보다, 지역 정세에 장기적·구조적 영향을 미칠 결과를 남겨두었다. 첫째, 동아시아 지역주의Regionalism의 태동이다. 둘째, 중국이 위기를 계기로 동아시아 지역의 경제적 주도권을 쥐기 시작했다. 위기가 중국 수출에도 큰 타격을 주었으나 중국은 자국 화폐(人民幣)의 환율을 올리지 않겠다고 발표했다. 동아시아 국가들은 이러한 중국의 발표에 안도의 한숨을 내쉬었지만 동아시아 경제에서 중국의 비중을 실감했다. 위기 극복 후, 중국은 아세안, 한국, 일본 등 이 지역 국가들의 최대 무역상대로 부상했다. 중국이 주변국으로부터 부품, 소재, 중간재를 수입하여 완제품을 만든 후 미국, 유럽 등에 수출했다. 이렇게 함으로써 동아시아 생산 분업체제를 발전시키는 한편, 동아시아를 세계의 공장으로 부상시키고 그 중심에 중국을 위치시켰다.

동아시아 지역주의 태동

동아시아 외환위기가 한층 진행되던 1997년 12월 아세안 정상회의에 한국, 일본, 중국 등 세 나라의 정상들이 초청되었다. 의장국 말레이시아 총리 마하티르의 제의였다. 그는 1990년 아세안과 한·일·중이 참여하는 동아시아 경제협의체Economic Caucus 설립을 제안했으나 지지를 받지 못했다.[13] 그로부터 7년 후 위기 상황에서는 동북아 3국도 아세안의 초청에 응했다. 그동안 동아시아 지역주의에 소극적이었던 일본마저 1997년 9월 아시아통화기금AMF 창설, 즉 아시아 독자적인 금융체제를 제의하여 미국을 놀라게 했다.[14] 위기를 경험하면서 동아시아 독자적인 지역협력을 제도화할 필요성에 대하여 공감대가 확산되었다.

위기 상황에서 열린 아세안＋3 정상회의는 동아시아 사람들에게 큰 희망을 주었다. 이 회의에서 아세안＋3 정상회의를 매년 개최하여, 위기 극복 방안을 협의하고 향후 비슷한 위기 발생을 대비하기 위한 지역 공동 대응책을 마련하기로 했다. 국가 부도를 막기 위해서 불가피하게 미국 또는 미국 영향력 아래에 있는 세계은행, 국제통화기금 등에 의지할 수밖에 없었지만, 이들에 대한 불신과 불만이 많았다. 이러한 배경에서, 아세안과 동북아 3개국 정상들의 모임에 대하여 이 지역 국가들의 기대감은 높았다.

1998년 아세안＋3 정상회의에서는 동아시아 협력 추진 방안을 마련하기로 합의하고[15] 한국의 제의로 아세안＋3 현인(賢人)들이 참여하는 비전 그룹을 결성하기로 했다. 한승주 전 한국 외교부 장관을 좌장으로 하여 2년간 지역협력 증진 방안을 연구했고 그 결과를 정상들에게 보고했다.[16] 비전 그룹의 결과보고서는 정부 실무고위급 회의에서 다시 검토되어 2002년 아세안+3 정상회의에 최종 보고되었다. 이 최종 보고서는 경제, 금융, 정치·안보, 사회 등 다양한 분야에서 17개 단기, 9개 중장기 협력 사업을 건의했으며, 이 가운데 동아시아 정상회의EAS 설립과 동아시아 자유무역 지대 설립을 중장기 과제로 제시했다.

이 지역 국가들의 관심은 자연 아·태 경제협력체APEC가 상징하는 아·태 지역주의에서 동아시아 지역주의로 옮겨갔다. 동아시아 지역주의, 다시 말하여 정부 차원의 공식 지역 협력체의 태동을 의미한다. 만약 이러한 제안이나 구상이 일본이나 중국에서 나왔다면 쉽사리 성사되지 않았을 것이다. 전략적 야심이 없고 어느 대국에도 편향되지 않은 아세안이 주도하고 한국이 지원하자 큰 장애 없이 성사되었다.

1998년 아세안+3 정상회의에서 김대중 대통령과 마하티르 말레이시아 총리가 동아시아 지역협력의 방향을 두고 격론을 벌였다. 이 격론은 지금까지 동남아 지식인 사이 전설처럼 회자되고 있다. 마하티르 총리는 1990년대 초부터 동아시아만 참여하는 경제협의체 결성을 일관되게 주장했다. 이에 반하여, 아세안+3 정상회의에 처음 참석한 김대중 대통령은 지역 경제협력이 가능하게 하기 위해서는 정치, 문화, 사회 협력이 병행하여 증진되어야 한다고 주장했다. 정상들은 김대중 대통령의 손을 들어주었다. 동남아 지식인들 사이 김대중, 마하티르, 리콴유(싱가포르 전 총리) 등 세 지도자는 동아시아 지역협력과 자유무역을 옹호하는 대표적 인물로 알려져 있다. 실제 그들이 집권하던 시기 동아시아 지역협력은 크게 강화되었다.

⑥ 아세안과 중국의 만남

1990년대 세계정세의 변화 속에서 중국과 아세안은 상호 협력과 교류의 필요성을 공감했다. 그렇지만 냉전체제 시대의 잔재가 남아 있는 1990년대 초 중국과 아세안 사이 교류는 주로 개별 국가별로 양자(兩者) 차원에서 이루어졌다. 중국의 총리급 이상의 인사들이 매년 주요 아세안 회원국을 방문하거나, 이에 호응하여 말레이시아와 싱가포르 총리도 매년 중국을 찾았다.[17] 지도층 간 교류가 늘어나는 추세임에도 불구, 무역·투자를 포함 경제교류는 여전히 낮은 수준이었다. 1993년 당시 아세안 6개 회원국의 대외 수출입에서 중국이 차지하는 비중은 3%에 불과했다. 양측을 연결하는 도로, 통신 등 인프라가 부족하고 냉전 시대의 잔재가 남아 있어서 자유무역이나 국경무역이 쉽지 않았다.

다자 지역협력 구도

아세안 경제는 자본, 기술 및 상품시장의 부족으로 고전했다. 이에 아세안 회원국들은 이미 1970년대부터 경제성장 계획을 세워 일본, 미국, EU로부터 외국 자본, 기술을 도입하고 해외 수출시장을 개척하려고 노력했다. 이에 따라 역외 국가 및 국제기구와의 대화와 협력 상대를 선별적으로 확대해 나갔다(표 1-6-1).

1990년대 후반 들어서 아세안-중국 접촉과 교류는 개별접촉에 추가하여 다자지역협력(및 기구)의 틀 안에서 이뤄졌고 교류 빈도도 크게 늘었다. 다자지역협력기구는 양측에게 편리한 외교 도구였다. 아세안은 다자협력기구의 틀 속에서 중국 위협을 해소해 나가고자 했다. 중

[표 1-6-1] 아세안 대화 상대국 dialogue partners 수립연도

- 1974년 호주(1975년 뉴질랜드)
- 1977년 미국, 일본, 캐나다, UNDP
- 1989년 한국(1991년 부분 대화 상대국에서 완전 대화 상대국으로)
- 1992년 인도(1996년 부분 대화 상대국에서 완전 대화 상대국으로)
- 1996년 중국, 러시아
- 부분 대화 상대국: 파키스탄(1996년), 노르웨이(2015년), 스위스, 터키 등

국은 아세안이 주도하는 지역 기구에 참여함으로써 외교적 고립에서 탈피하고 동남아에서 자신의 위치를 구축하려고 했다. 또한, 다양한 지역협력 기구에 참가함으로써 냉전 시대에 이념 중심으로 맺었던 관계의 한계를 벗어나서 국제적 협력을 넓혀나갈 수 있다.

중국은 1990년에 인도네시아, 싱가포르와 관계를 정상화함으로써 아세안 6개국(당시) 전원이 중국과 수교했다. 중국이 빗장을 풀자 아세안은 마치 기다렸다는 듯이 1991년 아세안 외교부장관 회의에 중국 외교부장 첸지첸(錢基琛)을 초청했다. 양측은 냉전 체제의 족쇄를 벗고 세계화 시대를 맞이할 필요성을 인식하고 있었다. 이어, 1994년 7월 아세안은 태국 수도 방콕에서 다자안보협의체인 ARF^{ASEAN Regional Forum}를 설립하면서 중국을 창설회원으로 참가시켰다. 이 회의는 당시 동아시아 지역에서 유일의 다자안보협의체로서 매년 각국 외교부 장관이 참석했다.

방콕 회의에 참가한 나라는 6개 아세안 회원국, 7개 아세안 대화 상대국(호주, 캐나다, EU, 일본, 뉴질랜드, 한국, 미국), 2개 협의상대국(중국, 러시아), 그리고 3개 아세안 옵서버(라오스, 베트남, 파푸아뉴기니) 총 18개국이었다. 참가국들은 ARF를 통하여 지역 내 정치·안보 관련 공동 관심사에 관하여 '건설적인 대화 및 협의 습관Habit of Constructive

중국과 공존하는 아세안의 지혜

Dialogue and Consultation'을 키워나감으로써 아·태 지역에서 신뢰를 구축하고 예방외교 노력을 추구하기로 했다.

동아시아 국가들은 지역 차원의 협력에 익숙하지 않았으나, 1994년 11월 인도네시아 보고르에서 개최된 APEC 정상회의에서 '보고르 선언'을 채택했다. 이 선언에서, 선진 회원국은 2010년까지 'Free and Open' 무역·투자를 달성하고 개발도상국은 2020년까지 자유화를 달성하기로 합의했다. 그 결과, 1993년 회원국 평균 관세율이 16.9%였으나 2004년 5.5%로 하락했다.[18] 비관세 장벽을 철폐하고 회원국 기업인 비자 간소화 절차 도입 등 무역 투자 원활화를 위한 여러 가지 제도가 도입되었다. 중국과 아세안은 자국의 개혁·개방 추진 계획을 성안하는 과정에서 한국, 일본과 긴밀히 협의하고 실무 사이 방문과 접촉이 활발했다. 냉전 체제에서는 생각조차 할 수 없었던 정상회담이 가능하게 되고 장관급, 실무급 접촉이 크게 늘었다.

요약하면, 1990년대 국제정세의 변화는 중국에 국가의 존망이 달린 위기를 일으켰다. 아세안(6) 또한 세계화가 요구하는 개혁개방 수준에 한참 모자랐다. 그러나 이들은 미래에 대한 불안에도 불구하고 외부와의 차단벽을 높이지 않고 더욱 개방했다. 개혁개방 노선을 유지하고, 경제에 초점을 맞추며, 지역 공동으로 어려움을 극복하기로 했다. 세계화 추세를 거부하지 않고 순응하는 것이다. 당시 한국, 일본을 포함 동아시아 경제도 같은 방향으로 움직이고 있었다. 동아시아 경제 전체가 같은 방향으로 움직이면서 지역협력을 확대했다. 1997년 동아시아 외환위기가 일어나자 아세안이 아세안+3을 제안하여 지역 공동대응을 주도했다. 그 결과 침체한 분위기를 전환하는 데 성공했고, 오히려 동아시아 지역협력을 더욱 탄탄하게 했다.

화교와 반군(叛軍) 문제

이 시기 중국－아세안 관계에서 빼놓을 수 없는 두 가지 문제가 있다. 동남아 거주 화교 문제와 동남아에서 오랫동안 활동해 온 친 중국 반군 문제이다. 동남아에는 중국으로부터 오래전 이주하여 온 중국인 후예들이 많이 살고 있다. 중국인 후예들이 몇 대에 걸쳐 사는 경우가 다수이지만, 당대에 이주해 왔거나, 중국계 또는 현지인과 결혼하여 사는 사람도 적지 않다. 그들은 동남아로 이주해 온 출신지(중국 내) 및 이주 경로 등 역사적 배경, 현지에서의 정착 경험과 부를 축적하는 방식 등이 매우 다르다. 또한, 동남아 현지 국가마다 화교에 대한 동화 또는 차별 정책이 달랐다. 예로, 태국, 싱가포르는 화교에 대하여 법적·제도적 차이가 없는 반면, 인도네시아, 말레이시아는 차별 정책을 취했으나 중국과의 교류가 많아지면서 이러한 차별 정책이 점차 사라지고 있다.

아래 표(1-6-2)는 2010년 현재 아세안에 거주하는 화교인구 추정치이다. 박번순 고려대학교 교수가 여러 자료를 종합하여 만들었다. 그는 그 전에 20년 이상 삼성경제연구소에서 동남아 경제를 연구했다.[19]

[표 1-6-2] 2010년 아세안 주요국의 화교인구 추정

(단위: 만 명)

구분	싱가포르	인도네시아	말레이시아	태국	필리핀
화교인구	279	790	648	740	121
화교 비중	54.7%	3~4%	22.9%	11.0%	1.3%
중국 출신지	푸젠(福建), 광동(广东)	푸젠, 광동	푸젠, 광동	푸젠, 하이난(海南)	푸젠, 광동

화교 비중: 화교/전체인구.

중국과 공존하는 아세안의 지혜

동남아 거주 화교는 3천만 명 규모이지만 세계에서 가장 돈이 많은 민족공동체이다. 인도네시아를 예를 들면, 화교의 규모는 인도네시아 인구의 3~4%에 불과하지만 나라 전체 부(富)의 70% 이상을 소유하고 있는 것으로 알려져 있다.

이들 화교 기업인의 중국 지원은 여러 형태로 이루어졌다. 중국 개혁개방 초기에는 고국에 대한 사랑이 남달랐던 동남아 화교 기업들이 자기 선조들의 고향에 병원, 학교, 공업단지 개발, 주요 공공시설과 도로 등 인프라 건설 등으로 이루어졌다. 시간이 지나면서 중국 정부는 선전, 주하이, 샤먼, 산터우에 경제특구를 설립하여 동남아 화교 기업의 투자 유치를 기대했다.

친(親) 중국 반군세력

중국은 1960년대에서 1980년대까지 동남아 지역에서 활약하였던 공산주의 성향의 반군들을 지원했다. 1980년대까지 중국으로부터 물질적, 이념적 지원을 받는 세력들이 말레이시아, 태국, 미얀마, 필리핀, 인도네시아 등 동남아 지역에서 활동했다. 무장 세력으로 정부군과 무력 투쟁을 벌이거나, 아니면 공산당을 세워 제도권 내에서 활약하기도 했다.

중국이 반군을 지원한 것은 공산 세력의 확산이라는 의도도 있었지만, 주변국이 내부 분열 또는 무장 투쟁으로 혼란에 빠질수록 자국의 안보에 유리하다고 본 것이다.[20]

이의 대표적인 예가, 1965년 9월 30일 인도네시아에서 일어난 공산계 군부가 일으킨 쿠데타였다. 당시 군사반란으로 인해 군부 수뇌부이자 식민지 독립의 영웅들이 많이 희생된다. 이에 수하르토 장군이 이끄는 군부가 이를 진압했고, 공산당원, 공산주의 지지자, 중국계 인사를 겨냥한 대규모 학살로 이어졌다.[21] 당시 인도네시아 사회는 친중 군부가 일으킨 쿠데타라고 받아들였고 결국 수하르토 장군은 정권을 잡은 뒤 장기집권하면서 중국의 문화, 언어, 심지어 중국 이름마저 금지시켰다. 이러한 금지 조치들은 1990년 중국과의 수교를 계기로 서서히 완화되었다.

중국은 1980년대 들어 경제 개혁개방 정책을 취하고 이념을 초월하여 국제교류를 넓히면서 주변 지역 반군에 대한 지원을 중단했다. 이것이 아세안 회원국들을 안심시키고 개혁개방에 대한 중국 지도층의 의지를 믿게 만들었다. 그럼에도 미얀마와 중국 국경지대에는 2022년 현재까지도 여러 지방에 반군들이 존재한다. 미얀마 최대 반군 세력인 UWSA United Wa State Army은 약 2만5천 명의 군대가 중무장하고 있다. UWSA는 미얀마의 소수민족인 와Wa주 정부와 협력하는 대규모 군사 단체로 1989년에 창설됐다. UWSA는 미얀마 정부와의 평화협상을 거부하고 독자적으로 지역을 통치하고 있다. 이들은 국경지대 일정 지역을 장악하여 중국과 국경무역을 하거나 사람의 왕래가 가능한 게이트를 별도로 개설하고 있다. 중국 정부는 공식적으로 이들 반군세력을 지원하지 않는다고 발표하고 있지만 반군들은 미얀마 정부군에 쫓기는 경우 중국으로 도망가는 등 사실상 중국의 비호를 받는다는 의혹을 받아왔다.

첨부: (1) 아세안 회원국의 다양성
     (2) 아세안 운영상의 원칙과 특징

중국과 공존하는 아세안의 지혜

■ 10개국의 인구/국토면적/경제 규모(✓ 표시는 최대와 최소)

국가	국토(평방 KM)	인구(백만 명, 2021)	GDP(억 불, 2021)
브루나이	5,770	0.4	139.3 ✓
캄보디아	181,040	16.6	271.7
인도네시아	1,910,931 ✓	272.2 ✓	11,857.8 ✓
라오스	236,800	7.3	196.3
말레이시아	330,800	32.6	3,727.7
미얀마	676,590	55.3	728.6
필리핀	300,000	110.2	3,936.1
싱가포르	719 ✓	5.5 ✓	3,945.8
태국	513,120	65.2	5,058.8
베트남	330,967	98.5	3,619.6
합계	4,486,737	663.9	3조 3,482억

자료: ASEAN 사무국.

■ 정치 체제
- 의회 민주주의: 싱가포르, 말레이시아, 태국
- 대통령 중심 체제(직접 선거): 인도네시아, 필리핀
- 공산주의 체제: 베트남, 라오스
- 전제 군주: 브루나이
- 여타: 미얀마(군부), 캄보디아
■ 언어
- 베트남, 라오스, 태국, 필리핀, 미얀마, 캄보디아는 각자 고유

언어를 보유

- 인도네시아, 말레이시아, 브루나이 세 나라는 뿌리가 같은 언어
- 싱가포르는 영어, 중국어, 인도, 말레이어 등 4개 공용어를 보유

■ 법적으로 종교의 자유. 다만, 주류(主流) 종교는 나라마다 차이

- 이슬람이 주류: 인도네시아, 말레이시아, 브루나이
- 불교가 주류: 태국, 캄보디아, 미얀마, 라오스
- 천주교가 주류: 필리핀

■ 국별 소수민족 그룹 수(wikipedia 열람 2022.4.30.)

- 인도네시아: 1,340개 그룹, 필리핀: 182개, 라오스: 160개, 미얀마: 135개, 태국: 70개, 베트남: 54개 등

중국과 공존하는 아세안의 지혜

아세안Association of Southeast Asian Nations: ASEAN은 1967년 태국, 싱가포르, 인도네시아, 말레이시아, 필리핀 등 5개국으로 출발했다. 당시 동남아 지역에는 1964년 통킹 만 사건이후 소위 베트남 전쟁이 확전 일로에 있었다. 또한 이 지역 국가들은 식민지로부터 독립된 후 국가건설 과정에서 이웃과의 영토 분쟁도 잦았다. 인도네시아 정부가 1963 – 6년 동안 말레이시아를 상대로 벌인 '대립항쟁Konfrontasi'이 대표적 예이다. 'Konfrontasi'는 인도네시아어로 '대립'을 의미하며, 인도네시아는 보르네오, 싱가포르(독립 전) 지역까지 포함하여 연방(聯邦) 정부를 수립하려는 말레이시아의 계획에 반대하여 테러와 무력 항쟁을 전개하였다. 아세안 5개국 사이에는 서로 싸우다 공멸(共滅)할지 모른다는 위기감이 있었다. 그러한 가운데 베트남 전쟁이 확전되어 미국, 중국 등 외부 세력의 개입이 확대되자 이에 대하여 공동 대처할 필요성도 있었다. 이러한 배경으로 아세안이 장설되있다. 아세안의 특징에 관하여 알아보고자 한다.

1. 아세안 원칙과 관례들

1975년 남북 베트남이 공산화 통일되자 아세안은 동남아 전역으로 공산주의가 확산될까, 즉 '도미노 현상'을 우려했고 군사 대국 베트남의 위협에도 대비할 필요성이 제기되었다. 이에 아세안 5개국은 1976년 처음으로 정상회의를 개최하고 아세안 지역협력 원칙ASEAN Way에 합의했다. 다음과 같은 아세안 원칙과 특징은 창립 당시 상황과 그 후 발전하는 과정에서 시대적 정세변화에 대응하기 위하여 회원국 합의에 의하여 만들어졌기 때문에 이제까지 바뀌지 않고 유지되고 있다.

- ASEAN Way 원칙

주권평등/영토보존/상호존중, 상호 내정불간섭, 분쟁의 평화적 해결, 무력(武力)불사용, 상호 협력의 원칙 등에 관하여 아세안(5) 정상들이 합의한 원칙이다.

- 주권(主權) 우선

회원국은 독자적으로 주권적 행위Sovereign Act를 하며, 타국이 이에 간여하지 않는다. 이에 따라 회원국은 모두 두 개의 모자를 가지고 있다. 즉, 집합체Collective Entity의 모자와, 인도네시아, 베트남 등 개별 국가의 모자이다. 이들은 필요에 따라 두 개의 모자를 바꾸어 쓴다. 따라서 어떤 사안에 대한 결정이 아세안 집합체 합의에 따른 것인지, 아니면 개별국가의 독자적인 결정인지를 구별해야 한다.

- 균형외교(Equilibrium Diplomacy)

다른 지역(나라)의 분쟁이나 세력 경쟁에 있어서 어느 한편에 서지 않는다는 원칙이다. 이의 연장선상에서, 동남아 지역이 어느 대국의 배타적 세력권에 속하지 않도록 하겠다는 의미도 있다. 동남아는 역사적으로 끊임 없이 강대국의 각축장이 되어 왔다. 만일 어느 세력에 편향되면 다른 대국의 역공을 초래했다. 이를 피하기 위해서 어느 대국의 독점적 영향력을 막아야 한다.

- 비공식 회의 방식(Retreat)

아세안 회원국만 참가하는 정상회의, 외교부 장관 등 주요 회의에는 기록 요원이 없고 공식 회의기록도 남기지 않는다. 자연 아세안 사무국 문서에는 공동성명이나 의장성명뿐이고, 토론에 관한 기록이 없다.

중국과 공존하는 아세안의 지혜

자유로운 토론을 가능하게 하려는 회의 방식이다.

2. 아세안 외교 특징

아세안은 1967년부터 헌장이나, 협정 없이 집합체를 운영해 왔다. 서구는 EU(유럽), NAFTA(북미)의 예에 보듯이, 발족하기에 앞서 공동체 진로, 성격, 운영에 관한 정부 간 구체적이고 상세한 협정을 먼저 채택한다. 동 합의에 기초하여 행동한다. 아세안은 이러한 협정이 없고 합의 사항에 대한 위반 시 처벌 규정도 없다. 그러나 원칙과 관례만으로 1967년 설립 후 회원국 간 무력충돌이 없었음을 자랑스럽게 여기고 있다.

단 한 차례 깨졌다. 2011년 태국과 캄보디아 국경에 있는 쁘레어 위히어Preah Vihear 사원 소유권 분쟁이 그 예이다. 두 나라 군대는 대포까지 동원하여 충돌해 다수의 사상자가 발생했다. 결국 이 싸움은 유엔 안보리까지 회부되었다. 당시 아세안 의장국(인도네시아)이 안보리에 참석해 자체 해결하게 해달라고 청원했고 안보리와 분쟁 당사국들도 이를 받아들였다. 아세안 중재 회의가 몇 차례 거듭하는 사이 사태는 진정되었다. 최종적으로 국제사법재판소ICJ의 판결로 해결되었다. 아세안 외교의 또 다른 특징은 지역 안보 체제를 독자적으로, 즉 미국, 중국, 인도를 포함 역외 국가의 개입 없이 발전시켜 왔다는 점이다. 아세안 창설(1967년), '동남아 평화·자유 및 중립지대 선언ZOPFAN' 등이 그 예이다. 한국, 일본, 대만 등 동북아 국가들이 미국과의 군사동맹 또는 안보협력을 통하여 국가와 지역 안보를 꾀했던 것과는 차별화된다.

주(註)

1 마하티르 총리 영문 연설, "(중략) at this time of uncertain global economic developments brought about by trade disputes between the economic superpowers, rising protectionism and closed regionalism, ASEAN and other East Asian countries must act in concert to maintain an open global trading system." 이는 당시 동아시아 국가들이 가진 장래에 대한 우려를 대변하는 목소리였다.

2 당시 '화평연변(和平演変, Peaceful Evolution)'이라는 용어가 널리 쓰였다. 외부적 압박이나 무력으로 공산 정권을 무너트리지 않고 내부 갈등으로 붕괴한다는 의미이다. 미국을 중심으로 한 서구 사회가 공산권에 대하여 서구식 정치, 경제, 사회 개혁을 시도할 것이라는 국제음모론이 계속 나돌고 있었다.

3 중국은 14개국과 육상(陸上)국경을 접하고 있다. 이들 나라와 국경선 획정 협상을 적극적으로 추진하여 1990년대 국경 획정에 합의한 나라는 카자흐스탄(1994년), 키르기스스탄(1996년), 타지키스탄(1999년), 베트남(1999년), 러시아(2004년) 등이다.

4 Sheng Lijun, "CAFTA: Origins, Developments, Strategic Motivations" 싱가포르 ISEAS working paper(2003).

5 '신안보개념'은 장쩌민 국가주석이 1996년 상하이 5(Shanghai Cooperation Organization 전신) 발족식 때 언급했다고 했지만 1998년 중국 국방백서에 공식 등장했다. 2000년대에는 중국의 굴기(崛起) Peaceful

Rise에 따라 핵심 내용과 강조점이 변하고 있다.

6 Wikipedia, "China's New Security Concept" (2012.1.16. 열람).

7 케임브리지 대학신문은 1997년 10월 24일 클린턴 대통령의 Voice of America에서 연설한 전문을 2009년 2월 13일 온라인판에 게재했다. 이 때 제목은 "U.S.—China Summit: Visit by Chinese President Jiang Long on Symbolism, Short on Results"이었다.

8 케임브리지 대학 프레스는 1997.10.24. 클린턴 대통령이 Voice of America에서 연설한 전문을 2009.2.13. 온라인으로 실었다. 이때 제목은 "U.S.—China Summit: Visit by Chinese President Jiang Long on Symbolism, Short on Results"이었다.

9 클린턴 대통령이 2000년 3월 9일 존 홉킨스대학 SAIS에서 연설한 내용.

10 "1992 ASEAN DECLARATION ON THE SOUTH CHINA SEA" (1992년 7월 22일 당시 6개 아세안 회원국 전원, 브루나이, 인도네시아, 말레이시아, 필리핀, 싱가포르, 태국 외교부장관 서명).

11 이원형, "중국 위협론과 아세안의 관여정책: 남중국해 문제를 중심으로" (책자 중국의 부상과 동남아의 대응, 2011년 동북아 역사재단 발간).

12 동아시아 외환위기의 원인에 관한 학설은 많다. 대부분의 분석은 위기 당사국들의 잘못된 제도나 관행을 원인으로 꼽고 있다. 외형적으로 시장경제, 자본주의 체제를 가지고 있지만, 실제는 정부통제에 의한 계획경제의 구조와 관행을 가지고 있다고 지적한다. 이들 모순이 오랜기간 축적되어 임계점에 도달해 결국 터지고 말았다는 주장이다. 다른 주장도 있다. 1990년대 여러 나라의 외환위기를 분석하여 국제금융시스템의 내재적 불안정성을 지적한 학파이다. 금융자유화를 추진하던 중 대규모의 외국 자본이 갑자기 빠져나가면 어느 나라든 방어하기 힘들다고 지적하며 국제금융 시스템의 개선을 요구했다. 1990년대 외환위기를 경험한 북유럽, 중남미, 동아시아의 경우 금융 자유화 과정에서 유사한 위기를 경험했다. 그러나 이 학설은 당시 IMF 포함 국제 구제금융 기구가 금융지원을 제공하면서 무시되었다. 그로부터 10년 후 미국발 세계금융위기 때는 이러한 학설이 다시 주목을 받았다. 세계 최상의 자유 시장경제, 자본주의 국가인 미국마저도 금융위기의 발원점이 되었고, 위기에 속수무책이었다.

13 EAEC(East Asia Economic Caucus) 제안은 미국이 강력하게 반대하고, 한, 중, 일 3국도 소극적이거나 부정적인 반응을 보임으로써 실행되지 못했다. 당시 한, 중, 일 3국의 최대 시장은 미국과 EU이었음에 비추어 마하티르 총리의 제안에 선뜻 응하기 어려웠다.

14 Phillip Y. Lipscy, "Japan's Asian Monetary Fund Proposal" (Stanford Journal of East Asian Affairs, 2003. Vol. 3/No. 1). 동아시아 국가들은 일본 제안을 지지했으나 미국의 강력한 반대 관점이 전해지면서 동아시아 지역의 지지 세력마저 급격히 약화했다.

15 아세안+3국이 참여하는 회의는, 민간 지식인으로 구성된 비전 그룹이 결성되어 2년에 걸쳐 동아시아 지역협력 방안을 논의하여 17개 단기 협력방안과 9개 중장기 협력방안을 도출했다. 이 비전 그룹의 좌장(Chair)은 한국이었다. 이어 정부 고위 실무대표가 비전 그룹의 결과물을 정책 차원에서 다시 검토한 후 2002년 정상회의에 보고, 채택되었다.

16 APT 13개국이 참여한 현인 그룹, 즉 East Asian Vision Group(I)은 2년간 토의를 거쳐 2001년 보고서를 정상회의에 보고서를 제출했다. 한편, 2011년 한국은 지난 10년간 APT 실적을 검토하고 향후 진로를 건의할 EAVG II 구성을 제안했다. EAVG II는 윤영관 전 한국 외교부 장관을 좌장으로 1년간 토의를 거쳐, 2012년 APT 정상회의에 보고서를 제출했다.

17 1990년대 중국 고위층의 아세안 방문 현황
 - 말레이시아 방문: 양상쿤 국가주석(1990년 및 1992년), 리펑 총리 (1990년 및 1997년), 장쩌민 후임 국가주석(1994, 1997, 1998년)
 - 싱가포르 방문(1990년 수교): 리펑 총리(1990년), 양상쿤 국가주석 (1993년), 장쩌민 국가주석(1994년), 리펑 총리(1997년), 주룽지 총리(1999년) 등
 - 인도네시아 방문(1990년 관계 정상화): 양상쿤 국가주석(1991년), 장쩌민 국가주석(1994년); 주룽지 부총리(1996년, 나중 총리), 후진타오 국가부주석(2000년, 나중 국가주석)

18 Wikipedia, APEC (Asia—Pacific Economic Cooperation).

19 박번순, "아세안의 시간" 제6장 "아세안과 중국을 잇는 가교 화교 자본" (2019.11, 지식의 날개 출판소).

20 Stanislav Myšička, "Chinese support for communist insurgencies in

           중국과 공존하는 아세안의 지혜

Southeast Asia during the cold war" (2015.12, University of Hradec
Králové).

21 1965년 쿠데타 이후 민중 봉기가 일어나 인도네시아 공산당(PKI) 당원, 공
산주의자, 중국계 인사(화교) 등을 학살했다. 이때 죽은 사람 규모는 50만
명에서 100만 명, 많게는 200만 명이라는 설까지 나오고 있다. (Indonesian
mass killings of 1965−66 (Wikipedia, 2022.5.12. 열람).

1. 동아시아 지역경제협력 체제
2. 중국, 세계 2위 경제대국으로
3. 아세안 경제성장 전략

제2장

중국과 아세안의 동반 경제성장

중국과 아세안의 동반 경제성장

2000년대 들어 중국과 아세안은 당면한 위기를 극복해 나가며 높은 성장률을 기록하기 시작했다. 1990년대 총체적 위기국면에 빠졌던 중국 경제가 극적인 변화를 이루게 된 배경은 무엇일까. 범위를 넓히면, 동아시아 경제가 외환위기로부터 빠르게 회복했고 2000년대 들어서 세계 어느 지역보다 높은 경제성장을 가능하게 한 배경이 무엇인가.

그 답을 찾기 위해서는 동아시아의 지역경제협력(통합)과 지역생산 분업 체제를 언급하지 않을 수 없다. 한국, 대만, 싱가포르 등 동아시아 발전국가들은 1970년대부터 전 방위적인 경제 성장정책을 시작했다. 그러나 냉전체제 속에서는 경제 부문의 개혁과 개방 수준은 여전히 낮을 수밖에 없었고 지역 내 경제교류 역시 제한적이었다. 심지어 전기, 용수, 항만, 철도, 도로 등 기반 인프라 건설에 필요한 공적 차관 도입도 말처럼 쉬운 일이 아니었다.

그러다가 1980년대 소련(페데스트로이카), 중국(개혁개방), 베트남(도이모이) 등 냉전체제의 주축을 이루던 공산 국가들이 개혁개방으로 방향을 전환한 게 분기점이 된다. 동아시아 경제는 이러한 체제변화의 영향을 받아서 경제적 지역연계를 서서히 구축해 나갈 수 있었다. 특히, 후술하는 1985년 서방과 일본과의 플라자 합의 이후 아시아 안에서의 지역연계는 빠르게 발전했다. 이 시대의 가장 큰 특징은 민간기업이 지역연계를 주도했다는 사실이다. 그 배경에는 냉전 시대의 잔재가 쉽사리 제거되지 않았기 때문에 정부가 나서기 어려운 상황이라는 점을 짚어야 한다. 민간기업들이 앞장서 무역, 투자 분야에서 지역적 경제연계를 확장하며 판을 바꾸기 시작한 것이다. 당시에는 중국에 포함되지 않았던 홍콩(1997년 반환)을 활용하여 공식·비공식, 때로는 편법적 방법으로 중국과의 경제교류를 확대하던 방식이 대표적 사례가 될 것이다.

지역생산 분업 체제

1990년대 이후 동아시아 국가들은 이전보다 급진적으로 경제부문 개혁개방에 나서기 시작했고, 이념을 초월한 경제교류가 활성화되면서 해외투자가 크게 늘었다. 부품과 소재 산업을 해외에서 들여오거나 아니면 인건비가 저렴한 동남아, 중국에 투자 진출하여 생산된 제품을 미국, 유럽 선진국으로 수출하는 방식이 점차 확산했다. 이른바 지역 생산 분업 체제이다. 예를 들어, 일본 기업이 태국에 TV 조립공장을 설립한 후 핵심 부품은 일본으로부터 들여오고, 나머지 부품은 한국, 대만, 아세안, 중국 등 주변국으로부터 저렴하되 경쟁력 있는 부품을 수입하여 태국에서 완제품을 조립하는 방식이다. 이러한 아시아 분업 체제 속에서 생산한 제품을 미국이나 유럽 시장으로 판로를 넓혀간 것이다. 이러한 생산 및 분업 체제는 미국, 유럽 시장에서 품질이나 가격 면에서 경쟁력을 갖는 제품을 생산하는 데 성공하게 된다.

중국과 공존하는 아세안의 지혜

동아시아 교역과 생산 네트워크가 본격적으로 조성된 것은 1985년 9월 플라자 합의 이후라고 할 수 있다. 플라자 합의란, 서독, 프랑스, 일본, 미국, 영국 5개국 재무부 장관이 뉴욕 플라자 호텔에서 일본 화폐 '엔'과 독일 화폐 '마르크'에 대하여 미국 달러의 가치를 평가절하하기로 합의한 것을 말한다. 그 결과, 일본 '엔'화의 가치가 가파르게 상승하게 된다. 1985년부터 1987년까지 2년 사이 엔화 대비 달러의 환율은 51% 하락했다. 이로 인하여 해외시장에서 일본 제품가격은 그만큼 비싸진 것이다.

일본 기업들이 엔화 평가절상(円高)에 따른 수출 감소와 기업 손실 만회를 위해서 생산비용을 줄일 수밖에 없었다. 생산 공정의 전부 또는 일부를 해외로 이전했다. 인건비가 저렴하고 산업화가 비교적 발달한 한국, 대만, 홍콩, 싱가포르(소위 네 마리 용 NIEs) 등 신흥공업국에 조립공장을 설치했다. 1986년 당시 아시아 신흥공업국NIEs의 임금 수준은 일본의 20% 수준이었고, 아세안은 일본의 10% 수준이었다. 1990년 전후하여 이들 지역의 인건비가 상승하자 일본의 투자는 아세안 지역으로, 그 후 중국으로 생산 공정을 옮기거나 투자 진출을 늘려 나갔다.

플라자 합의 이후 동아시아에 대한 일본의 투자가 대폭 증가하여,[1] 1989년도 80억 달러로 정점을 기록했다. 1980년대 초반에는 연간 10억 달러 수준이었다. 이러한 민간 투자에 추가하여 정부 투자(차관)도 크게 늘었다. 기반 인프라 건설에 드는 투자 규모가 크고 투자의 회수 기간이 장기간인 탓에 민간기업이 투자하기 어렵고 정부 투자가 필요한 분야이다. 그러나 동아시아 국가들은 공적 자본을 투입할 여력이 없었다. 아래 표(2-1-1)는 일본의 민간 투자와 정부차관ODA 규모를 나타낸다. 동아시아 기반 인프라 건설에 있어서 일본의 기여를 나타내는 통계이다. 일본 정부는 일본 기업의 투자 증가와 발맞추어, ODA를 제공하여 투자 환경을 개선했다. 도로, 항만, 통신, 전력, 공업용수 등 기반 인프라를 건설했다. 이 표에서 보듯이, 인도네시아, 필리핀, 중국의 경우 일본의 민간 투자보다 정부의 차관 규모가 오히려 더 컸다. 일본에 이어 동아시아 신흥공업국NIES도 자국의 경제성장을 바탕으로 아세안, 중국 등 자국보다 낮은 인건비와 낮은 땅값을 유지하는 나라에 대한 투자를 본격화했다.

[표 2-1-1] 1986~1990년 일본기업의 투자(FDI)와 일본 공적 차관(괄호, 빨간색)
(단위: 백만 달러)

	1986년	1987년	1988년	1989년	1990년	1986-90년
인도네시아	250 (161)	545 (707)	586 (985)	631 (1,145)	1,105 (868)	3,117 (3,866)
태국	124 (260)	250 (302)	859 (361)	1,276 (489)	1,154 (419)	3,663 (1,831)
말레이시아	158 (38)	163 (276)	387 (25)	673 (80)	725 (373)	2,106 (791)
필리핀	21 (438)	72 (379)	134 (535)	202 (404)	258 (647)	687 (2,403)
중국	226 (497)	1,226 (553)	296 (674)	438 (832)	723 (349)	2,535 (3,279)

자료-FDI: Watanabe[2], ODA: 일본 외무성.

② 중국, 세계 2위 경제대국으로

중국은 동아시아 지역에 확산하는 경제성장 열기와 분업 생산 네트

중국과 공존하는 아세안의 지혜

워크에 후발주자로 참여하게 된다. 일본, 한국, 대만, 아세안 등으로부터 자본, 기계, 기술, 경영 비결을 받아들여 고도 경제성장을 이룩하는한편, 개혁개방을 확대하여 주변국과의 생산 분업 체제를 확대했다.중국은 주변 나라보다 경제발전 수준이 크게 낙후되었다. 그렇지만 인구, 경제 규모가 크고 경제성장 잠재력이 있었던 만큼, 주변국으로부터 부품 소재 및 중간재Intermediate Goods를 수입한 후 중국 내에서 이를 가공하여 최종 완제품을 만들어서 미국, 유럽 등 선진국 시장에 수출했다. 중국의 참여는 동아시아 경제의 판을 키웠고 생산 분업 네트워크를 활성화했다. 중국의 경제성장은 아마도 동아시아 경제의 연계체제가 존재하지 않았다면 성공하지 못했고, 역설적으로 미·중 무역전쟁도 발생하지 않았을지도 모른다.

세계무역기구(WTO) 가입

중국은 2000년대 들어서도 경제성장을 지속하기 위한 노력을 계속했다. 경제성장을 위하여 아세안에 접근하는 정책과 중국 서부지역 개발계획을 함께 추진했다. 경제발전이 뒤처진 중국 서부지역 개발계획은 국토 균형 개발이 주목적이지만, 이는 아세안에 접근하는 정책과도연계되어 있다. 세계무역기구WTO 가입은 중국 경제의 발전뿐 아니라동아시아 정치, 경제 지도를 크게 변화시킨 역사적 사건이었다. 중국은 오랜 기간 WTO 가입을 위하여 절치부심으로 노력했다.

중국은 1986년 관세 및 무역에 관한 일반협정(일명 GATT)에 가입을신청했다. 훗날 GATT가 WTO로 발전적으로 해체되는 등 우여곡절끝에 2001년 WTO 가입에 성공하게 된다. 장장 15년이 걸린 장기 프로젝트였다.

어느 나라든지 WTO에 가입하려면 회원국들과 개별적인 양자 협상, 다자 협상, 전체 협상 등 다양한 가입 협상 과정을 거쳐야 한다. 중국은 사회주의 경제, 계획경제, 폐쇄 경제를 유지한 채 가입하는 만큼 선진국들이 제시하는 갖가지 까다로운 조건과 요구를 만족시켜야 했다. 특히 미국과 EU와의 협상이 최대 관건이었다. 중국 공식 발표에 의하면, WTO 규정을 준수하기 위해 3,000건 이상의 중국의 법, 행정명령, 부처 예규를 고쳤다고 한다. 중국 관세율의 변화 추이만 보더라도 경제의 개혁개방에 얼마나 단호하게 조처했는지 알 수 있다. 1992년 중국의 평균 관세율은 43%이었으나 1999년 17%로, 2004년에는 10% 이하로 내려갔다. 그 결과 많은 수입상품이 면세 혜택을 받을 수 있었고 2006년 수입 관세율은 2%가 되었다. 또한, WTO 규정에 따라 외제 자동차의 수입 관세율을 200%에서 25%로 낮추었고 자동차의 수입 쿼터제를 폐지하기도 한다.

지루했던 미·중 협상

중국이 WTO 가입을 시도하던 15년 동안 미국과 중국 사이에는 좋은 일들만 있었던 것은 아니다. 대만 해협 위기(1995~6년), 미군기에 의한 베오그라드에 있는 중국 대사관 피격(1999.5), 미군 첩보기의 하이난도(海南島) 불시착(2001.4) 등이 부정적인 사례이다.

2001년 중국의 WTO 가입 문제를 두고 미국 의회와 여론은 찬반으로 팽팽하게 맞섰다. 미국 기업계는 중국의 가입을 서둘러 매듭짓기를 원했다. 그러나 사회주의 경제 체제를 유지한 채 WTO 가입한다는 점과 중국을 잠재적 경쟁자로 보는 미국 내 보수 세력(군부 포함)은 가입을 반대하고 나섰다. 특히 2001년 1월 부시 대통령 취임과 함께, 권력을 잡은 신보수주의Neo-Conservative 강경파는 중국을 전략적 경쟁자로 규정했다. 참고로 신보수주의자라는 용어는 1960년대와 1970년대에 미국에서 등장하여 1980년대와 1990년대에 더욱 두드러진 정치 이념을 뜻한다. 이들 신보수주의자는 일반적으로 강력한 국방력, 적극적인 외교정책, 자유 시장 경제, 전통적인 사회 및 문화 질서를 옹호한다. 특히 미국에서 가장 보수적인 정치 세력, 특히 공화당 정치에 영향력을 행사해 온 세력과 연관되어 있다. 딕 체니 전 부통령, 도널드 럼즈펠드 전 국방장관, 존 볼턴 전 유엔 대사 등이 대표적이다. 신보수주의가 미국 정치에서 주목을 받은 이유 중 하나는 강력한 군사력과 적극적인 외교정책을 강조하기 때문인데, 이는 미국을 글로벌 초강대국으로 보고 미국이 국제 문제를 형성하는 데 주도적인 역할을 해야 한다고 믿는다.

그런데도 중국 지도부는 미국과의 협상에 총력을 기울였다. 1999년 4월에는 주룽지 총리가 미국을 방문해 과감한 개혁개방 정책과 그 방안을 제시했다. 그러나 주룽지 총리는 미국의 협상에 실패하고 빈손으로 귀국하게 된다. 클린턴 행정부는 여전히 중국이 안고 있는 공산당 1당 체제, 인권 문제(교도소 노동, 아동 노동 포함), 경제 개혁/개방 수준의 미흡, 주변국에 대한 무력 사용 등의 행태 등을 이유로 국제사회의 일원으로 받아들이기에는 이르다는 미국 사회 여론을 의식했기 때문이다. 또한, 미국 기업인들의 지지에도 불구, 경제학자들은 미·중 무역 적자에 대한 우려 때문에 미·중 간 정상적인 무역관계 수립(소위 NTR 자격 부여)을 하려는 클린턴 행정부의 입장에 반대하는 목소리를 높였다.

주룽지 총리가 미국서 빈손으로 돌아오자, 일부 강경파 원로들은 장쩌민 주석과 주룽지 총리의 대미국 저자세 외교에 대하여 강하게 비판했으며, 당시 지도부를 '매국노'라고 부르는 여론도 비등해졌다. 더욱이 주룽지가 미국 방문으로부터 돌아온 다음 달(5월) 미군기가 베오그라드 주재 중국 대사관을 폭격하는 사건이 발생, 중국인 3명 포함 다수의 인명이 사망하는 악재가 터졌다. 미국 측은 즉시 오폭이었다고 해명하고 사과했으나, 중국 군부와 여론은 미군의 의도적 폭격이었다고 반발했고 반미 시위가 중국 전역에 걸쳐 일어났다. 당연히 중국 지도부는 반미 여론이 확대되기를 바라지 않았다.

여기서 돌파구는 의외로 유럽에서 열리게 된다. 2000년 5월 EU가 먼저 중국 가입에 동의 의사를 표출한 것이다. EU의 입장은, 경제체제, 경제 행태 및 북한의 핵개발에 대한 중국의 입장 등을 감안하여 WTO에 가입시켜, WTO 법·제도 안에서 개혁개방을 촉구하고 감시하는 것이 좋겠다는 의견이었다. 이것이 미국 및 국제 여론에 긍정적으로 작용했다. 이와 같이 길고도, 힘든 과정을 거쳐 그해 11월 미·중 양자 협상이 드디어 결실을 맺게 된다.[3] 중국 WTO 가입의 마지막 장애가 제거된 셈이었다.

세계 제2위 경제 대국으로

WTO에 가입한 지 10년 후인 2011년 기념식에서 후진타오 당시 국가주석이 "중국 개혁개방의 이정표일 뿐 아니라, 개방을 지속하게 하는 새로운 시대를 열었다."고 평가했다(사진 2-2-1). 원자바오 당시 총리는 WTO 가입은 "중국이 세계로 향하는 문"을 열었다고 기술했다. 그만큼 WTO 가입은 중국 역사에서 가장 주목할 만한 사건 중의 하나였다. 가입 10년 만에 중국은 일본을 제치고 세계 제2 경제 대국으로 성장했고,[4] 수세적이고 방어적이었던 중국외교를 공세적 외교 Assertive Diplomacy로 전환하게 했다. WTO 가입 10년 만에 세계 경제

중국과 공존하는 아세안의 지혜

의 변방에 불과했던 중국이 세계 제2위의 경제로 발전했다. 2011년 발간된 WTO 가입 10년을 회고하는 중국 공식 자료에 의하면, 가입 10년 동안 다음과 같은 실적을 이루었다고 기술하고 있다.5

첫째, 세계 제2위 국내총생산(GDP) 경제규모
둘째, 세계 제1위 상품수출국
셋째, 세계 제2위 상품수입국
넷째, 세계 제4위 상거래 서비스 수출국
다섯째, 세계 제3위 상거래 서비스 수입국
여섯째, 개발도상국 중 최대 FDI 접수국(FDI inward)
일곱째, 개발도상국 중 최대 FDI 공여국(FDI outward)

[사진 2-2-1] WTO 가입 10주년 중국 기념식에서 후진타오 연설 장면

中, 동아시아 경제의 중심으로

2000년대 후반, 중국은 한국, 일본, 아세안 등 동아시아의 중심국으로 부상했다. 첫째, 동아시아 경제에서 중국이 최대 교역국으로 등장했다. 아세안의 예는 특히, 중국의 성장세를 뚜렷이 보여주고 있다. 아세안 내부의 상호교역을 제외하면, 세계금융 위기 전 아세안의 최대 교역상대는 일본, EU, 중국, 미국 순이었다. 그러나 2009년부터 중국이 1위이고 이어 EU, 일본, 미국 순이다. 이와 같이 중국의 점유율이 높아지면서 자연 중국에 대한 아세안의 수출 의존도(수출총액에서의 중국 비중)도 갈수록 높아졌다. 이에 반하여 일본의 점유율은 지속해서 하락했고 미국의 교역 비중도 1990년대 이후 감소 추세이고, 투자 비중도 작아졌다.[6]

둘째, 동아시아의 지역생산 분업에 있어서 리더 역할이 일본에서 중국으로 넘어갔다. 2010년도 일본 정부의 통상백서는 1998년도와 2008년도 일본, 중국, NIEs,[7] 아세안 사이의 부품 교역 통계를 비교하고 있다.[8] 1998년도에는 일본·NIEs 사이의 교역이 가장 많고 압도적이었으나, 2008년도에는 중국·NIEs 부품 교역이 가장 크고 압도적이다. 이 통계는 동아시아의 생산 분업의 흐름을 나타내고 중국이 일본의 자리를 차지했음을 보여준다.

2010년 일본의 경제규모GDP는 5.49조 달러, 중국 GDP는 약 6.08조 달러로 중국이 일본을 제치고 미국에 이어 세계 2위의 경제 대국이 되었다. 중국이 WTO 가입 전 2000년의 일본 GDP는 4.64조 달러로 미국에 이어 2위였으며, 중국은 1.19조 달러로 6위였다. 불과 10년 사이 일본과 중국의 경제 규모가 역전되었다. 2010년 이후 두 나라의 경제 규모는 더욱 격차를 벌리고 있으며(표 2-2-1), 2020년에는 두 나라

중국과 공존하는 아세안의 지혜

[표 2-2-1]   2010-2020년간 중국과 일본의 GDP 격차. U$ billion

	2010년	2012년	2014년	2016년	2018년	2020년
중국	6,087	8,532	10,475	11,233	13,894	14,687
일본	5,289	6,272	4,896	5,003	5,037	5,040
중국/일본 비중			213%			291%

자료: World Bank

격차는 거의 3배에 가깝다. 일본이 중국에 대하여 위협을 느끼는 것은 경제력 격차가 지속 벌어지고 있는 것에 대한 위기의식도 작용한 것은 보인다.

셋째, 중국이 1997년 동아시아 외환위기를 계기로 정치적, 경제적으로 지역 대국으로 성장했다.[9] 또한 2008년 세계금융위기에 대한 중국의 발 빠른 위기대응이 동아시아 경제에서 중국의 역할과 비중을 한층 더 증대시킨 것으로 나타난다.

다음 표(2-2-2)는 2000~2006년 동안 중국의 주요 상대와의 무역 규모와 수지 내용을 보여준다. 중국은 이 기간에 아세안, 일본, 한국, 대만 등 거의 모든 주변국과의 무역에서 적자를 보았다. 반면, 중국은 미국과 EU 등 선진국과의 무역에서 큰 규모의 무역흑자를 챙겼다. 한마디로, 중국이라는 거대한 가공공장이 동아시아 이웃으로부터 부품, 소재, 중간재, 원자재를 수입하여 조립 또는 가공하여 최종 완제품을 만들어서 미국, 유럽 시장에 수출한 것이다. 그 결과 동아시아 주변국과의 무역에서는 적자를 보았지만 선진국과의 무역에서는 큰 흑자를 남길 수 있었다. 이를 통하여 중국은 동남아를 넘어 동아시아 경제의 중심에 서게 되고 '세계의 공장'으로 부상할 수 있었다. 중국은 지역통합 과정에 후발주자로 참여했지만 동아시아 지역통합을 가속화하고

[표 2-2-2] 중국-주요 무역상대와의 무역 수지(2000-2006년)

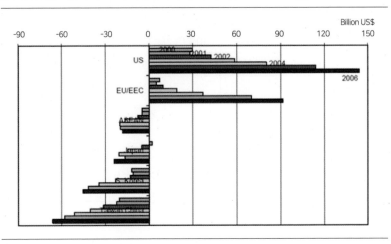

자료: China Customs Statistics, 2000-2006.

확대하는데 결정적인 기여를 한 셈이다.

③ 아세안 경제성장 전략

이 시기, 즉 2000년대 중국 경제는 매년 10%를 상회하는 경제성장률을 보였고, 2008년 미국 발 세계 금융위기 속에서도 고속질주를 멈추지 않았다. 아세안 경제도 5-6% 대의 성장률을 보였지만 중국과 같이 화려하지 않다. 아세안은 캄보디아, 라오스, 미얀마, 베트남 등 경제적으로 낙후된 나라들을 회원으로 받아들였으나 본격적 지역통합을 추진하기 전의 준비 단계였다(표 2-3-1).

64

[표 2-3-1] 2000년대 중국과 아세안의 경제성장률

	2002년	2004년	2006년	2008년	2010년
중국	9.1%	10.1%	12.7%	9.1%	10.6%
아세안(10)	5.0	6.5	6.2	4.7	7.8

자료: 세계은행의 중국 성장률, ASEAN Statistical Yearbook 2010 및 2012.

아세안이 10개국 회원국의 지역통합을 강화하고 스스로의 능력을 키우는 노력의 결정판은 2015년 아세안 공동체의 창설이다. 10개 회원국으로 구성된 지역공동체로 통합의 수준을 승격시켰다. 아세안은 1990년대부터 지역 협력과 통합을 준비해 왔다. 오랜 준비과정을 거쳐 2015년 11월 아세안 공동체ASEAN Community 창설을 공식 선포했다 ([사진 2-3-1]). 아세안 공동체는 정치안보 공동체, 경제공동체, 사회문화 공동체 3개축으로 구성되어 있으며, 정상 선언문은 이들 3개축의 지향하는 목표를 규정했다. 규범에 기반하고Rules-Based, 사람 중심

[사진 2-3-1] 아세안 정상회의

People-Centered 공동체를 이루겠다고 선언하면서 주민들이 아세안 통합과 공동체 건설과정에 참여할 뿐 아니라, 그 과실과 이익을 공유하도록 하겠다고 천명했다. 물론 이와 같은 표현은 선언적인 의미가 강하지만 공동체의 올바른 방향성을 제시했다는 평가를 받았다.

아세안 공동체 창설 준비

아세안은 1992년 아세안 자유무역지대AFTA 창설에 합의했다. 그 후 1997년 'ASEAN 비전 2020'을 채택, 2003년 아세안 공동체 창설에 합의한 이후 아세안 역내 통합을 실현하려는 구상에 총력을 기울였다. 1997년 동아시아 경제위기가 발생하여 인도네시아, 말레이시아, 필리핀 등 동남아 전역으로 파급되는 가운데 1997년 12월 아세안 정상회의가 개최되었다. 이 회의에서 아세안 정상들은 아세안 회원국 사이에 먼저 경제통합Closer Economic Integration을 강화하기로 합의하고 '상품, 서비스, 투자, 더욱 자유로운 자본이동'이 가능한 아세안 경제지역ASEAN Economic Region을 설립하기로 하고 '아세안 비전 2020'을 채택한 것이다. 이어 2003년 정상회의에서는 2020년까지 아세안 안보 공동체Security Community, ASC, 경제공동체Economic Community, AEC, 사화/문화 공동체Socio-Cultural Community, ASCC 등 3개축으로 구성된 공동체를 설립하기로 합의하게 된다(아세안 협력선언 '발리 협약 II').

회원국들은 이미 1992년의 합의 정신을 존중해 2003년까지 역내 평균 관세율을 5% 이내로 감축하는데 성공하게 된다. 아세안 경제공동체AEC는 이 여세를 몰아 단일시장 및 단일 생산기지 설립을 목표로 경제통합을 가속화하고 국제 경쟁력을 증진시켜 나가기로 뜻을 모은다.

중국과 공존하는 아세안의 지혜

안보 공동체는 아세안 회원국들 사이에, 이른바 동남아 지역에서 분쟁의 평화적 해결, 해양 협력, 국제 테러 문제를 공동으로 대응해 나가기로 한다. 여기서 중요한 대목이 자국의 주권에 대한 확고한 존중으로, 특히 "외부 세력의 내정 간섭을 허용하지 않겠다Free from outside inter-ference in their internal affairs"는 절대 원칙에 합의하게 된다. 이밖에도 사회문화 공동체는 지역 공동으로 교육 및 인력개발 협력, 환경 파괴 중지, 전염병 차단과 예방에 힘을 합치기로 한다. 2007년 필리핀 세부 정상회의에서는 2020년 3개 공동체 창설 목표를 2015년까지 앞당겨 추진하기로 목표 연도를 수정했다. 그 후 2009년 정상회의에서는 2009~2015년 실행 계획을 선정하여 매년 두 차례의 정상회의를 통해 진전 상황을 점검하기로 정했다(표 2-3-2. 아세안 공동체 진행 연표).

[표 2-3-2] 아세안 공동체의 진행 연표

- 1992년 아세안 자유무역 지대(AFTA) 창설 합의
- 1997년 'ASEAN Vision 2020' 채택
- 1998년 하노이 행동 계획 합의: Vision 2020 실현을 위한 이행방안
- 2003년 아세안 협력 선언(Bali Concord II)
  - 2020년까지 정치·안보·사회/문화 공동체 창설 추진에 합의
- 2007년 세부 선언(Cebu Declaration)
  - 당초 2020년 창설 목표를 2015년까지 앞당겨 추진하기로 합의
- 2008년 아세안 헌장(ASEAN Charter) 발효
- 2009년 2009~2015년 공동체 창설 추진 로드맵 합의
- 2015년 아세안 공동체(AC, ASEAN Community) 공식 발족
  - 'ASEAN Community Vision 2025' 채택

경제 공동체(AEC)의 통합

아세안 공동체 3가지 축 중에서 경제공동체가 가장 빠른 통합실적을 보이게 된다. AEC는 2015년까지 단일시장 및 생산기지를 설립하고, 아세안 개발격차를 축소한다는 커다란 공동의 목표를 설정했다. 단일시장 및 생산기지 창설을 위하여 상품, 서비스, 투자 및 기능인력의 자유 이동과 더욱 자유로운 자본이동을 구체 행동 계획으로 잡았다. 상품, 서비스의 자유 이동을 허용하지만, 노동의 이동과 자본이동의 개방에는 제한을 가하고 있다. 이러한 목표에 따라, 무관세, 통관 단일창구 제도ASEAN Single Window, 원산지 제도, 인증제도 등 상세하고 다양한 행동 계획을 세워 실천하게 된다.

'아세안 공동체' 설립에 대한 열기

정상들은 2010년 4월 하노이 정상회의에서 마스터플랜을 채택했다. 계획에 따르면 2015년까지 우선 추진할 15개 사업이 가장 중요한 계획이었다([표 2-3-3]). 정상들은 이들 항목의 이행사항을 직접 점검했다. 나라별 이행점검표를 만들었고 1년에 1회 개최하던 아세안 정상회의를 두 차례로 늘렸다. 정상회의가 열릴 때마다 각국의 이행점검표가 제출되는 만큼 회원국 사이의 경쟁도 치열하게 펼쳐졌다.

이러한 노력의 결과, 2010~2015년 사이 아세안 지역통합의 성공사례를 들면, 우선 국경을 통과하는 버스 노선의 확대를 예로 들 수 있다. 국제노선 버스의 운행이 가능하게 하려면 도로 건설 등 인프라 건설이 우선되어야 한다. 또한, 다른 나라 차량의 국경 통과 허용, 도로의 신호등 체계, 차량사고 보험, 출입국 및 국경 세관 통관 절차 간소화 등 많은 정부 간 협정이 체결되면서 국제노선 버스는 물론, 국내

중국과 공존하는 아세안의 지혜

[표 2-3-3]   2015년까지 추진할 우선 사업

- 아세안 고속도로 완성
- 쿤밍-싱가포르 철도 연결
- 아세안 광대역(Broadband) 통신망
- 말레이시아-인도네시아 전력망 연결 사업
- 상호인증 절차 개발
- 국가별 Single Window(통관 단일창구)
- 상호 투자 제한 철폐
- 상호 비자 완화(또는 무비자) 등

시외버스 노선도 빠르게 늘었다.

지역 내 무선통신망 확충도 괄목할만한 발전이 이루어졌다. 아세안 내에서 경제적으로 가장 낙후된 나라는 미얀마였다. 국내는 물론이고 국제적인 통신인프라가 열악하여 인터넷 연결은 물론 심지어 전화통화에도 상당한 애로가 있었다. 이러한 미얀마가 외국의 지원(투자, 기술)을 받아들여서 전국 각지에 통신 탑을 세우고 통신망에 비로소 투자하게 된 것이다. 이 사업이 2014년 무렵에 마무리되어 그 무렵부터 누구라도 쉽게 인터넷과 휴대전화의 이용이 가능해졌다. 아세안 정상회의에서 공동체 창설 준비항목에 회원국 사이 광대역 통신망 연결이 포함된 것도 큰 역할을 한 것이다. 아세안 회원국 사이 교통편(수송망)의 연결과 통신망의 연결은 지역 교류, 협력 및 통합에 크게 이바지했다.

공동체 창설 성과

아세안이 공동체 창설 작업에 본격 돌입한 것은 2006년부터이다. 나라마다 정치·경제·사회·문화적 차이를 그대로 유지한 채, 그리고 선발ASEAN 6·후발CLMV 아세안 그룹 사이 경제발전 격차라는 커다란 장애에도 불구 지역통합과 공동체 창설에 대한 회원국들의 열의는 대단했다. 본격 사업 추진에 돌입한 다음 해인 2007년부터 2015년 사이 항목별 성과는 이를 입증한다. 아세안 사무국 발간 자료10를 이용하여 2007~2015년 사이 통합의 결실은 다음 통계 수치가 이를 말해주고 있다. 후발 아세안 4개국 캄보디아(C), 라오스(L), 미얀마(M), 베트남(V) 국명의 앞글자를 따서 CLMV이라고 부르게 된다.

영토, 인구, GDP(2015년). 아세안 경제 규모GDP는 2007년 1.34조 달러이었으나 2015년 2.43조 달러로 신장했다. 공동체 창설을 준비하는 동안 경제가 빠르게 성장했음을 보여준다. 그 중, 베트남이 가장 괄목할만한 성장세를 보였다.

[표 2-3-4] 아세안의 주요 경제지표

	영토면적 (sq Km)	인구 (1,000 명)	GDP (백만 U$)	1인당 소득 (U$)
ASEAN 전체	4,488,839	628,937	2,431,969	11,009
CLMV	1,425,363	166,497	289,901	1,741
ASEAN 6	3,063,476	462,441	2,142,069	12,967

CLMV: 캄보디아, 라오스, 미얀마, 베트남 4국

아세안 역내 무역 Intra-ASEAN. 아세안 역내 무역 규모가 2007년 미화 1.6조 달러에서 2015년 2.3조 달러로 신장했다. 아세안 평균 관세율은 2001년 4.43%였으나(후발 아세안 국가인 CLMV 평균 7.51%), 2011년 0.96%(CLMV 2.47%)로, 2015년은 0.54%로 대폭 낮아졌다. 무관세 품목은 95.99% 수준이었다.

회원국간 상호 왕래. 아세안 회원국 사이 왕래Intra-ASEAN하는 여행

중국과 공존하는 아세안의 지혜

객 수가 2007년 27.3백만 명이었으나 2015년 45.7백만 명으로 늘었다. 아세안을 찾는 방문객(역내 및 역외를 합한 것) 규모는 2013년 1억 명을 넘었다.

해외직접투자FDI 유입. 아세안으로 들어오는 해외투자FDI가 2007년 850억 달러였으나 2015년 1208억 달러로 늘었다. 아세안 역내 투자 Intra-ASEAN 비중도 점차 높아졌다. 지역통합이 해외투자 유입뿐 아니라 역내 투자도 활성화했다.

1967년 아세안 창설 이후 경제성장률GDP. 아래 표(2-3-5)는 아세안 사무국이 발표한 1967~2015년간 아세안 경제성장률을 보여준다.[11] 2000년대 들어, 특히 2008년 이후 가파른 경제성장률을 기록했다.

[표 2-3-5] 1967~2015년간 아세안의 경제규모

(단위: 10억 달러)

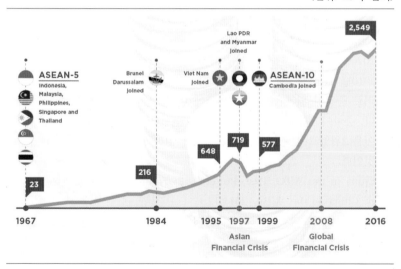

주(註)

1 Kazuhiko Ishida (Bank of Japan), "Japan's Foreign Direct Investment in East Asia: Its Influence on Recipient Countries and Japan's Trade Structure"(chapter in International Integration of the Australian Economy 1994 from Reserve Bank of Australia).

2 와다나베 토시오 동경공업대학 교수, "일본의 ODA를 어떻게 할까?" (1996년, NHK books).

3 Joseph Fewsmith, "China and the WTO: The Politics Behind the Agreement"(1999.11. The National Bureau of Asian Research) google, 2020.6.20. 열람.

4 2010년 일본 경제규모(GDP)는 5.49조 달러, 중국 GDP는 약 6.08조 달러로 중국이 일본을 제치고 미국에 이어 세계 2위의 경제 대국이 되었다. 중국이 WTO 가입 전 2000년의 일본 GDP는 4.64조 달러로 미국에 이은 2위였고 중국은 1.19조 달러였다. 10년 사이 일본과 중국이 역전된 것이다.

5 China in the WTO: Past, Present and Future (by Permanent Mission of China to the WTO, 2011.12.).

6 아세안 대외교역과 아세안 유입 FDI 중 미국의 비중

	1993년	1996년	2000년	2004년	2008년
Im. fr. US	15.1%	15.1%	14.0%	11.8%	9.6%

Ex. to US	20.3	18.5	17.9	14.3	11.5
FDI fr US		17.1	32.2	19.6	12.1

자료: ASEAN Secretariat 통계

미국의 투자가 2000년 전후로 크게 신장했으나 이는 1997/98년 경제 위기를 당한 동남아기업과의 M&A 투자가 급증한 탓으로 해석된다. 삼성경제연구소 발간 "아시아 경제, 힘의 이동"(2002년, 박번순 지음)(136쪽).

7 아시아 NIEs: 한국, 대만, 홍콩, 싱가포르 4개국.

8 일본 METI 통상백서 2.1.2 "China's increased presence in the East Asian production network".

9 T.J. Tempel "10 years after the Crisis"(2008).

10 A Blueprint for Growth(2015년), ASEAN Community in Figures(ACIF 2016, 2016년) 자료를 종합했다.

11 1967−2017 ASEAN Economic Progress (아세안 사무국 2017년 발간).

1. 9.11테러와 세계금융위기
2. 중국의 공세적 외교(Assertive Diplomcy)
3. 아세안에 대한 중국의 경제 진출 및 외교 공세
4. 중국이 공세적 외교로 전환한 배경
5. 미국 오바마 행정부의 아시아 전략

제3장

중국, 공세적 외교로 전환

중국, 공세적 외교로 전환
- 미국 위기속 중국의 성장 -

① **9.11테러와 세계금융위기**

중국이 2000년대 높은 경제성장을 이루고 있던 시기에 세상을 뒤흔들만한 국제 사건들이 세계 최강국 미국을 중심으로 일어났다. 2001년 9월 11일, 미국에 대한 국제테러 사건이 벌어졌고 이에 대해 미국은 '국제테러와의 전쟁'을 선포했다. 2008년에는 미국 발(發) 세계 금융위기가 터졌고 2009년에는 유로 존Euro Zone 위기가 터져 국제금융 시장의 불안이 장기간 계속되었다. 당시 미국은 국제테러와의 전쟁 수행, 세계금융위기의 극복, 중국의 공세적 외교 등 중첩된 난관에 직면했다. 1990년대 천안문 사태 극복, 세계화 조류에의 적응, 경제회복이라는 여러 문제로 고전하던 중국의 모습을 연상케 한다(제1장). 세계 금융위기와 연이은 유럽 경제위기를 경험하면서 세계 경제는 다음과 같이 미증유의 변화를 경험했다.

첫째, 선진경제가 보유하는 외환규모와 신흥경제가 보유하는 외환규모에 있어서 역전이 일어난다. 국제통화기금IMF이 2011년 10월 발표한 보유외환 통계에 의하면, 2011년 3/4 분기 세계 보유외환의 비중은 선진경제 33%(3.3조 달러) vs. 신흥국·개도국 경제 67%(6.8조 달러)이었다. 이는 동아시아 외환위기가 일어났던 1997년 선진경제 63%, 신흥국/개도국 경제 37%이었던 비중과 대조적이었다. 2011년 세계 보유외환 순위를 보면, 1위 중국(3.2조 달러), 2위 일본(1.3조 달러)이었다.

둘째, 전통적 강대국 클럽인 G7의 퇴조이다. G7은 미국, 일본, 독일, 영국, 프랑스, 이탈리아, 캐나다 등 7개국으로, 이들 국내총생산 GDP을 합하면 세계 GDP의 절반을 차지할 정도로 막강한 경제력을 가지고 있다. 그러나 2000년도 G7은 세계 GDP의 55%를 차지했으나 점차 낮아져서 2018년 점유율은 39%로 줄어들었다(표 3-1-1). 세계 금융위기가 일어나자 미국은 2008년 11월 미국 워싱턴 DC에서 G20 정상회의를 발족했다. 세계금융위기가 선진국만으로 해결이 어렵고, 무역, 경제 규모(GDP), 외화보유액 등 세계 경제에서 차지하는 신흥국/개도국 경제 비중이 높은 만큼 개발도상국들의 참여가 불가피했다.

[표 3-1-1] 2000~2018년 세계 GDP에서 G7과 G20의 비중

	2000년	2005년	2010년	2015년	2018년
G7 비중/세계 GDP	55.39%	49.34%	42.2%	40.56%	39.55%
G20 비중(G7 제외)/세계				27.56%	28.43%

자료: the GlobalEconomy.com

중국과 공존하는 아세안의 지혜

② 중국의 공세적 외교(Assertive Diplomcy)

미국이 위기 속에서 고전하고 있는 사이 중국은 부(富)의 축적과 함께, 국제정치 무대에서 '책임 있는 당사자Responsible Stakeholder'로 지위 상승이 일어났다. 중국은 1990년대 중반 이후 주변국에 대하여 미소 외교를 전개하면서 경제성장에 집중했다.

중국은 동남아 및 주변국에 대하여 중국 위협 이미지를 불식하려고 미소 외교, 경제 외교 및 지역다자협력을 펼쳐나갔다. 1997년 동아시아 외환위기 때에는 중국이 침체에 빠진 자국의 수출 촉진을 위하여 환율을 인상하지 않았고 아세안에 대하여 다양한 위기 지원책을 제시했다. 2000년대 초 미국 및 유럽과의 무역에서는 많은 무역 흑자를 보면서 한, 일, 아세안 등 주변국과의 무역에서는 많은 적자를 보았다(제2장). 이와 함께, 중국은 서구 사회 내 깊이 뿌린 내린 '중국 위협' 이미지도 불식시키려고 노력한 결과, 2008년 미국 여론 조사 결과 중국을 '동맹까진 아니지만 우호국Not ally but friendly'이라고 보는 응답자의 60%가 될 정도였다.[1]

중국 외교부장의 '대국, 소국(小國)' 주장

그러나 중국은 2000년대 후반부터 공세적 외교로 전환했고 남중국해 문제를 자국의 '핵심이익'이라고 규정했다. 시기적으로는 시진핑의 세계대국 전략이 나오기 전이다. 그 과정에서 미국과 서구는 중국의 경제성장과 외교적 전환을 우려 속에서 지켜보면서도 저지할 여유와 능력이 없었다.

2010년 7월 아세안지역안보포럼ARF 하노이 회의에서 중국 외교부장 양지에츠(杨洁篪)의 발언은 공세적 외교Assertive Diplomacy의 상징적 사례로 꼽히고 있다. 이 회의에서 미국 국무장관 클린턴은 남중국해에서 중국의 군사화 움직임을 비난하는 발언을 했고, 이어 아세안, 한국, 일본 등 10여 개국이 남중국해에서의 중국의 고압적 태도에 대하여 우려를 표명했다. 중국 외교부는 이 회의에 앞서 외교채널을 통하여 이들 국가들에 남중국해 문제를 거론하지 말아 주기를 요청했다.

그러나 회의석상에서 많은 국가가 미국을 지지하거나 중국을 비난하자 중국 외교부장은 무척 당황했던 같다. 이에 중국 외교부장은 "중국은 대국이고 다른 나라는 작은 나라이다. 이것은 그냥 사실이다. China is a big country and other countries are small countries and that is just a fact"라고 표현했다. 어느 나라 외교관이든 상대방 국가의 정책이나 지도자를 비판하는 발언을 할 수 있으나 국가나 국민을 비하하는 발언은 금기시한다. 양지에츠가 공개적으로, 금기시하는 발언을 한 것이었다. 동남아 사회에서는 이를 두고 중국의 패권적 발상이 무심결에 노출된 것이라고 보고 있다. 중국 외교부장의 발언이 말실수라고 할 수 있지만, 당시 중국 외교의 행태나 사례를 보면, 단순 말실수라고 생각하기보다 다분 의도적인 면도 있었던 것 같다.

중국 공세적 외교의 사례들

2010년 한해에, 중국의 공세적 외교의 구체적 사례들은 아래와 같다(표 3-2-1). 양지에츠의 발언에서, 그리고 아래의 추가 사례에서 보듯이 시진핑의 등장과 그의 세계대국 전략 발표 이전부터 중국 내 분위기는 세계 정치무대에서 중국의 위상을 찾아야 한다는 분위기였

중국과 공존하는 아세안의 지혜

[표 3-2-1] 2010년 중국의 공세적 외교 사례

연도	주요 사안
2009.12	▪ UN 기후변화 코펜하겐 정상회의(COP)에서 중국의 비타협적인 자세
2010.3-12	▪ 남중국해는 중국의 핵심이익(Core Interest)이라는 중국의 주장을 두고 미·중 논쟁
2010.3 및 11	▪ 북한의 천안함 폭침(3월)과 연평도 폭격(11월)을 두둔하는 중국 태도
2010.9	▪ 센카쿠(중국명 다오위다이, 釣魚台) 열도 해역에서 중국어선·일본 해안 경비정 충돌 사건 관련 중국 정부의 강경태도 ▪ 이어서 2010.9 중국, 희토류 비공식 수출 금지(NYT, 로이터 보도)
2010.10	▪ 중국 외교부, 각국에 대하여 중국 반체제 인사 류샤오보(刘晓波) 노벨평화상 수상식 불참을 종용

음을 알 수 있다.

UN 기후변화 회의(2009.12)

유엔 기후변화 회의가 2009년 12월 덴마크 코펜하겐에서 개최되었다. 100여 개국이 참가했다. 미국, 영국, 프랑스, 독일 등 EU 주요국, 일본, 중국, 인도, 브라질 등 선진국 및 개발도상국 정상들이 대거 참여한 매머드 규모의 국제회의였다. 당시 기후변화문제, 즉 이산화탄소(CO_2) 감축 문제는 가장 뜨거운 세계적 이슈였다. 코펜하겐 본회의에 앞서, 여러 차례 예비회의가 개최되었다. 코펜하겐 회의에도 115명의 각국 지도자와 실무자, 관련 단체 등 4만 명이 참석했다.[2]

하지만 회의 결과는 공허한 정치적 공약을 담은 성명서 발표 외에 실질적인 진전을 이루지 못하고 종료되었다. 선진국과 개도국 간의 타협에 실패한 탓이다. 미국 및 서구 언론들은 이러한 실패가 세계에서 CO_2 배출 1위인 중국의 비타협적인 태도에서 비롯되었다고 비판했다.

아래 사진은 핵심 정상 20여 명이 소규모 회의를 열어 막판 조정을 시도하는 장면이다. 미국, 캐나다, 프랑스, 독일, 영국 등 주요국 정상들의 모습은 보이나 중국 총리의 얼굴이 없다. 원자바오 중국 총리는 자기 방에 있으면서 회의 참석을 끝내 거부하고[3] 외교부 차관을 대리로 참석시키고 만다.

영국 의회 자료는 당시 상황을 다음과 같이 기술하였다. "…중국의 최고위급 대표단은 버락 오바마, 고든 브라운, 안젤라 메르켈, 니콜라스 사르코지들로 하여금 중국의 중견 관리들과 몇 시간 동안 문서내용을 협상하게 함으로써 선진국 지도자들을 모욕하였다." "China's most senior delegates "snubbed" the leaders of developed countries by walking out of negotiations, leaving Barack Obama, Gordon Brown, Angela Merkel and Nicolas Sarkozy "to go through documents line by line with middle−ranking Chinese officials for hours…."(註: most senior delegates란 원자바오 총리 일행, middle−ranking officials란 외교부 차관 일행 의미)[4] 미국 참석자들은 중국 측

[사진 3-2-1]. 2009년 기후변화 회의 모습

중국과 공존하는 아세안의 지혜

의 태도를 보고 중국 지도부가 아직도 미·중 협력을 상징하는 G2 국가로서 글로벌 이슈에 책임을 질 준비가 되지 않았다고 판단했다고 한다.

"남중국해는 핵심이익"(2010.3)

2010년 3월 다이빙궈(戴秉国) 국무위원은 중국을 방문한 미 국무부 고위인사에게 미국은 중국의 핵심이익을 존중하라고 요구했다. 중국 외교부 인사들도 중국의 핵심이익인 남중국해 문제에 대한 미국의 간여를 용납하지 않겠다고 언급했다. 중국이 티베트와 대만에 추가하여 남중국해도 핵심이익이라고 밝힌 것은 처음이었다.[5] 2010년 5월 다이빙궈는 베이징에서 개최된 미·중 전략·경제 대화S&ED에서 클린턴 당시 국무장관에게 남중국해가 자국의 핵심이익이라고 했으나 클린턴 장관이 이를 즉각 반박했다. 이러한 대화내용은 클린턴 장관이 2010년 11월 호주 언론과의 인터뷰에서 직접 밝힌 내용이다.[6] 중국의 주장은 여기서 끝나지 않고 2010년 7월 아세안 외교부 장관회의와 아세안지역안보포럼ARF회의 전후하여 남중국해에서 대규모 해군 함대 훈련을 시행하는 등 무력시위까지 벌였다. 앞에서 소개하였듯이 ARF에서는 미국 국무장관과 중국 외교부장 사이 설전이 벌어지기도 했다.

중국·일본 경비정 충돌(2010.9)

2010년 9월 센카쿠 열도(중국명: 다오위다이, 釣魚台) 해역에서 중국 어선을 발견한 일본 해안 경비정이 정선(停船)을 명령하자 어선이 이에 응하지 않고 도주하다가 일본 경비정과 충돌하는 사건이 일어났다. 일본은 불법조업 등의 죄목으로 중국 선장, 선원, 어선을 잡아 가두었다. 이에 대해 중국은 이들을 즉각 석방하라고 요구하면서 9월~13일

사이 중국주재 일본 대사를 여섯 차례나 소환했는데, 심지어 한번은 자정을 넘긴 시간이었다. 일본은 결국 9월 13일 선원과 선박을 먼저 석방했고, 선장은 9월 24일 풀어주었다. 중국이 선원 석방 후에도 선장 석방을 계속 요구하면서 일본에 대하여 희토류 수출 금지 조처도 취하였다(NYT, 로이터 보도).7 실제로 일본이 선장을 석방한 다음에야 희토류 금수 조치를 해제했다.

중국 반체제 인사의 노벨평화상 수상(2010.10)

2010년 10월 노벨상 위원회는 중국의 반체제 인사 류샤오보(刘晓波)를 노벨 평화상 수상자로 선정했다. 당시 그는 수감되어 있었다. 중국 정부는 그의 출국을 허용하지 않았을 뿐 아니라 그의 아내를 가택연금하고 반체제인사들을 추가로 구속하게 된다. 여기에 그치지 않고 범죄

[사진 3-2-2] 류샤오보 노벨평화상 수상자

사진설명: 2017년 7월 홍콩에서 열린 류샤오보 추모회

중국과 공존하는 아세안의 지혜

자를 노벨상 수상자로 선정한 노르웨이 정부에 강한 항의 의사를 표시한다. 수상식에 노르웨이 주재 65개국 외교 사절들이 초청되었지만 중국이 이들 나라 본국 정부에 대하여 불참할 것을 종용하여 실제로 15개국 사절이 불참하게 된다.[8] 이와 같은 중국의 공격적인 외교가 국제사회의 공분을 사게 된다. 류샤오보(사진 3-2-2)는 중국의 작가이자 민주화운동가로서 평생 네 차례나 수감된 이력이 있다. 2009년 12월 국가전복죄로 11년 형을 언도 받고 수감 중인 2010년 노벨 평화상 수상자로 선정된 것이다. 그는 2017년 6월 간암 진단을 받아 가석방되었으나 한 달 후 사망하였다.

③ 아세안에 대한 중국의 경제 진출 및 외교 공세

2008년 발발한 세계금융위기를 계기로 중국은 아세안, 홍콩, 대만 등에 대하여 외교 공세를 전개했다. 중국은 금융위기가 발생하자 5800억 달러 상당(인민폐 4조 위안)의 경기부양책을 발표했다. 세계에서 미국 다음으로 큰 규모의 경기부양책이었다. 이 대책은 물론 중국 내 경기 부양에 초점을 맞춘 것이지만 동남아 진출을 목표로 윈난, 광시 등 동남아와 국경을 접하는 변방 지역까지 도로, 철도, 통신망이 건설되거나 설계되었다. 또한 세계금융위기로 인하여 어려움을 겪고 있는 동남아 경제에 대한 지원 계획도 포함되어 있다.

"19억 인구를 하나의 경제권으로"

2010년 초 중국 광시자치구 수도 난닝에서 중국·아세안 자유무역
협정CAFTA 발효 기념 국제학술회의가 개최되었다. 중국의 중앙/지방
정부, 아세안 10개국의 관리, 학자, 언론인 등 400여 명이 참석한 대규
모 회의였다. 난닝 현지 언론은 "19억 명의 경제권을 만들자."라는 제
하에 중국-아세안의 경제협력(통합)을 가속화 하자고 제안하는 기사
를 실었다. 19억 명이란, 중국 인구 13억 명과 아세안 인구 6억 명을
의미했다. 그 내용은 이 회의에 참석한 중국 전인대(全人代) 상무위원
회 부위원장 장정화(蔣正华)의 개회식 기조연설을 인용한 것이다. 그는
2008년 세계금융위기는 수출 위주의 경제구조를 가지고 있는 중국, 아
세안 경제에 큰 도전을 가져왔다고 지적하고, 다음과 같이 주장했다.

"주요 수출 대상인 미국, 유럽, 일본 경제가 경제적 어려움에 직면
하고 있으며, 이들 경제가 시장수요를 회복하는 데 시간이 걸릴 것이
다. 회복 이후에도 과거와 같은 수요를 기대하기 힘들다. 이에 따라 중
국과 아세안은 '경제구조의 전환'이라는 도전에 직면하게 되었다. 이러
한 가운데 동아시아 경제가 상호의존을 심화해 왔다는 점을 고려하여
중국과 아세안 간의 협력이 과거 어느 때보다도 긴요하다."

장정화 부위원장은 한 발 더 나가 구체적인 방안을 다음과 같이 제
시했다. 첫째, 미국과 유럽 시장에 대한 의존도를 줄여나가야 한다. 이
를 위하여 중국·아세안 간의 통상을 더욱 원활화하고, 서비스, 투자
분야까지 협력을 확대해 나가자. 둘째, 협력 분야를 다변화하자. 교통
망도 도로, 철도 연계에 추가하여 해상, 항공 수송로를 발전시키고, 중
국과 아세안 사이의 교통망도 남북에 추가하여 동서 교통망도 연계하
며, 관세와 농업 및 노무 분야 등 협력 분야를 늘려가야 한다. 특히

중국과 공존하는 아세안의 지혜

농업협력과 관련해 중국은 농업기술과 경험을 아세안 측에 제공할 용의가 있다. 셋째, 소지역협력Sub-Regional Cooperation을 강화하자. 이와 관련, 메콩 강 유역개발계획GMS, 북부만Gulf of Tonkin 경제개발 계획 등 지역협력을 강화하자. 북부만 경제개발 계획에 관련된 국가들 사이의 협의 기구가 필요하다. 마지막으로, 중국과 아세안 간 소지역협력을 강화하여 장기적으로 이 지역의 경제정책 조정, 기술협력, 통화 단일화Unified Currency 및 관세 절차의 단일화 등 지역 협력을 강화하자고 제안했다. 이날 행사에 아세안의 차관급 이상의 고위 정부 인사들이 다수 참석했다는 점을 고려할 때 그의 발언 내용은 중국의 향후 정책 방향을 제시하는 것으로 보인다. 오늘날 세계적 이슈로 제기되는 글로벌 공급망 문제, 미·중 비동조화Decoupling 문제를 예견한 듯한 내용을 담고 있다.

중국의 공세

이러한 정책 구도에 따라 중국은 동남아에 대하여 외교 공세와 경제 진출을 동시에 강화했다. 여기서 제시되는 사례들은 동남아 지역 전체를 대상으로 한 것이며, 개별국가들에 대한 정치, 경제적 공세는 포함되지 않는다. 중국이 공세적 외교로 전환하면서 아세안이 주도하는 지역 경제협력에 대하여도 적극적인 자세를 보이기 시작한다. 1990년대 중반까지 중국 외교에 '주변 지역 안정화 정책'은 있었으나 '다자지역협력 외교' 개념이 없었다.9 아마도 중국은 그때까지만 해도 아세안이 미국의 영향력 아래에 있다고 판단한 것으로 보인다. 다자지역협력기구가 중국에 대하여 미국과 아세안이 연합하여 대항Gang-Up 할 가능성을 우려한 것이다. 그러나 중국이 1990년대 중반 채택한 '21세기 신

안보개념New Security Concept'의 핵심축의 하나가 지역협력에 참여하는 것이다. 지역협력기구를 통한 방식이 미국 중심의 국제질서에 대한 효과적인 대응책이라는 점이 고려된 것이다.[10] 뿐만 아니라, 아세안이 미국의 반대에도 불구 미얀마의 아세안 가입을 강행하자 아세안에 대한 인식도 변하게 된다.

아세안이 주도하는 다자지역협력에 참여

실제 중국은 동아시아 경제위기 이후 아세안이 주도하는 ASEAN+3, 치앙마이 합의CMI, 중—아세안 자유무역지대CAFTA 합의, ASEAN+3 자유무역협정 제의, 동아시아공동체 구상을 지지하였고, 메콩유역개발계획 GMS 등 동아시아의 지역협력 활동에 참여했고 이를 제도화하려는 논의에도 적극적이었다. 초국가적 범죄 및 마약 방지, 재해 공동 대처, 지역 방역 대책 등 비전통적 안보분야에서의 지역협력에도 보폭을 늘려나갔다. 이러한 중국의 정책 전환은 동남아 지역에서 중국의 이미지 개선에 크게 기여하기도 했다. 원자바오 총리는 2004년 ASEAN+3 정상회의에서 어느 나라보다 먼저 '아세안 중심주의Centrality' 원칙을 인정했으며 그 입장은 아직도 유지되고 있다.[11] 그럼에도 불구하고, 중국은 정치·안보 지역협력에 대하여는 소극적이다.[12] 중국 사회과학원 교수 장윤링Zhang Yunling도 중국이 다자적으로 지역 경제협력 추진에 주동적 역할을 했지만, 안보 분야 협력을 제도화, 규범화하는 방안에 대해서는 적극적이지 않다고 평가하고 있다.[13]

아세안 기금 창설

원자바오 총리는 2009년 4월 보아오 포럼에서 250억 달러 규모(약 30조 원)의 아세안 기금 창설을 선포했다. 세계금융위기로 인하여 미국

중국과 공존하는 아세안의 지혜

을 포함 서구 경제가 크게 위축되었고, 수출주도형 경제구조를 가진 아세안, 대만, 홍콩 경제는 커다란 타격을 받았다. 설상가상으로 동남아 경제에 대한 서구의 투자 감소로 인하여 어려움이 가중되었다. 이를 고려한 중국의 지원책이었다. 이 기금의 내역은 아세안 인프라 건설협력기금 100억 달러와, 아세안의 통합을 지원하고 중국-아세안 협력을 위한 수출금융기금 150억 달러이다. 중국은 2010년부터 기금을 사용하겠다고 발표했다. 중점 지원항목은 교통시설, 공용시설, 통신망, 석유, 천연가스, 광산 자원 등 전통적인 경제기술 협력 분야이나 앞으로 제조업, 금융을 포함한 서비스 등 새로운 영역을 개척하겠다는 의도를 내비치며 특히 금융 분야의 협력을 강조했다.

중국 화폐의 국제화 시도

중국은 또한 자국 화폐(인민폐)의 국제화도 추진했다. 중국은 2008년 12월부터 윈난 성과 메콩유역국가GMS 그리고 광동 성과 홍콩·마카오 사이 수출입 대금을 자국의 화폐로 청산하도록 제도화했다. 이어 다음 단계로, 2009년 7월 인민폐 청산제도RMB Settlement Pilot Project를 공식 발표했다. 광동 성 4개 도시와 아세안, 홍콩, 마카오 국가 사이의 수출입을 중국 돈으로 결제하기로 정한 것이다. 이뿐만 아니라 상하이 등 4개 도시, 12개 국경 도시에서도 인민폐 무역대금의 청산결제를 시행한다. 초기에는 무역거래 위주였지만 시행 지역과 기업 수를 계속 확대했다. 2014년 통계에 의하면, 중국 전체 무역의 22%가 인민폐 청산결제로 이루어졌다.[14]

또한 2009년 초 한국, 말레이시아, 인도네시아, 아르헨티나 등 여러 나라와 인민폐/현지화 스왑 협정을 체결했고,[15] 2010년 홍콩에서 인민폐 기초한 중국 채권 발행이 허용되었다. 중국 사람들은 일본이 세계

2위 경제대국의 지위에 있으면서 일본 화폐(엔화)의 국제화를 실현하지 못한 전철을 밟지 않겠다고 이야기하곤 했다. 중국은 우선 아세안, 대만, 홍콩 등 동남아 경제권을 인민폐 국제화의 주요 대상으로 했다.[16] 지역 화폐로서의 지위부터 확보하려는 것이다. 또한 싱가포르를 중심으로 동아시아에 대한 금융투자를 늘려나가고 있다.

동남아 인프라 건설에 적극적

2010년 6월 중국 원자바오 총리가 미얀마를 방문하여 미얀마 앞바다에서 윈난성 쿤밍까지 900Km에 이르는 석유 및 가스 파이프라인 건설[17]을 미얀마 정부와 합의했다. 동 사업은 중동과 아프리카 지역으로부터 수입한 원유를 연간 1200만 톤 수송할 계획이었다.[18] 중국이 말라카 해협(싱가포르-인도네시아)를 통과하여 수입하는 원유 수송량의 60~70%에 해당된다. 파이프라인 건설에 관해서는 후술(제9장)하겠다.

같은 해(2010년) 중국은 쿤밍-싱가포르 철도 건설안을 확정하여 발표했다. 이어서 2011년 1월 라오스 및 태국 정부와 협약서를 체결했다. 중국은 쿤밍-라오스-태국-말레이시아-싱가포르 고속화 철도를 향후 4~5년 내 건설한다는 계획으로 철도가 없는 라오스에는 철도를 새롭게 건설하고, 태국 및 말레이시아 철도의 협궤는 표준궤간으로 대체하여 최고 150~160Km 속도를 내도록 하겠다는 방안이다. 쿤밍-싱가포르 철도 건설의 진행 상황에 관해서는 후술(제9장)하겠다.

이 시기 중국은 주변 국가들과의 수송망(도로, 철도) 건설에 힘을 기울였다. 이 당시 중국 사람들은 먼저 길을 닦으면 이 길을 따라 물자(교역), 돈(투자), 사람이 들어온다고 하면서 경제성장 전략에 있어서 도로 건설을 우선시하였다. 베트남, 라오스, 미얀마로 향하는 많은 도로들이

중국과 공존하는 아세안의 지혜

이 시기에 건설되었다. 저자는 2015년 7월 중국 우루무치에서 카자흐스탄 알마티까지 28시간 국제노선버스를 타고 여행한 적이 있다. 우루무치에서 중/카자흐 국경 Korgas 관문까지 아스팔트 도로(670Km)가 훌륭하게 건설되어 있는 것을 보고 놀랐다. 이 도로는 중앙아시아로 향하는 시진핑 '일대일로'전략의 간선도로이다. 이와 같이, 중국은 이웃나라에 대한 경제 진출을 계획할 때 연결도로 건설부터 시작한다.

4) 중국이 공세적 외교로 전환한 배경

2002년 11월 중국지도부가 교체되었다. 덩샤오핑이 일찌감치 낙점한 후진타오(胡錦濤)가 제16차 당 대회에서 장쩌민에 이어 새로운 지도자로 등장한 것이다. 그는 경제적 개혁개방에 박차를 가하여 경제발전을 계속하겠다는 종래의 단계 발전론을 재확인하는 한편, 대외정책의 구체적 방향을 정했다. 지속적 경제성장을 위하여, 안정적 주변 환경의 조성, 선진 강대국과의 안정적 협력관계, 주변국과의 우호적 관계 강화(睦隣, 安隣, 富隣 정책) 및 국경선 안정을 추구하겠다는 내용이다. 나아가 그는, '중국 위협'론을 불식시키기 위하여 2003년부터 평화적 부상(화평굴기·和平崛起)를 주창하기 시작했다. 중국의 국력이 커나간다고 해도 인근 아시아지역과 국제사회에 뚜렷한 이익을 제공하고 세계 평화에 기여해야 한다는 목표를 제시한 것이다. 일방적이고 강압적이던 과거의 패권세력과 달리 중국의 국가발전은 평화적으로 진행되면서 세계와 함께 발전할 수 있는 계기가 되리라고 선언한 것이다. 굴기(崛起)라는 용어가 위협적이라는 내부 지적에 따라 중국지도부와 외교부는 2004년부터 평화발전(和平發展)이라는 표현으로 순화해 쓰기도 한다. 오늘날 후진타오 시대의 대외정책을 특징짓는 용어로 평화발전과 조화발전(和諧發展) 두 가지가 인용되고 있다.[19] 조화는 유교의 중용 개념을 응용한 것으로, 국내적으로 중국이 고도성장을 이루어가는 과정에서 발생한 사회경제적 불균형을 완화하고 대외적으로는 패권을 추구하지 않고 협력을 추진한다는 메시지를 전하려는 목적이었다.

화평굴기(和平崛起)

화평굴기라는 용어는 중국학자 정삐지엔(鄭必堅)이 덩샤오핑 이래 중국 지도부의 생각을 정리한 것으로 서구의 '중국 위협'론에 대한 대응 논리이다. 그는 나아가 중국이 평화로운 방향으로 발전할 수 있도록 세계가 지원해야 한다는 논리도 폈다. 그는 2002년부터 이러한 이론을 가지고 미국 각지를 순회했으며 2005년 미국 외교 전문지 Foreign Affairs에 "세계적 강대국으로의 중국의 평화적 도약China's Peaceful Rise to Great Power Status"이라는 글을 기고하기도 했다. 그러나 이 같은 상황을 반전시킨 것이 2008년 세계금융위기이다. 이 사건 이후 중국 내에서는 대외 관계에서 공세적으로 나서야 할 때라는 주장이 점점 힘을 얻기 시작한 것이다.

덩샤오핑이 대외정책 지도방침으로 제시한 '도양광회 유소작위(韜光養晦, 有所作为)', 즉 대외관계에 있어서 필요한 일에만 나서되 우선 국력부터 길러야 한다는 말을 두고도 논쟁이 일어났다. 이 지침의 기본 개념은 중국이 국내 발전에 집중하고 다른 국가와의 갈등을 유발할 수 있는 공격적인 외교정책을 피해야 한다는 것이다. 대신 중국은 국제사회와 평화롭고 협력적인 관계를 유지하면서 점진적으로 힘과 영향력을 키워야 한다는 신중론이다. '도양광회'는 외세의 침략과 착취를 받았던 중국의 역사적 경험과 이러한 역사를 반복하지 않으려는 중국 지도자들의 열망을 반영한다. 하지만 도양광회란 전략은 커지고 세진 중국인과 중국 정부의 욕망에 더 이상 부합할 수 없었다. 결국엔 중국이 나서야 할 때라는 주장이 우세하게 된다. 2000년대 들어 크게 고조된 민족주의, 애국주의 운동과 국제정세 변화는 이러한 국내여론을 더욱 부추겼다.

드높아진 애국주의

2008년 8월 베이징 올림픽이 중국인들의 자존감을 크게 고양시켰다. 베이징 올림픽 개막식에는 미국, 프랑스, 노르웨이, 덴마크 등 다수의 유럽 정상, 브라질을 포함 남미, 아프리카 정상 80여 명이 참석했다. 한, 일과 대부분 아세안의 정상들도 참석했다. 근래 보기 드문 화려한 올림픽 잔치를 벌였고 중국 문화를 과시했다. 올림픽이 있기 3개월 전 2008년 5월 쓰촨(四川) 성에 지진이 발생했다. 리히터 규모 8.0의 큰 지진으로 사망자 약 6만 9천 명, 부상자 약 37만 4천 명, 행방불명 약 1만 8천 명, 붕괴 가옥 약 21만 6천 동의 큰 피해를 입었다. 중국인들이 성금 지원과 피해복구 지원 사업에 거국적으로 참여했고, 중국 언론이 이를 대대적으로 보도했다. 전국적으로 애국주의 감정이 크게 고양되었다.

세계 경제 대국으로 부상

2010년 중국의 경제규모(GDP)가 일본을 추월하여 세계 2위로 올라서게 된다. 중국은 높은 경제성장률뿐 아니라 세계에서 가장 많은 외환보유고와 미국의 장기 채권을 보유하고 있어 세계적 이목을 끌었다.

이러한 가운데 2008년 미국 발 세계금융위기, 이어 유럽경제위기 등으로 중국 경제가 더욱 부각되었다. 자연 국민 자존감을 부추겼다. 세계금융위기가 발생하자 중국은 미국 다음으로 큰 규모의 경기부양책을 발표하고 동남아, 홍콩, 대만에 대하여 재정 및 금융 지원을 단행했다.

중국에 대한 선진국들의 접근

중국이 공세적 외교정책을 시작할 즈음, 오바마 미국 대통령이 취임(2009.1)했다. 그는 취임하자마자 글로벌 이슈에 대응하기 위한 미국, 중국 협력을 상징하는 G−2론을 부각시켰다. 중국과 협력하여 금융위기 극복, 기후변화의 타결 등 글로벌 이슈들을 해결하겠다는 미국의 기대를 상징하는 용어이었다. 2000년대 중반 이후 중국−EU 경제관계 발전도 국제적 주목거리였다. 중국은 2007년 이후 유럽연합(EU, 27개국)의 두 번째로 큰 무역상대로 부상했고 2010년 EU 수입의 19%를 차지하여 역외국가Extra−EU 중 최대 수입 파트너이다. 다른 한편, EU는 2006년 중국 대외무역의 17% 차지하여 미국(13%), 일본(10%)을 넘어 최대 교역상대가 되었다.[20] 한편, EU의 중국 투자는 2002년 이후 증가했고 중국 기업의 EU 투자는 2011년 이후 급상승했다.[21] 세계금융위기에 이어 유로 경제위기가 일어나자 주요 유럽 지도자들은 중국을 수시 방문했다. 메르켈 독일 총리는 자신의 재임기간 16년(2005~2021년) 동안 무려 열 두 번이나 중국을 방문하였다. 프랑스, 영국, 이탈리아 정상들을 포함하여 유럽 및 EU 지도부도 수시로 중국을 방문했고 중국지도부 역시 빈번하게 유럽을 방문하였다. 이러한 고위층의 교류는 중국인들의 감정을 크게 고무시켰다.

5 미국 오바마 행정부의 아시아 전략

중국이 2000년대 높은 경제성장을 바탕으로 공세외교로 전환한 것에 대하여 미국은 어떻게 대응했을까. 오바마 대통령은 2009년 1월 산적한 과제를 안고 취임하게 된다. 최우선 과제는 2008년 9월 발생한 세계금융위기의 극복이었고 나아가 전임 부시 대통령이 시작한 '국제적 테러 전쟁'을 마무리하는 작업이었다.

국제 정세와 여론도 미국에 불리하게 돌아가고 있었다. EU는 유로존 위기에 직면해 있었고, 일본은 '잃어버린 20년'이라고 불리는 장기 경기침체의 늪에서 허우적거렸다. 이 같은 상황에서 오바마 행정부는 자연스럽게 동아시아로 눈을 돌릴 수밖에 없었고 중국과의 관계를 중시하지 않을 수 없었다. 이른바 오바마 행정부의 '아시아 재균형 정책 Re-balance towards Asia'의 등장이다. 오바마 행정부의 첫 국무장관 힐러리 클린턴(이하 힐러리)은 취임한 지 한 달여 만인 2009년 2월 동아시아를 방문했다. 과거 미국 국무장관들이 취임 후 으레 유럽 방문으로부터 시작하던 해외여행 관례를 깨고 한국, 중국, 일본, 인도네시아부터 찾은 것이다. 이 순방에 동남아 지역이 포함된 것도 이례적이었다.[22]

오바마 행정부는 아태 지역을 미국 세계전략의 최우선지역으로 인식한 것이고 서둘러 '아시아에 대한 재균형' 노선을 공식화하게 된다. 이는 국제 정치·경제 정세 변화에 따라 아시아·태평양에 대한 외교 비중을 높이겠다는 정책 전환을 의미한다. 아시아 내에서 상대적으로 경시되었던 동남아(아세안)에 대한 외교 비중을 높이겠다고 하였다(2012. 11 Thomas E. Donilon 오바마 대통령 국가안보보좌관).[23]

오바마는 테러와의 전쟁을 종식할 계획을 밝혔다. 이라크로부터 미군을 철수하고, 미국과 북대서양조약기구NATO로 구성된 이라크 주둔 연합군의 규모를 줄이며, 그렇게 생긴 군사적 여력을 아시아로 이동할 계획이었다. 2020년까지 미국 함정의 60%를 태평양 함대로 배치하고,[24] 태평양 지역의 미국 공군력, 육군, 해병대 등을 증강할 계획이었다.[25] 나아가 2011년 11월 미국과 호주는 호주 북쪽 다윈Darwin에 200명 규모의 미국 해병대를 주둔하기로 합의하게 된다.

오바마의 '동남아 중시'

오바마 제1기 행정부는 동남아를 특히 중요하게 여겼다. 오바마 대통령은 2009년 싱가포르에서 열린 APEC 회의 참석을 계기로 제1차 미국-아세안 정상회의를 개최하고, 이 같은 모임을 연례 화하기로 결정한 것이 대표적 사례. 그는 또 미국 대통령으로서 사상 처음 미얀마와 캄보디아를 방문했다. 힐러리 국무장관도 "21세기 세계전략 및 경제 중심은 아·태 지역이 되어야 한다."고 주장했다.[26] 그는 취임 2년 만에 아세안 10개국을 모두 방문했고, 4년 동안 열 차례나 동남아를 찾게 된다. 결과적으로 힐러리의 재임 기간에 동남아에 대한 미국 정책의 변화가 가시화 된다.

첫째, 남중국해 분쟁에 대하여 불(不)관여에서 적극 관여정책으로 전환했다. 힐러리 국무장관은 2010년 아세안지역안보포럼ARF에서 '항행의 자유 원칙'을 들어 남중국해에 대한 관여 정책을 선언한 것이다. 미국이 남중국해를 중국의 핵심이익으로 인정했느냐는 문제를 두고 미·중 사이 논쟁이 뜨거워지던 시점이었다. 힐러리는 미국이 인정했다는 중국의 주장을 단호히 부인했다.

둘째, 미얀마 군부정권에 대하여 '제재Sanction' 중심의 정책을 취해

중국과 공존하는 아세안의 지혜

왔으나 이를 '제재와 대화' 병행 노선으로 수정했다. 힐러리 장관이 2011년, 오바마 대통령이 2012년 미얀마를 방문했다.

셋째, 미국은 2010년 동아시아정상회의EAS에 러시아와 함께 가입했다. 그동안 미국은 아·태 경제협력체APEC의 리더 역할을 하면서도 동아시아 지역 협력기구 가입에는 부정적이었다. 오바마 행정부는 이를 수정했고 EAS 회의에 매년 참석했다.

한편, 오바마 대통령 자신은 어머니와 인도네시아 사람인 양아버지를 따라 초등학교 때 4년간 인도네시아 자카르타에서 자랐다. 이러한 인연 때문인지 몰라도 동남아 사람들은 오바마 대통령에 대하여 각별한 애정을 보였다(사진 3-5-1, 오바마 동상).

오바마 행정부가 동남아(아세안)를 중시한 배경에는, 중국 요인과 아세안의 부상 등 두 가지 요인이 있다.[27] 미국은 남중국해에 대한 중국의 전략적 이해를 알아차렸다. 중국은 해양국가로의 야심을 갖고 태평양과 인도양으로 진출하려는 비전을 갖고 있었다.[28] 남중국해는 지리적으로 남태평양과 인도양 진출의 길목에 해당한다. 미국은 2010년 중국과 '남중국해의 핵심이익' 논쟁을 벌이면서 이 바다가 중국에 있어서 아킬레스건에 해당되며 중국에 대하여 가지고 있는 아세안의 불만도 곧 파악하게 된다. 미국은 남중국해 분쟁에 대하여 적극적으로 개입함으로써 중국-아세안 사이의 남중국해 영유권 분쟁을 중국 견제에 활용하는 한편, 동남아에서 실추된 미국의 신뢰 회복에도 활용했다.[29] 오바마 행정부의 국가안보보좌관 톰 도닐런Tom Donillon은 2012년 11월 오바마 대통령을 수행하여 태국, 미얀마, 캄보디아를 순방하기에 앞서 행한 연설에서 미국의 "아시아 정책의 중심에 아세안이 있다.Asia policy with ASEAN at its core"고 하면서 아세안의 중요성을 다음과 같이 정리했다.[30]

[사진 3-5-1] 인도네시아에 세워진 오바마 대통령의 어릴 때 동상

첫째, 아세안의 경제적 부상이다. 아시아에서 중국, 일본 다음으로 커다란 경제규모이며 인구 6억 5천만 명(당시)을 가진 경제권으로 미국의 주요 교역 상대이다.

둘째, 지정학적 중요성이다. 동남아는 세계에서 가장 중요한 해상교통로이자, 태평양－인도양의 지리적 연결 고리에 위치한다.

셋째, 지역 기구에서의 아세안의 중심적 역할이다. 아세안은 ARF, EAS 등 이 지역의 정치·경제 지역협력기구의 중심적 역할을 수행한다.

힐러리 국무장관도 2012년 11월 싱가포르경영대학SMU 연설에서 경제의 중요성을 강조했다.31 "경제가 미국 외교의 중심으로 옮겨가고 있다. 군사력이 더 이상 세계대국이 되는 핵심적인 요소가 아니고 경제성장이 점차 중요시된다."고 했다. 이 연설은 국무장관으로서 마지

중국과 공존하는 아세안의 지혜

막 동남아 방문이자 동남아에서 행한 마지막 연설이었다. 그는 두 달 후 국무장관에서 물러났다. 이에 반하여, 오바마 2기 행정부의 케리 국무장관은 중국 및 중동 정책에 몰입하면서 동남아에 대한 관심은 차츰 멀어져 가게 된다(제6장).

주(註)

1 Jianwei Wang 위스콘신 대학, "China's Peaceful Rise: A Comparative Study" (2009.5. EAI Working Paper series No.19 of S. Korea).

2 United Nations Climate Change 회의 보고서.

3 나중 원자바오 총리는 소규모 회의 개최에 관한 연락을 받지 못했다고 변명했다.

4 영국 House of Lords Library가 배포한 2010.1.14. 토론회 (주제: 코펜하겐 기후변화 평가) 준비 자료.

5 Carlyle A. Thayer "The United States, China and Southeast Asia" (Southeast Asian Affairs 2011 (ISEAS, Singapore).

6 Hillary R. Clinton, interview with Greg Sheridan of The Australian (2010.11.8.), "when China first told us at a meeting of the Strategic and Economic Dialogue that they viewed the South China Sea as a core interest, I immediately responded and said we don't agree with that."

7 Wikipedia, "2010 Senkaku boat collision incident" (2020.3.29. 열람).

8 Wikipedia, "Liu Xiaobo" (2020.3.4. 열람).

9 Li Mingjang "China and Asian Regionalism: Progmatism Hinders Leadership" (2009.5, S. Rajaratnam Schollo of International Studies, Singapore), Shulan YE "China's Regional Policy in East Asia and its Characteristics" (2010, University of Nottingham, China Policy

중국과 공존하는 아세안의 지혜

Institute Discussion Paper 66).

10 Chien—peng Chung "Good neoghbor ...), Sheng Lijun.

11 Shulan YE, "China's regional policy in East Asia and its charateristics" (University of Nottingham, China Policy Institute 2010.10).

12 Shulan YE (상기 발표문), Li Mingjang "China and Asian Regionalism, Pregmatism hinders leadership"(2009.5.) 등.

13 Zhang Yunling and Tang Shiping, "China's Regional Strategy" (2005).

14 Wikipedia, "Internationalization of the renminbi" (2021.1.13. 열람).

15 The Wall Street Journal, "China's Yuan Ambition" (2009.4.6. 자).

16 "홍콩의 중국인민폐(元) 예금고는 2010.10월 말 현재 2,170억 위안이며, 1년 전에 비해 3.8배 급증했다. 영국 HSBC 측은 '중국이 홍콩에 위안화 시장 조성을 본격화했다'고 평가했다." (일본경제신문 2010.12.26. "아시아에 묻히는 일본" 해설 기사).

17 미얀마—쿤밍 구간의 제1 단계 공사. 제2 단계는 쿤밍—귀주로 연장하고, 광서 자치구로도 연장할 계획이다.

18 중국 云南經濟信息網, "云南—中國下一個出海口"(2010.7.16.).

19 신정승 전주중국 한국대사, "중국 대외전략의 흐름과 전망" (2011.12. 발간 책자 "중국의 부상과 동남아의 대응").

20 유럽의회보고서 "EU—China Trade Relations" (2011.7.14. 발간).

21 Thilo Hanemann, Rhodium Group 외 "EU—CHINA FDI: WORKING TOWARDS RECIPROCITY IN INVESTMENT RELATIONS" (2018.5. 발간).

22 국무장관이 동아시아를 첫 방문지로 택한 것은 1961년 이후 러스크 국무장관 이후 처음이다.

23 Tom Donilon 백악관 국가안보보좌관, "President Obama's Asia Policy & Upcoming Trip to Asia" (2012.11.15., CSIS 연설).

24 미 국방장관 Panetta "US Rebalance Towards The Asia Pacific" (2012.6.3. IISS 생그릴라 연설).

25 백악관 안보보좌관 Tom Donillon, "The United States and the Asia—Pacific in 2013" (Asia Society NY 2013.3.11. 연설).

26 Hillary R. Clinton 미국무장관, "America's Pacific Century" 제하 하와이 동·서 센터에서 연설 (2011.11.10.) 그는 동 연설에서 "(전략) in the 21st century, the world's strategic and economic center of gravity will be the Asia Pacific, (중략) the most important tasks of American statecraft over the next decades will be to lock in a substantially increased investment—diplomatic, economic, strategic, and otherwise—in this region[아. 태 지역을 의미]".

27 Ernest Bower, director of Southeast Asia program, CSIS, "US—ASEAN Summit: President Obama engages Southeast Asia" (2009.11.9.).

28 중국은 1985년 호주 항공모함, 1995년과 2000년 소련 항공모함, 그리고 1998년 우크라이나에서 건조중인 항공모함을 구입했다. 연구용 또는 고철로 사용할 용도이었으나, 우크라이나 항모는 개조하고 '랴오닝'이라 명명된 제1호 중국 항공모함이 되었다. (wikipedia, "Chinese aircraft carrier programme", 2020.9.26. 열람).

29 2010.10.28. 힐러리의 연설에서 미국의 외교적 목표를 이 지역에서의 지도력 유지(sustained leadership)로 규정하고 있는바, 이는 역으로 이 지역에서 leadership 유지 자체가 중대한 도전을 받고 있다는 의미로 해석된다. 동남아 지역에서만 국한하여 보면, 미국의 위치가 중국에 비하여 크게 약화되어 미국과 중국의 위치가 역전되었다고 해도 과언이 아닐 것이다.

30 Tom Donilon, "President Obama's Asia Policy & Upcoming Trip to Asia"(2012.11.15., CSIS).

31 2012.11.17. 싱가포르 Singapore Management University에서 "Delivering on the Promise of Economic Statecraft" 제목으로 연설. 그는 오바마 대통령을 수행하여 싱가포르에 이어 프놈펜(EAS 정상회의), 미얀마를 방문했다.

중국과 공존하는 아세안의 지혜

1. 아세안의 대응책
2. 아세안 헌장 제정
3. 아세안, 동아시아 지역협력을 주도
4. 남중국해 분쟁
5. 아세안의 분열 조짐

제4장

정세변화에 대한
아세안의 대응

정세변화에 대한 아세안의 대응
- 아세안 조직정비와 지역협력을 주도 -

① 아세안의 대응책

2000년대 들어, 9.11 테러 이후 미국의 위기와 국제정세의 변화, 그리고 중국의 부상에 대하여 아세안은 다양한 대응책을 세우고 이를 실천해 나갔다. 이들 대응책을 대별하면, 우선 아세안 조직을 정비하고 회원국의 역내 통합과 결속을 다져서 자신의 능력을 키워 나갔다. 앞에서(제2장) 설명한 바 있는 아세안 공동체 설립 또한 자신의 능력을 키우고 조직을 정비하는 핵심 전략 중의 하나이다. 이와 병행하여 아세안은 동아시아 지역협력을 주도하여 중국의 부상과 국제정세의 변화를 다자지역협력의 틀 속에서 대응하려고 하였다. 아세안은 창립 초기부터 중립주의 노선을 유지한 덕분에 미국이나 중국 등 외세에 의해 좌지우지되지 않는, 이른바 동남아 중립지대원칙이 훼손되지 않도록 외교적 노력을 지속해 나갔고 독자적 안보체제를 구축하였다. 1971년 동남아 평화·자유 및 중립지대ZOPFAN 선언, 1976년 동남아우호협력조약TAC에 중립주의 노선을 포함 등이 그 예이다. 한국, 일본, 대만 등 동북아 국가들이 미국, 소련, 중국 등 외세와의 연계 속에서 안보체제를 구축했던 것과는 대조적이다.

이 장에서는, 아세안 헌장 제정과 아세안 기구의 조직화 등 아세안 조직 정비에 관하여 먼저 설명한 다음, 아세안이 주도한 동아시아 지역협력이 무엇을 의미하는 지에 관하여 설명하겠다.

② 아세안 헌장 제정

아세안은 1967년 아세안 창립 후 1976년 아세안 운영의 기본원칙 ASEAN Way을 채택하였다. 이 기본원칙을 토대로 지역평화를 유지하고 협력과 교류를 확대해 왔으며,[1] 별도의 헌장이나 규정을 제정하지 않았다. 유럽연합EU은 회원국이 마스트리히트 조약(1993년)을 먼저 체결한 후 설립되었으나 아세안은 운영에 관한 기본 조약이나 법 없이 운영되어 왔다. 아세안은 '주권우선'주의를 표방하고 있다. 이는 지역협력을 위하여 각국 고유의 주권을 포기하도록 강요하지 않는다는 원칙이며, 이 정신에 따라 아세안은 전원합의제Consensus 원칙을 고수하고 있다. 아·태 경제협력체APEC도 아세안의 주권우선 주의를 존중하여 APEC 회원국의 합의를 강제로 이행하지 않고 자율에 맡기고 있다. 이와 같이, EU과 아세안은 각기 다른 방식으로 지역협력(통합)을 추구해 왔다.

그러나 2004년 동아시아정상회의EAS 창설방안을 두고 회원국 사이 이견이 심각해졌고 그 후유증도 쉽게 가시지 않았다(후술). 중국을 어떻게 다룰 것인가 하는 문제도 점차 회원국 사이 논쟁의 핵심으로 대두되었다. 이를 경험하면서 아세안은 더 이상 원칙과 관례만으로 운영해 나가기 어렵다는 결론에 도달하게 된다. 이에 2005년 11월 아세안 정상회의에서 아세안 헌장을 제정하기로 하고 헌장 초안을 작성할 저명인사 그룹을 결성하기로 했다. 이 그룹이 2년 동안 작업한 초안은 정부의 고위실무급의 검토를 거친 후 최종안을 2007년 채택했다. 그다음해에 만들어진 최종안은 회원국들의 국내 인준 절차를 끝마치고 2008년 12월 15일 공식적으로 발효되었다.

아세안 헌장(ASEAN Charter)

아세아 헌장은 전문(前文)과 55개의 장Article으로 구성되었으며, 주요 원칙Principles은 다음과 같다(표 4-2-1). 일부 국가들이 전원일치 원칙을 수정하여 다수결 원칙을 아세안 헌장에 도입할 것을 제안했으나 거부되었다. 인권조항을 포함하자는 제안도 있었으나 내정불간섭 원칙에 막혀 거부되었다. 대신 아세안 인권기구ASEAN Human Rights Body를 설립하기로 합의를 보게 된다.

[표 4-2-1] 아세안 헌장에 명시된 주요 원칙

- 주권(영토)존중, 내정불간섭, 무력불사용, 각국의 정체성 존중
- 지역협력에 있어서 분쟁의 평화적 해결, 침략의 포기를 촉진
- 무역의 지역통합을 조장
- 자유, 인권 존중 및 사회정의 촉진
- 지역협력에 있어서 '아세안 중심주의(centrality)' 유지
- 아세안 정상회의를 연 2회 개최 등

아세안 중심주의(ASEAN Centrality)

헌장에 포함된 아세안 중심주의란 무엇인가. 이의 실천적 의미는,

아세안이 주도하는 동아시아 지역협력기구 회의는 아세안 내에서만 개최되고(장소), 회의진행(의장), 의제설정, 의장성명 포함 최종문서 작성도 아세안이 주관한다는 의미이다. 아세안이 주도하는 다자지역회의에는 중국, 일본, 인도, 호주뿐 아니라 미국과 러시아도 가입했다. 이들의 국력, 군사력, 경제력, 외교적 역량은 아세안 회원국(10)을 다 합한 것보다 훨씬 크다. 아세안은 이들 이웃 나라들이나 세계 대국들의 영향력에 함몰될 수 있다는 점을 인식했다. 특히 동아시아정상회의 EAS를 결성하는 과정에서 중국의 위험성을 감지했다. 아세안은 중국, 일본, 인도 등 이웃 나라뿐 아니라 미국과 러시아에게도 아세안 중심주의 원칙에 동의할 것을 요구했다. 대국들은 동의했다.

이것이 가능한 배경은 무엇인가. 아세안은 시대의 흐름에 맞게 다자 지역기구를 제안하고 주도하면서 균형외교 원칙을 고수해 왔다. 미국, 중국 등 어느 대국 편에 서서 다른 대국을 견제하지 않았다. 또한 중국, 일본, 인도 등 지역대국 사이의 경쟁의식이 강하여 어느 대국이 어떠한 사안을 제안하면 즉각 다른 대국이 이를 견제했다. 예로, ASEAN+3+3(인도, 호주, 뉴질랜드) 회의에서 중국과 일본이 자유무역협정(안)을 각각 제안했으나 두 나라가 자국 안을 고집하면서 몇 년 동안 타결 짓지 못했다. 그러자 아세안이 나서서 절충안을 제시하여 타결했다. 그것이 '역내 포괄적 경제동반자협정RCEP'이다.

아세안 기구의 조직화

아세안 헌장 조직 표(4-2-2)에 의하면, 정상회의를 정점으로 정치/안보, 경제, 사회/문화 공동체 등 3개 공동체가 있고, 그 밑에 정치/안보 분야에는 6개, 경제 분야에는 14개, 사회/문화 분야에는 17개 부문

별 하부 조직이 있다. 그 하부에 고위급회의SOM, 실무급 회의가 있어
서 연간 7~800회 이상의 회의가 열린다고 한다. 아세안의 운영을 헌
장에 기초하여 조직화하고 재정비했다. 이 아세안 회의와 아세안이 주
도하는 지역회의가 말만 많고 실행력이 부족하다고 하여 말잔치에 불
과하다는 비판을 받아왔다. 그러나 정치경제 체제가 다르고 역사적,
문화적 배경이 다른 10개의 회원국의 합의를 이끌어내기 위해서는 꾸
준한 대화와 적극적인 교류가 필요하다. 실제 아세안 공무원들은 낮은
직급 때부터 아세안 회의에 참여하여 경험을 쌓기 때문에 영어(아세안
공용어) 구사 능력과 국제회의를 주재하는 능력이 동아시아 지역의 어
느 나라 공무원보다 우수하다는 평가를 듣는다.

[표 4-2-2] 아세안 조직 표

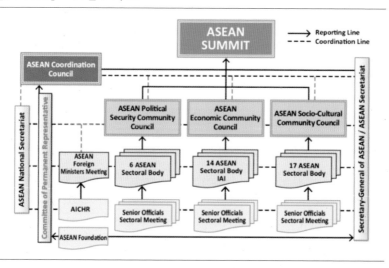

③ 아세안, 동아시아 지역협력을 주도

냉전 체제 붕괴 후, 세계적으로 지역주의가 활발하게 진행되었다. EU(유럽), NAFTA(북미) 등이 생겨나자 당시 말레이시아 총리인 마하티르Mahathir bin Mohamad가 동아시아에도 유사한 지역협력기구라고 할 수 있는 '동아시아 경제그룹Economic Group'의 결성을 제안했다. 동남아시아 국가만으로 유럽지역과 북미지역에 결성된 자유무역 지대에 대항할 역량이 부족하지만, 동북아 3개국과 힘을 합치면 EU, NAFTA와 공정한 협상이 가능할 것이라는 생각에서 제안했다고 한다.2 마하티르는 미국, 호주, 인도 등은 포함하지 않았다.

그러나 그의 제안은 실현되지 않았다. 미국이 동아시아 지역 협력체 구성에 반대했고, 일부 아세안 회원국과 한·중·일마저 이에 부정적이었다. 동북아 3국과 아세안 주요국들은 마하티르 제안 이전에 설립된 아·태 경제협력체APEC에 이미 가입해 있었다. 일본, 호주, 미국 등이 지역 주요 나라들이 아·태 지역주의Asia/Pacific Regionalism를 추진하고 있는 상황에서 동아시아 지역주의East Asia Regionalism의 설 자리는 없었다. 그러나 1997년 동아시아 외환위기가 일어나자 이 지역 분위기는 크게 변했다. 아세안은 위기가 절정에 달했던 1997년 12월 동북아 3국(한·중·일)을 초청하여 아세안+3 정상회의를 처음 열었다. 그 후 아세안이 주도하는 지역협력기구를 포함하여 동아시아 지역 기구들이 우후죽순(雨後竹筍)처럼 생겨났다.

중국과 공존하는 아세안의 지혜

아세안이 주도하는 지역협력 기구들

동아시아 지역협력기구 중, 아래 표(4-3-1)는 2000년대 아세안 주도로 설립된 지역 기구들이다. ARF(안보), 아세안+3(정치), EAS(정치), CMI(금융), 아세안+1 자유무역협정(통상) 등이며, 식량, 보건, 환경 등 기능성 지역 기구들도 많이 생겨났다. 이 중, 대표적인 동아시아 지역 다자협력기구들을 연대순으로 정리하면 다음과 같다.

[표 4-3-1] 아세안이 주도한 지역협력기구[3]

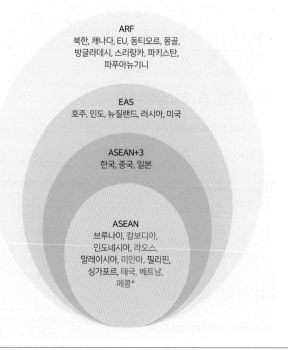

ARF
북한, 캐나다, EU, 동티모르, 몽골,
방글라데시, 스리랑카, 파키스탄,
파푸아뉴기니

EAS
호주, 인도, 뉴질랜드, 러시아, 미국

ASEAN+3
한국, 중국, 일본

ASEAN
브루나이, 캄보디아,
인도네시아, 라오스,
말레이시아, 미얀마, 필리핀,
싱가포르, 태국, 베트남,
메콩*

(1) 아세안지역안보포럼(ARF: ASEAN Regional Forum)

ARF는 1947년 7월 태국 방콕에서 18개국 외교부 장관들이 참석한 가운데 창립회의가 개최되면서 출범했다. ARF는 그 후 매년 개최되어 아·태 지역 안보정세·국제현안 등 상호 관심사에 대하여 의견 교환하고 협력사업을 논의한다. 나중 동아시아정상회의, 지역 국방장관회의, 샹그릴라 대화 등 지역 안보 대화 기구가 늘어났지만, 한동안 ARF가 유일한 지역 안보 대화 창구였다. 창립 이후 미얀마, 캄보디아, 북한(2000년 7월 가입), 방글라데시, 스리랑카, 동티모르, 몽골 등이 가입했다. 아세안이 ARF 설립을 주도한 것은 세계화 시대의 추세에 맞게 협력의 대상을 역외로 확대하는 한편, 중국의 부상에 대한 대비책의 일환이라는 설이 유력하다.[4]

(2) 아세안+3(한·중·일) 정상회의

동아시아 국가들은 경제위기가 발생하자 서구에 대한 불신이 높아졌고, 정부 차원에서 동아시아 지역 교류와 협력을 논의할 필요성을 인식하게 되었다. 이러한 상황에서 아세안의 제안으로 ASEAN+3(한·중·일)가 탄생했고, 이를 시발로 동아시아 지역주의가 태동했다(제1장). 당시 논의의 초점은 당면 외환위기의 극복, 향후 유사 위기 대비책, 그리고 동아시아 지역협력의 활성화 방안 등이었다.

(3) 동아시아정상회의(EAS)[5]

2004년 말레이시아가 EAS 정상회의 설립을 제안했다. 이 제안은 채택되었으나 참가할 나라, 의제 및 목표 등 구체 사항에 관하여 아무런 결정 없이 제1 EAS 정상회의를 2005년 말레이시아에서 개최한다는

중국과 공존하는 아세안의 지혜

원칙만 합의했다. 이후 구체적 논의과정에서 핵심 사항에 관하여 역내 참가국들의 입장이 확연히 나뉘었다.

첫째, EAS 참가국 문제이다. 말레이시아는 아세안(10국)＋동북아 3국(한국, 일본, 중국), 즉 13개국만으로 EAS를 설립하자고 제안했지만, 인도네시아는 한·중·일 이외 역외국의 참가를 제안했다.[6] 두 안을 두고 대립하는 가운데 중국은 말레이시아 안을, 일본은 인도네시아 안을 지지했다.

둘째, 아세안 회원국들은 결국 한·중·일에 추가하여 역외국을 참가시키기로 합의했다. 그러나 추가할 역외국을 누구로 할 것인가를 두고 오랜 격론 끝에 호주, 인도, 뉴질랜드 세 나라를 추가하기로 최종 합의했다.[7]

셋째, 과연 '누가 동아시아 공동체 창설을 주도할 것인가'라는 문제였다. 당시 동아시아 창설하자는 논의도 열기를 더해 갔었다. 이를 아세안＋3(한·일·일)이 주도할 것인가, 아니면 EAS 아세안＋3＋3(인도, 호주, 뉴질랜드)가 주도할 것인가. 논쟁의 결과 뚜렷한 타결안이 나오지 않자, 아세안＋3와 EAS를 병행하여 개최하기로 결론을 내리면서 '동아시아 공동체' 창설을 유보하기로 했다.

(4) 국방: 아세안 국방장관회의(ADMM: ASEAN Defence Ministers' Meeting)

ADMM은 2006.5 첫 회의를 가졌다. 아세안 기구 중 국방관련 최고 위급 협의·협력 기구이다. ADMM 회의의 주요 의제는 해양안보, 대테러, 평화유지, 사이버 안보, 군수산업, 재해구난, 신뢰구축 문제 등 다양하다. 2010년 ADMM은 호주, 중국, 인디아, 일본, 뉴질랜드, 한국, 러시아, 미국 등 8개 대화상대국 국방장관을 추가 가입시켜서 확대하였고, 이를 ADMM Plus로 칭하였다. 2017년부터 격년제로 열던 ADMM과 ADMM Plus회의를 연례 회의로 바꾸어 개최하고 있다.

(5) 통상: ASEAN+1 자유무역협정(FTA)

중국은 2001년 중·아세안 자유무역협정CAFTA을 제안했다. 이런 제안은 일본과 한국을 크게 당황하게 만들었다. 개도국과 개도국 간의 자유무역협정은 그동안 전례가 없을 뿐만 아니라, 심지어 중국은 협상 직전에 중국의 농산물 시장을 선제적으로 개방하겠다고 발표한 것이다. 일본과 한국은 이에 자극받아 아세안과의 자유무역협정 체결을 곧바로 제안하게 된다. 그 결과, 아세안은 중국, 한국, 일본, 인도, 호주/뉴질랜드와 자유무역협정을 아래 표(4-3-2)와 같이 체결했다. ASEAN+1 자유무역협정이다.

아세안이 체결한 5개의 ASEAN+1(호주, 뉴질랜드 함께) 협정들은 협상 방식, 협정 명칭, 내용 등 많은 분야에서 각기 상이하다. 예를 들어 중국과 한국은 무역에 중점을 두고 자유무역 지대협정FTA을 체결했지만, 일본은 투자에 중점을 두고 포괄적 경제협력 협정Comprehensive Economic Partnership을 체결하는 차이가 있다. 협정 이름도 서로 상이하다. 형식에 있어서도 중국은 아세안 10개국을 한 그룹으로 묶어서 협정을 체결한 반면, 일본은 아세안 회원국들과 일일이 개별 협정을 맺은 후 아세안을 하나의 그룹으로 하는 협정을 체결했다. 한국은 중국 방식을 따랐다.

ASEAN+1 자유무역협정은 성격상 양자협정이다. ASEAN은 이러한 양자협정을 지역협정Regional FTA으로 묶자. 즉 역내포괄적경제동반자 협정RCEP: Regional Comprehensive Economic Partnership을 맺자는 아이디어를 제시하였고, 정부 사이 오랜 협상 끝에 2020년 11월 거대지역협정이

[표 4-3-2] 아세안 +1 FTA 체결 현황[8]

	Data of entry into force
ASEAN-Australia-New Zealand	January 2010
ASEAN-China	July 2005(G), July 2007(S), August 2009(I)
ASEAN-Japan	December 2008
ASEAN-Korea	June 2007(G), May 2009(S), September 2009(I)
India-ASEAN	January 2010(G)

자료 출처: Various Ministry websites
Note: G=상품, S=서비스, I=투자

타결되었다. 그러나 인도가 마지막에 가입을 포기했다. 그 결과 아세안 10개국, 한국, 중국, 일본, 호주/뉴질랜드가 역내포괄적경제동반자협정RCEP에 서명했다. 이 협정은 각국의 국내절차를 끝내고 2022년 공식 발효되었다.

(6) 금융: 치앙마이 이니셔티브(CMI: Chiang Mai Initiative)[9]

동아시아는 금융 분야에서 지역협력 메커니즘을 갖추지 못한 체 1997년 외환위기를 맞았다. 동아시아 외환위기 이전 중남미, 북유럽, 러시아도 개혁·개방 과정에서 외환위기를 맞았다. 서구 자본가들이 높은 경제성장률을 보이거나, 잠재력이 있는 국가(지역)에 투자했다가 위기 조짐이 보이면 순식간에 투자자금을 회수하여 그 나라를 위기에 빠지게 하는 사례가 1990년대에 여러 건이 있었다. 이러한 위기의 또 다른 특징은, 어느 나라가 위기에 직면하면 그 나라와 경제·금융교류가 많은 이웃 또는 다른 나라에도 위기의 파급효과가 빠르게 나타난다는 점이다. 그러나 동아시아 국가들은 중남미, 북유럽에 일어난 금융위기를 지켜보면서도 그 위험성과 그 파급효과를 인지하지 못했다. 경제성장과 외국 투자의 유입에만 신경을 쓰다가 외국 투자의 빠른 철수에 대비하지 못했다. 외환위기를 직접 경험한 태국, 말레이시아, 인도네시아, 필리핀, 한국 경제도 거의 비슷한 상황이었다.

이들은 위기를 경험하면서 향후 위기 재발 방지를 위해서는 지역 금융협력이 필요하다는 점을 인식하기 시작했다. 이에 따라 '아세안 경제 모니터링 메커니즘', 일본이 제안한 "아시아통화기금AMF Asian Monetary Fund" 등의 대책이 사후 약방문으로 나왔다. 이런 가운데, 1999년 11월 마닐라에서 개최된 아세안+3 정상회의에서 동아시아내 지역 금융협력을 추진하기로 합의했다. 외환부족 사태가 다시 발생할 때 각국은 보유외환으로 상호 지원한다는 내용이다.[10] 이의 후속 조치로 2000년 5월 태국 치앙마이에서 개최된 아세안+3 재무장관회의에서 통화스와프협정을 체결하기로 했다.

이른바 치앙마이 이니셔티브CMI이다. 회원국 중앙은행 간에 체결된 통화스와프 거래를 기초로 위기 발생 시 자국통화와 국제통화를 일정 시점의 환율로 차입하고 계약기간 경과 후 다시 상환하는 방식이 채택됐다. CMI는 역내 금융위기 방지를 위한 시스템으로 작동하게 되어 각국은 앞으로 발생할 수 있는 경제위기에 재빨리 대처할 수 있는 공조체제를 갖추게 되었다. 그 후 ASEAN+3 회원국들은, 위기가 닥쳤을 때 보다 체계적인 미국 달러화 유동성 지원이 가능하도록 양자 스와프bilateral를 다자간multilateral 계약으로 발전시키자는 방안이 제기되었다. 몇 년간의 논의 끝에 2009.5 다자간 스와프협정인 CMIMChiang Mai Initiative Multilateralization을 출범시켰다.

(7) 여타 기능 협력 기구들

아세안은 상기 협력분야 외 초국가 범죄, 환경, 교육, 보건, 기후변

중국과 공존하는 아세안의 지혜

화, 식량 등 다양한 분야에서 기능적 협력기구들이 정례 또는 비정기적으로 장관급 회의를 가지고 있다.

구체적 예를 들면, 아세안은 테러, 마약밀매, 해적 등 초국가적 범죄에 취약한 지역이다. 특히, 과격 이슬람세력들의 테러위협에 노출되어 있다. 이에 따라 1997.12 "초국가 범죄 각료회의"를 신설하고 2001.11 대 테러 공동 행동 계획을 채택하고 역내 협력을 강화하였다.

동아시아정상회의(EAS) 창설의 후유증

EAS 창설을 두고 아세안 내 의견충돌이 일어난 이유는 무엇인가. 아세안은 지역협력기구가 중국 부상의 도구로 사용될 가능성을 가장 우려했다.[11] 당시 인도네시아 외교부 장관 하산Hassan Wirajuda은 아세안＋한·중·일에 추가하여 다른 역외국의 참여를 끝까지 고집했다. 하산 장관에 의하면, ASEAN＋3 만으로 중국 견제가 어렵다는 판단에서 호주의 추가를 주장했다는 것이다. 그 후 싱가포르가 인도까지 추가하자고 제안, 최종적으로 인도, 호주, 뉴질랜드 세 나라를 포함시키기로 타결을 보았다.[12]

또 다른 우려는, 동아시아 지역협력에서 '아세안 중심' 원칙이 종식될지 모른다는 우려였다. 동북아와 동남아지역을 구분하지 말고 단일 혼합체로 만들자는 말레이시아 구상이 일견 합리적인 것으로 보였다. 실제로 제1차 EAS 정상회의 개최지로 말레이시아로 정하자 중국이 제2차 정상회의 개최를 강력히 희망했다. 이렇게 될 경우, 아세안 중심주의가 무너지고, 동남아에서 동북아 지역으로 주도권이 넘어가고 아세안은 유명무실해질 수 있다.

결과적으로, EAS 설립을 두고 일본과 중국 간, 그리고 아세안 내 대립의 결과는 '아세안＋3'와 'EAS'를 병행 존치한다는 어정쩡한 타협을 가져왔고 지금까지 그 틀이 유지되고 있다. 2011년 미국과 러시아가 가입한 후 동아시아라는 지역 개념 역시도 마찬가지로 EAS의 정체성마저도 모호해지고 말았다. 나아가 아세안 내부 분열이 심각해졌고 아시아의 주도권을 둘러싼 중일 사이의 갈등이 표면화되기 시작했다. 아세안＋3, 치앙마이 이니셔티브에 이어 아시아통화기금AMF 및 아시아 통화까지 만들자는 제안이 나오면서 동아시아 공동체를 세우자는 열기가 한껏 고조되기도 했으나 EAS 창설 이후 그 분위기는 급속히 냉각되게 된다.

④ 남중국해 분쟁

남중국해의 지정학적, 경제적 가치는 몇 가지 통계만으로 알 수 있다. 이 바다에는 대규모 지하자원의 매장이 추정되고 있고,[13] 세계 어업고의 12%가 이 바다에서 잡힐 정도이다.[14] 또한 세계 선박 통행량의 25%가 이 해역을 지나고 있고 무역액으로 따지면 3.4조 달러에 달한다.[15] 다시 말하여, 세계에서 통행량이 가장 많은 해상교통로SLOC 중의 하나이다. 실제로 중국 수출입의 약 40%가 이 수역을 통한다.

중국은 2000년대 초 남중국해 문제의 평화적 해결을 시도하기도 했다. 그러나 2000년대 후반 심각한 에너지 부족을 경험하면서 태도를 바꾸었다. 고도 경제성장에 필요한 전기, 석유 수요증가를 공급이 따라가지 못했다. 곳곳이 단전 또는 시간대/지역별 전기 배급제를 실시할 수밖에 없었다. 중국은 이를 에너지 안보로 규정하여 국가안보 다

중국과 공존하는 아세안의 지혜

음으로 중시했다.

당시 에너지 부족 위기는 세계 곳곳에서 일어났다. 중동지역의 긴장
고조, 미 달러의 하락, 석유 재고량의 감소 및 석유투기 등 다양한 이
유로 원유가격이 2008년 배럴 당 147달러로 사상 최대치를 기록했
다.[16] 이에 중국 석유회사들은 2008년 대규모 원유가 있을 것으로 추
정되는 남중국해에 눈을 돌려 대규모 투자 계획을 발표하고 정부의 승
인을 요청했으나 중국 정부는 이를 허용하지 않았다. 그러나 시진핑이
2013년 3월 국가주석으로 선출되자, 세계전략을 발표하고 남중국해
개발 사업을 본격화했다.

남중국해는 동사군도, 중사군도, 서사군도, 남사군도 등 4개 군도(群
島)로 나뉜다. 각 군도 내에는 섬, 암초, 모래톱 등이 있다. 중국은 이 수
역 내 섬들이 '역사적'으로 중국의 소유라고 주장하고 있지만 현재 실효
적으로 점유하고 있는 나라는 아래와 같이 중국, 대만, 필리핀, 베트남,
말레이시아, 브루나이 등이다. 중국·인도네시아 사이 영유권 분쟁은 없
지만 어업 수역이 겹쳐서 수시로 충돌이 일어나고 있다(표 4-4-1).

[표 4-4-1] 군도(群島)별 규모와 실효 점유 국가[17]

	구성	실효 점유국	비고
동사군도(東) Pratas Islands	6개 섬과 암초	대만이 東沙島 점유	
중사군도(中) Macklesfield Bank	34개 섬과 암초	필리핀 군 주둔	Scarborough 암초
서사군도(西) Paracel Islands	55개 섬과 암초	중국	1974.1 중. 베 교전 이후 중국이 점유
남사군도(南) Spratly Islands	96-230개 섬과 암초	중, 베, 필, 말, 대만, 부르나이 각각 점유	

중국의 '9단선'

1947년 당시 중국대륙을 지배하던 중화민국(대만)이 남중국해에 11개 단선으로 경계선을 긋고 그 선내의 수역에 대하여 "역사적 권리"를 주장한 바 있다. 훗날 중국 공산당 정권은 대만의 남중국해에 대한 입장을 그대로 이어받게 된다. 다만, 11개 단선이 베트남과 공유하는 통킹 만 수역을 제외함으로써 9단선(九段線, Nine－Dash Line)으로 바뀐점이 달라진 점이다(지도 4－4－2).[18] 중국은 '9단선' 내의 도서들이 역사적으로 중국의 영토라고 주장하고 있는 것이다. 1973년부터 유엔 해

[지도 4-4-1] 중국이 2009년 유엔에 제출한 9 단선

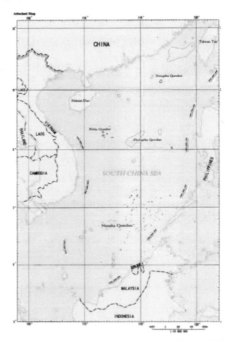

남중국해에서 펼쳐지는 중국과 미국의 긴장상태는 아세안이 짊어진 커다란 숙제다.

중국과 공존하는 아세안의 지혜

양법 심의에 대표단을 파견하여, 제 3세계의 연안국 입장에서 '200해리 배타적 경제수역'을 지지하는 활동을 펼쳐 나갔다. 이밖에도 1974년 1월 당시 남베트남이 영유하고 있던 남중국해의 서사군도Paracel Islands를 군사력으로 공격하여 완전히 지배했다. 그후 존슨 암초사건(1988년), 1－2차 미스치프 사건(1995년, 1998년)으로 베트남 및 필리핀 해군과 무력 충돌하기도 한다. 이와 같이 중국은 주로 무력으로 영유권 분쟁에 대응했다.

아세안의 대응

남중국해에 대해 중국의 '역사적 권리Historic Rights'라는 주장에 대해 다른 나라들도 역사적 근거, 자국 영토와의 거리, 실효적 지배 상황 등의 이유를 들어서 중국의 주장을 반박하면서 오랫동안 분쟁이 계속되고 있다. 이는 영해와 도서지역에 대한 것만이 아니라, 섬 주변의 배타적 경제수역EEZ, 대륙붕 경계 등 여러 경계선 획정문제가 걸려있는 만큼 복잡한 사안이다.

특히 25개의 큰 섬을 포함하여 다수의 암초 및 모래톱으로 구성된 남사군도Spratly Islands는 중국을 비롯하여 베트남, 필리핀, 말레이시아, 대만, 브루나이가 각각 남사군도의 일부 또는 전부를 영유권으로 주장하고 군대를 주둔하는 나라도 있다.[19] 여기에 해수면 아래에 잠겨있는 모래톱·흙더미·바위 등에 관하여도 당사자들이 영유권을 주장하고 있어 어선 사이, 아니면 비군사적 무장 세력 사이 충돌이 요즈음도 일어나고 있다.

아세안은 1992년 아세안 외교부장관 회의에서 남중국해 분쟁을 두고 중국에 공동대응하기로 의견을 모았다. 아세안이 개별 국가 차원에서 중국에 대응하기 힘들다는 생각에서 공동 대응하기로 했다. 그 후 중국이 아세안에 대하여 미소 외교Smile Diplomacy를 전개하면서 베트남과 2000년 통킹만 경계획정, 2002년 아세안과 '남중국해에 관한 선언DOC', 2005년 중국−필리핀−베트남 해양지진 공동조사 합의 등 남중국해 분쟁의 평화적 해결에 노력을 기울이기도 했다. 그러나 중국이 공세적 외교로 전환하면서 남중국해 분쟁에 대하여도 고압적 자세를 누그러뜨리지 않자 2013년 아세안(필리핀)은 남중국해 분쟁을 헤이그 상설중재재판소PCA에 제소했고 2016년 판결이 내려졌다. PCA 판결 내용과 판결 이후 남중국해 문제의 추이는 후술하겠다(제7장). 남중국해 분쟁은 중국−아세안 관계, 미·중 관계, 그리고 중국과 주변국 관계에 있어서 주요 분기점마다 등장해 왔고, 이는 앞으로도 계속될 전망이다.

⑤ 아세안의 분열 조짐

2012년 7월 아세안 외교장관회의AMM가 45년 아세안 역사상 처음으로 공동성명 없이 종료되었다. 당시 아세안 의장이었던 캄보디아는 공동성명에 남중국해 분쟁 사실을 언급하지 말자고 주장했으나 필리핀과 베트남은 분쟁을 적시해야 한다는 주장이 맞서 결국 공동성명 타협에 실패했다. 국제 언론은 캄보디아의 배후에 중국이 있다고 보았다. 중국은 남중국해 분쟁을 중국과 아세안 당사자 간 양자 분쟁으로서 규정하고 양자 차원에서 다룰 것을 요구했다. 이에 대하여, 필리핀, 베트남 등 분쟁 당사국은 아세안이 공동으로 대응하자는 태도였다(1992년

중국과 공존하는 아세안의 지혜

아세안 합의).

2000년대 후반부터, 중국은 동남아지역과 남중국해에 대하여 공세적 외교를 구사하면서(제3장) 아세안의 공동/집단 대응이 장애가 된다는 사실을 알게 되었다. 특히, 남중국해 분쟁에 대한 아세안의 공동대응이 중국에겐 상당한 부담이 되었고, 때로는 미국 등 외부 세력 개입의 빌미가 되기도 한다. 2010년 아세안지역안보포럼ARF에서 미국이 남중국해에서 중국의 행동을 비난하자 아세안 회원국을 포함 다수 나라가 이에 가세하여 중국을 난처하게 했다.

이에 중국은 아세안의 공동대응을 약화시키고 남중국해 문제 관련 자국의 입장에 유리한 환경을 만들려는 전술을 구사하기 시작했다. 아세안 내 친중국 세력을 키우거나 아니면 당근과 채찍Stick & Carrot 전술이다. 이 전술은 처음 캄보디아, 라오스, 미얀마 등 경제적으로 뒤쳐진 나라에 대하여, 나중에는 필리핀, 태국, 말레이시아 등 중견 국에 대하여도 마찬가지로 적용되었다. 오늘날 아세안 회원국 가운데 국제무대에서 중국을 자극하는 발언을 하는 나라는 찾아보기 쉽지 않다.

아세안은 2000년대 초반부터 공동체 설립을 준비해 왔다. 아세안 경제는 동아시아 지역협력의 시너지 효과에 힘입어 성장을 계속했고 국제무대에서 아세안의 위상은 높아졌다. 이 과정에서 중국과 아세안은 협력 파트너가 되었으나 중국이 세계 경제 대국이 되고 공세적 외교로 전환하자 마찰 요소도 노출되기 시작했다. 중국은 자신의 세계전략에 아세안이 장애가 되지 않고 순기능을 할 수 있도록, 즉 자신의 영향권에 편입시키기 위한 전술·전략을 개발하기 시작했다.

주(註)

1 회원국 간 무력충돌은 유일하게 2008－2011 태국－캄보디아 국경지역 에 위치한 Preah Vihear 사원 영유권 분쟁이었다. 양국 군대가 동원되 어 수십 명의 사망자가 발생했다. 캄보디아가 유엔 안보리까지 제소했 으나 결국 아세안의 중재로 양국 간 협상으로 타결되었다.

2 Mahahir Mohamad, "Let Asians Build Their Own Future Regionalism" (Global Asia 기고, 2006.9월호).

3 외교부, "아세안 개황" (2022.10. 발간).

4 저자는 당시 중국 주재 한국 대사관에 근무했다. 당시 미, 유럽 국가뿐 아니라 아세안 국가 외교관을 접촉하면 ARF에 관한 관심이 대단했다. 아세안의 의도는 중국에 대한 대비책의 일환이라는 설이 중론이었다.

5 제1차 EAS 회의 개최 관련 상세는 졸고, "인도네시아의 대중국 관계" ("중국의 부상과 동남아의 대응", 2011.12. 동북아역사재단), "동아시아 지역주의: 태동과 발전" ("대사들, 아시아 전략을 말하다", 2013.3. 늘품 플러스).

6 Hassan Wirajuda 당시 인도네시아 외교부장관, "Indonesia and the EA Regional Integration Process" (2007.10.2. Chicago Council on Global Council 연설). 하산 장관은 이 연설에서 "EAS 당초 제안은 ASEAN＋3 참가국에 국한한다는 구상이었다. 그러나 나중 인도네시아가 싱가포르 의 지지를 받아 인도, 호주, 뉴질랜드를 포함"할 것을 주창하여 실현되 었다고 회고했다. 처음에는 모든 아세안국가들이 말레이시아 안을 지지

　　　　　　　　　　　중국과 공존하는 아세안의 지혜

했으나 인도네시아가 이를 끝까지 반대. 인니는 싱가포르의 지지를 얻을 때까지 사면초가의 형세였다고 한다.

7 미주모토 다츠야, "인도네시아-다민족국가의 숙명" 166쪽. 미주모토는 2004년 당시 인도네시아 주재 일본 지지통신 주재원. EAS 창설을 두고 아세안 내 갈등에 관하여 상세하게 기술하고 있다.

8 Findlay, C. (2011), 'ASEAN+1 FTAs and Global Value Chains in East Asia: Overview', in Findlay, C. (ed.), ASEAN+1 FTAs and Global Value Chains in East Asia. ERIA Research Project Report 2010−29, Jakarta: ERIA.

9 박변순 저, 아시아 경제, "힘의 이동" (2002.10. 삼성경제연구소 발간).

10 치앙마이 이니셔티브(CMI)는 1990년대 외환위기와 같이 장차 외환부족 사태가 다시 발생할 때 각국은 보유외환으로 상호 지원한다는 내용이다. 양자차원의 CMI는 2010년 1,200억 규모의 다자차원의 스왑(CMIM)으로 발전시켰고 그 후 대출 규모를 2,400억 규모로 배증하기로 하는 등 착실히 발전되고 있다.

11 중국 인민일보는 일본이 중국 견제 책으로 인도, 호주를 끌어들였다고 보도. 중국 외교부 대변인은 중국은 동아시아에서 "지배적인 역할(dominant role)"을 할 의사가 없다고 밝힌다. ("East Asia Summit: in the shadow of sharp divisions" 2005.12.7. 자)

12 저자가 2011.8 인도네시아를 방문하여 하산 위라유다 전 외교부 장관과 장시간 대담을 통하여 청취한 내용이다. 하산 장관은 APT, EAS 설립 당시 인도네시아 외교부 장관이다.

13 5억−22억 배럴의 석유, 2.5−10조 입방미터 가스가 매장되어 있는 것으로 추정.

14 The ASEAN Post, (2018.7.22. 자) "Fishy business in the South China Sea".

15 Ahmet Erkoc, South China Sea: economics. geopolitics and energy security (2019.6.21., Wikipeida 2020.5.25. 열람).

16 Wikipedia, "Energy Crisis" (2022.1.5. 열람).

17 이원형 전 캄보디아 주재 대사, "중국 위협론과 아세안의 관여정책" (동북아역사재단 2011년 발간 책자, "중국의 부상과 동남아의 대응").

18 Wikipedia, "Nine—Dash line" (2013.1.5. 열람).

19 상기 이원영 논문(원문 LISELOTTE ODGAARD, Maritime Security between China and Southeast Asia(Ashgate, Hampshire) pp.77—78).

중국과 공존하는 아세안의 지혜

1. 시진핑의 세계전략
2. 시진핑의 '중·미 신형대국관계' 제안
3. 일대일로(BRI) 제안과 추진
4. 시진핑의 해양 강국 정책
5. '일대일로'에 대한 아세안 대응

제5장
시진핑(習近平) 등장과
세계전략

시진핑(习近平) 등장과 세계전략

시진핑 주석은 일대일로(BRI), 해양 정책 등 대륙 전략과 해양 전략을 동시에 제시했다. 대륙과 해양 전략을 동시에 제시한 것은 중국 역사상 처음이다.

— 싱가포르 중국 전문가 Wang Gungwu

"중국은 오래 전부터 유럽 경제권과 연계한다는 꿈을 가지고 있었다. 이제 이러한 꿈을 실현할 의지와 자본력, 기술력을 가지고 있다."

— 전직 중국 대사 傅莹

① 시진핑의 세계전략

2012년 11월 제18차 중국공산당대회에서는 후진타오에 이은 당 총서기로 시진핑을 선출했다. 그리고 다음 해 시진핑은 국가주석으로 선출되었다. 시진핑(习近平) - 리커창(李克强) 총리 체제로 지도부 진영이 새로 짜인 것이다. 시진핑은 공산당 총서기로 취임한 직후 "중화민족의 위대한 부흥"을 통해 세계대국이 되겠다는 중국의 꿈(中国梦)을 밝혔다.[1] 그는 국가주석 취임 초기 미국과의 신형 대국 관계 구축, 일대일로(一帶一路) 건설을 제안했고, 중국의 해양강국 정책 추진의지를 밝혔다. 중국이 그동안 이룩한 경제성장을 바탕으로 주변 지역을 넘어 세계대국이 되겠다는 포부와 전략을 밝힌 것이었다.

일대일로는 중국 정부가 2013년에 시작한 주요 외교 정책 및 개발 전략으로 아시아, 유럽, 아프리카, 중동을 아우르는 중국 중심의 일련의 글로벌 인프라 및 무역 프로젝트에 해당된다. 이 전략은 '실크로드 경제벨트'와 '21세기 해상 실크로드'의 두 가지 축으로 전개된다. 실크로드 경제벨트는 중국과 중앙아시아, 유럽, 중동을 연결하는 육상 운송로 네트워크이며, 21세기 해상 실크로드는 중국과 동남아시아, 남아시아, 아프리카, 유럽을 연결하는 해상 루트로, 중국의 야심을 대표하는 외교 전략이기도 하다. 참고로 일대일로 정책은 영어로는 'One Belt One Road' 혹은 'Belt and Road Initiative(BRI)' 등으로 불린다.

이는 대외적으로 "재능을 감추고 드러내지 말라."는 덩샤오핑의 도양광회(韜光养晦) 지침에서 벗어나 새로운 길로 가겠다는 것이었다. 시진핑은 세계전략을 펼치기에 앞서 당·정·군의 지휘권을 자신의 손에 집중하는 단일 지도체제로 전환했다. 또한 공산당이 정부와 군대뿐만 아니라 사회 국가 전반에 공산당 우위의 지도체제를 확립했다.

세계전략을 위한 행보

국가주석으로 취임한 이후 시진핑의 대외 행보를 보면, 중국의 꿈을 이루고자 하는 계획을 취임 이전부터 준비해 왔음을 알 수 있다. 국가주석으로 취임한 지 일주일 만에 러시아를 방문해 '중국-러시아 신형 대국 관계' 구축을 제안했다. 이어 아프리카를 방문하고 브라질, 러시아, 인도, 남아공 5개국 회의BRICs에도 참가했다. 취임 3개월 만에 미국 캘리포니아에서 오바마 대통령과 써니랜드 비공식 회담을 갖게 된다. 그는 취임 3개월 만에 미국, 러시아, 인도, 브라질 등 거의 모든 세계대국 정상들과 만난 것이다.

이어 그해 9월 카자흐스탄에서 중앙아시아와 유럽을 잇는 육상 실크로드(一帶)를 제안하고 10월 인도네시아에서 동남아시아와 유럽, 아프리카를 연결하는 해상 실크로드(一路)를 제안했다. BRI 구상 발표 후 유럽, 중앙아시아, 남아시아, 남태평양 지역 등 일대일로 지역을 직접 방문했다. 또한 BRICS, G20, 상하이협력기구SCO 등 다자기구에 참석해 일대일로에 관해 설명했다. 초청외교를 전개해 베이징을 찾는 외국 정상들에게도 일대일로의 비전과 취지를 설명했다.

2013년, 2014년 및 2015년도의 해외여행 횟수는 과거 그 어떤 중국 국가주석이나 총리보다 월등히 많았다. 시진핑은 취임 3년 동안 19차례 해외 순방을 감행해 모두 49개국을 방문하게 된다. 전임 후진타오 국가주석이 재임 10년 동안 불과 7개국을 방문한 것과는 현격한 차이를 보인 것이다. 시진핑과 리커창 총리는 2014년과 2015년 BRI 노선상의 지역들을 방문했고 방문지마다 BRI 프로젝트를 논의하기도 했다. 국가지도자가 앞장서시 구체적 사업 항목을 제시하면서 비전괴 추진 의지를 밝혀 눈길을 끌었다. 자연스레 시진핑과 BRI에 대한 세계적인 관심이 높아지는 계기가 되었다.[2]

② 시진핑의 '중·미 신형대국관계' 제안

시진핑은 2013년 6월 남미를 방문하고 귀국하는 길에 미국 캘리포니아에서 오바마 대통령과 비공식 회담을 가지고 '중·미 신형(新型)대국 관계'구축을 제안했다(써니랜드 회담). 두 정상은 이틀 동안 만찬을 포함 8시간에 걸쳐 장시간 대화를 가졌다. 자국의 국내 상황, 미·중 양자관계, 북한 및 이란 문제 포함 지역 정세와 글로벌 이슈 등 많은 주제에 관해 이야기했다. 그 결과 북한 핵 폐기, 미·중 군부 교류, 경제협력을 포함해 의견을 같이한 부분도 많았지만 이견과 갈등을 보이는 분야도 있었다.

미국의 중국 전문가 글레이저Bonnie S. Glaser는 써니랜드 회담 결과와, 그 해 9월까지 이어졌던 양국 고위층 간 접촉 내용까지 분석해 다음 세 가지 이견과 갈등 항목을 특히 주목했다.[3] 이들 항목은 시진핑 세계전략의 핵심이자, 미·중 경쟁의 핵심요소이다.

첫째, 동중국해와 남중국해 분쟁. 시진핑은 동중국해와 남중국해에서 중국의 주권과 영토를 지키겠다는 확고한 의지를 밝혔다. 이에 대해 오바마는 원론적 대응에 머물렀다.

둘째, 사이버 보안Cyber Security 문제. 사이버 보안 문제는 구체적으로 중국이 미국 기업의 첨단기술을 훔치는 문제이다. 2013년 2월 미국 컴퓨터 보안회사 맨디언트Mandiant가 상해에 있는 중국군 부대가 140개 미국 기관을 조직적으로 해킹했다는 조사결과를 발표했다. 그해 5월 전임 중국주재 미국대사와 전임 미국국가정보국NI 국장 공동명의의 보고서도 발표되었다.[4]

셋째, 시진핑의 중·미 신형대국 관계 제안. 써니랜드 정상회담 후 열린 공동 기자 회견에서, 중국 기자가 중·미 신형대국관계에 관한 정상 논의 결과를 첫째로 질문했다. 미국 기자의 첫 질문이 사이버 보안 문제이었다면 중국 기자의 첫 질문은 시진핑이 제안한 중·미 신형대국 관계에 관해서였다. 시진핑은 "양국 국민의 이익을 위해 상호존중과 윈-윈 협력의 토대 위에 중·미 신형대국관계 구축이 필요하다."
고 답변했다. 그의 발언은 평범한 언어 속에 외교적 의도를 감추는, 중
국식 수사(修辭) 외교의 전형적 사례이다. 시진핑이 자신의 발언 속에
숨긴 뜻은 무엇이었을까.

　아래 사진(5-2-1)은 두 정상이 써니랜드 회담 중 정원을 산책하면
서 화기애애하게 담소를 나누는 장면이다. 미국은 이 의자를 중국에
기증하였다.

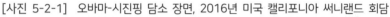
[사진 5-2-1] 오바마-시진핑 담소 장면, 2016년 미국 캘리포니아 써니랜드 회담

중국의 '핵심이익(core interest)'

　중국이 제안한 중·미 신형대국 관계의 키워드는 중국의 핵심이익이
며, 여기에는 남중국해 문제가 자리 잡고 있다. '핵심이익'이라는 용어

가 공식 문서에 처음 등장한 것은 2009년 11월 후진타오-오바마 베이징 정상회담 후 나온 공동성명이었다. 이 성명 이후 미국이 남중국해를 중국의 핵심이익으로 인정했다고 다이빙궈 당시 중국 국무위원이 주장하자, 클린턴 국무장관이 전면 부인하고 나섰다. 2010년 내내 미·중 외교당국 간에 진실 공방이 계속되다가 중국이 이 논쟁의 중단을 선언하게 된다. 당시 다이빙궈가 발표한 문건에는 핵심이익의 중심 내용이 담겨있다.[5] 시진핑도 기회가 있을 때마다 미국 측에게 '핵심이익' 문제를 제기했다.[6] 그가 요구하는 중국의 핵심이익이란 두 가지를 담고 있는 것으로 보인다.

첫째, 중국 공산주의 체제 인정이다. 미국과 국제사회로부터 중국의 공산주의 체제를 인정받기를 원하고 있다. 둘째, 남중국해 문제이다. 중국은 남중국해 9단선 이내에 있는 도서(島嶼)의 소유권을, 그리고 9단선 이내의 해양에 대해 중국의 '역사적 권리'를 주장하고 있다(제4장). 한마디로, 후진타오가 2009년 제기했던 '핵심이익'이 중·미 신형 대국 관계를 구축하자는 시진핑 제안 속에서 다시 살아난 것이었다. 시진핑의 제안에 대해 오바마는 "강하고, 번영하는" 중국을 환영한다 거나, 미·중 관계가 "새로운 단계"로 나가야 한다고 긍정적 반응을 보였다. 시진핑에게 잘못된 메시지를 보낸 것이다. 아마 그때까지도 중국이 세계대국이 되고 해양강국이 되겠다는 시진핑의 의도를 감지 못했던 것 같다.

써니랜드 회담 이후

써니랜드 회담 후 중국이 취한 행동은 미국, 동아시아 지역 국가들에게 혼란을 주었다. 중국의 행보가 미·중 정상회담 직후에 일어난 만큼 일본과 아세안 언론들은 동중국해와 남중국해에 관해 미·중 간 모종의 합의가 있지 않았을까하는 의문을 갖게 되었다. 미국도 중국의 조치들을 보고 비로소 시진핑의 의도를 알게 되었으며 이러한 오해를 불식하기 위해 대응조치가 불가피했다. 아래는 중국이 써니랜드 회담 후 취한 조치들이다.

(1) 남중국해 매립공사 시작(2013.9)

미국 의회자료[7]에 의하면, 중국은 2013년 9월부터 남중국해에서 대규모 매립공사를 시작했다. 수면 위에 나타난 암초와 섬들을 연결하는 매립공사로서 이 공사가 완성되면 중국은 비행장, 항만 및 군사시설 건설이 가능하다. 중국이 만약 이 매립지에 군사 보급, 레이더 및 미사일 기지를 건립하는 경우 남중국해에 대한 중국 군사력의 활동 반경이 배로 증가하게 된다. 결국 직접적인 당사자인 필리핀은 2013년 1월 남중국해에 대한 중국의 영유권 주장이 유엔해양법UNCLOS에 적법한지 여부를 헤이그 중재재판소에 제소하였고, 2016년 7월 중재재판소의 판결이 내려졌다(제7장).

(2) '일대일로' 제안(2013.9 및 2013.10)

시진핑은 2013년 9월 카자흐스탄에서, 그 다음달 인도네시아에서 '일대일로one belt one road' 전략을 발표했다. 이른바 중국의 세계 전략을 담은 원대한 구상이기도 하다. 이는 다음 장에서 상세히 설명하겠다.

(3) 중국 방공식별구역 설치(2013.11)

중국은 2013년 11월 방공식별구역ADIZ을 선포했고 이는 자연스레 여러 인접국을 자극시켰다. 여기엔 한국의 이어도를 포함하고 있으며 한국의 ADIZ 구역과 겹친다. 아세안 국가들은 중국이 ADIZ를 남중국해 지역에 선포할까 긴장했다. 중국은 센카쿠 열도(중국명, 釣魚臺)를 포함 동중국해의 대부분을 중국의 ADIZ 구역에 포함시켰다. 일본과 중국은 동중국해 센카쿠 열도를 두고 첨예하게 대립하던 가운데 2012년 9월 일본 정부가 센카쿠 열도를 국유화하자 국민감정까지 개입해 양국 관계는 최악이었다. 센카쿠 열도 주변 수역에서 두 나라의 군사 대치가 한 치의 양보 없이 진행되던 상황에서 미·중 정상회담이 열렸고, 동 회담 직후 중국의 ADIZ 선포가 나왔다. 일본은 이러한 상황변화에 크게 당황했다. 중국은 ADIZ를 선포하면서 이 구역을 지나는 외국 항공기에게 신고의무를 부여했으나 일본은 이를 거부했다. 오바마 대통령은 이듬해인 2014년 4월 일본을 방문해 센카쿠 열도가 미일 상호방위 조약(5조)에 포함된다고 발표했다. 미국은 그때까지 일본·중국 영유권 분쟁에 말려들지 않으려고 센카쿠 열도를 미일 방위조약에 포함하지 않았으나 태도를 바꾸게 된다.

(4) 석유굴착선 도입(2014.5)

중국은 2014년 5월에서 8월 중순까지 베트남을 마주 보고 있는 서사군도Paracel Islands에서 석유 굴착 시설을 설치했다. 중국 해양석유총공사CNOOC가 군대까지 동원해 석유 굴착 작업을 개시했다. 당시 중국이 도입한 중국 최초의 심해저 굴착기는 평균 1500m 수면 아래서 작업이 가능하다고 한다. 심해저란, 수면 아래 500m 이하를 통칭하는데 중국 굴착기는 그보다 훨씬 깊은 초심해저Ultra-Deepwater 굴착기라고 중국은 자랑했다. 베트남이 선박을 동원해 이를 방해하자, 중국, 베트남 선박 수십 척이 몰려들어 물리적 충돌이 빚어졌다. 베트남 사람과 선박들이 큰 피해를 입었다. 베트남 국내가 발칵 뒤집혔고 반-중국 시위가 전국에 걸쳐 일어났다. 시위대가 중국 기업 몇 곳에 난입해 불을 지르고 직원들을 폭행해 여러 사상자가 발생하기도 했다.

③ 일대일로(BRI) 제안과 추진

시진핑은 2013년 9월 카자흐스탄에서 중국-중앙아시아 경제를 연결하는 실크로드 경제벨트(经济带, Economic Belt)를 건설하자고 제안했고, 다음 달 10월 인도네시아 국회연설에서 해상실크로드(海上丝绸路, Maritime Silk Road)를 건설하자고 제안했다. 두 가지 제안을 합해 '일대일로(一带一路)'로 불리다 2016년 이후 Belt and Road Initiative (이하 BRI)로 줄여서 통용되고 있다. 중앙아시아를 경유해 유럽으로 향하는 경제 벨트를 건설하고, 해상으로 동남아, 남아시아, 중동을 경유해 유럽으로 향하는 해상 로를 구축하자는 구상이다. 중국 전문가로 세계적으로 저명한 싱가포르 역사학자 왕경우Wang Gungwu은 2015년 7월 싱가포르에서 열린 해상 실크로드 세미나(저자도 참석)에서 중국이 대륙과 해양 양면으로 대전략을 구사한 것은 중국 역사상 처음이라고 말했다.

중국-유럽 경제연결

위에서 언급한 2015년 7월 해상 실크로드 세미나에서 당시 중국 전국인민대표대회(국회) 외사위원회 주임이자 전직 외교관인 푸잉(傅莹)[8]

이 "중국은 옛적부터 유럽 경제와 연계한다는 꿈을 가지고 있었으나 그동안 이를 실현할 능력이 없었다. 그러나 이제는 이러한 꿈을 실현할 의지와 자본력, 기술력을 가지고 있다."고 했다 일대일로를 두고 한 말이었다. 중국과 유럽, 두 개의 경제 축을 대륙과 해양으로 연결한다는 것은 경제뿐 아니라 정치, 안보, 역사 및 사회적 장애를 극복해야 가능한 거대한 전략이다. 2015년 3월 발표된 BRI의 비전과 행동 계획안은 동아시아(중국)를 유럽 경제권의 연결이 최종 목표라고 명시하고 있다. 다시 말해, 중국과 유럽이 출발지이자 도착지인 것이다(지도 5-3-1. 2015년 환구시보에 게재).

BRI는 2013년 발표 이후 10년 가까운 실행기간 동안 적지 않은 변화가 있었다. 주목할 만한 특징과 변화는 다음과 같다. 첫째, BRI 초기와 달리, 서구 유럽 국가들은 시진핑의 세계전략에 반발했다. 독일, 프랑스, 영국 등 서구 유럽이 반발한 이유는 중국이 서구 및 동구 유럽

[지도 5-3-1] 2015년도 환구시보가 게재한 일대일로 지도[9]

중국과 공존하는 아세안의 지혜

국가에 대해 편향적 태도를 보이고 동구 유럽에 대한 경제지원을 통해 EU 분열을 조장하고 있다고 본 때문이다. 서구 유럽 국가들은 한국, 호주에 앞서 중국의 아시아 인프라투자은행AIIB 설립에 지지를 보내는 등 BRI 구상을 지지했으나 실행 과정에서 반발한 것이다.

둘째, 중국정부는 말과는 다른 행동 방식을 보였다. 시진핑은 BRI 구상을 제안하면서 BRI를 통해 지역연계와 공동협력의 장을 만들자고 주장한 바 있다. 실제 BRI 포함된 대부분 국가들이 개발도상국이었다. 이들 국가들과 공생과 협력의 게임을 하자고 하면서 일대일로 전략이라는 명칭을 '일대일로 이니셔티브Initiative'로 이름을 바꾸기도 했다. 중국만을 위한 전략Strategy이 아니라는 점을 강조한 것이었다. 이뿐만이 아니다. 2014년 7월 시진핑은 싱가포르에서 마잉지우(馬英九) 대만 총통을 만났고 같은 달 북한에 앞서 한국부터 방문했다. 그러나 시진핑이 주장하던 원대한 비전은 추진과정에서 희석되고, 자국 이익을 최우선하는 중상주의적 행태가 서서히 나타나게 된다.

BRI 추진 배경

시진핑 집권 초기에는 중국 언론과 학계가 비교적 자유롭게 자신들의 의견을 발표하던 시기였다. 중국학자들 사이 신임 국가주석이 왜 BRI 구상을 제안했는지를 두고 많은 토론과 논문 발표가 있었다. 학자들의 의견을 대별하면, 중국 경제에 새로운 성장 동력이 필요하다는 점과 외교적 돌파구가 필요하다는 것이었다.

첫째, 중국 경제의 구조적 문제. BRI를 제안한 2013년 무렵 중국 경제의 과제는 지방정부 부채, 부동산 버블, 설비과잉 등이 있었다. 이 가운데 생산능력과잉Over-Capacity은 수출지향형 경제구조, 연안과 내륙 사이 경제발전 격차의 확대 등은 구조적 문제로서 시급한 해결책을 마련할 필요가 있었다. 또한, IT 기술 개발을 위한 해외 합작, 주변국들과 인프라 건설, 금융, 지역 연계 등을 아우르는 지역경제 통합 등 새로운 성장 동력을 위한 정책도 필요하다는 의견이 제시되었다.

특히, 생산과잉 문제는 더이상 방치하기 힘든 심각한 문제로 등장했다. 중국 정부는 오래전부터 중국 기업의 해외 진출(走出去, Go-Out 정책)을 장려한 바 있다. 그러나 그 결과는 중국 정부의 기대와 다른 방향으로 전개된 것이다. 호주에서의 예를 보면, 중국은 자원 개발과 부동산 개발 위주의 해외 투자를 늘렸다. 그러나 일부 투자는 노동 분규, 자연환경 파괴문제로 현지인들과 마찰을 빚기도 했다.

둘째, 외교적 돌파구의 필요성이다. 중국은 미국, 일본, 한국, 호주 등 미국 세력에 막혀있는 아시아태평양 외교의 한계 속에서 새로운 활로가 절실해졌다. 중국의 지원 세력인 러시아마저 2014년 2월 크림반도 병합으로 인해 국제적 고립상태로 내몰렸다. 이런 와중에 베이징대학 교수인 왕지스(王緝思)는 2012년 논문에서 중국의 '서진(西進) 정책'의 필요성을 강조하며 '신(新)실크로드' 건설을 제안하게 된다. 그는 중국이 동아시아에만 집착해 미국, 일본과 대립하지 말고, 서아시아로 향하는 서진 정책을 취해 남아시아, 중앙아시아, 중동을 연결하는 실크로드를 건설하자는 대안적인 그랜드 전략을 제시한 것이다.[10] 또한 당시 오바마 행정부가 협상 중이던 아·태 지역 파트너십 협정TPP과 유럽 무역·투자 파트너십 협정TTIP 등 높은 수준의 다자 경제협정이 타결될 경우 중국이 정치경제적으로 고립될 위험성이 높아 이에 대응할 필요성도 있었다.

아시아 인프라투자은행(AIIB)

아시아 인프라투자은행의 설립은, 시진핑이 2013년 10월 인도네시아에서 해양 실크로드 건설을 제안하면서 함께 제안되었다. 2015년에 설립된 이 은행은 중국의 야심을 드러내는 국제금융기구이다. 중국이 글로벌 영향력을 확대하는 한편, 아시아 지역의 경제 발전을 촉진하기 위한 노력 중 하나이다. 동남아, 남아시아, 중앙아시아 국가 대부분의 경우, 경제 발전의 최대 장애는 인프라 미비이다. 또한, 세계금융기구인 국제통화기금IMF, 세계은행WB, 아시아개발은행ADB 등이 미국, 일본, 유럽 선진국에 과하게 의존하고 있으며, 개도국은 현존하는 세계 금융기구로부터 인프라 건설 자금을 획득하기가 어려워 특히 개발도상국들의 불만이 높은 상황이었다. 일부에서는 AIIB를 전통적으로 미국과 유럽이 주도해 온 세계은행과 국제통화기금IMF의 라이벌로 간주하기도 한다. AIIB는 교통, 에너지, 통신, 상수도 프로젝트 등 아시아의 인프라 프로젝트에 자금을 지원하는 데 중점을 두고 있다.

AIIB가 제안되자 아세안 10개국, 한국, 호주, 인도 및 영국, 프랑스, 독일 등이 참여하였고 현재 106 회원국이 가입하였다.[11] 이의 설립에 미국과 일본이 반대하였다. 그럼에도 불구하고, 영국에 이어 독일, 프랑스 등 유럽 국가들이 AIIB 참가를 결정하였으며 한국, 호주, 아세안도 가입을 결정하였다. 미국과 일본의 견제 노력은 무산되었다. AIIB의 지배구조에 대해 일부에서는 중국이 은행의 의사 결정에 지나치게 많은 영향력을 행사한다는 비판을 해왔다. 그러나 지속 가능한 개발에 초점을 맞추고 다른 개발 금융 기관과 협력해 목표를 달성하려는 의지가 있다는 점에서 여러 아시아 국가들의 관심을 끌 만하다.

AIIB 최대 대출자는 인도

AIIB 대출규모는 세계은행WB, 아시아개발은행ADB, 아프리카 개발은행에 비하여 여전히 크게 작으나 점차 대출규모를 키우고 있다. 자본금 출자Contribution 수준에 따라 투표권Vote Share을 부여하는데, 중국이 최대 투표권을 가지고 있다. 중국(26.5%), 인도(7.59%), 러시아(5.97%), 독일, 한국, 호주 순이다. 2022년 3월 현재 AIIB로부터 가장 많은 대출을 받은 나라는 인도(81억 달러)이고, 다음이 중국이다. 인도는 미국이 추진하는 인·태 전략을 지지하는 쿼드QUAD 회원이면서도 중국이 중심역할을 맡고 있는 AIIB의 최대 수혜자라는 점이 아이러니하다. AIIB는 러시아의 우크라이나 침공 이후 러시아와 벨라루스Belarus에 대한 활동을 중단하였다.[12] 한편, 중국은 브라질, 러시아, 인도, 남아공화국 등 BRICs 국가들과 함께 신개발은행(New Development Bank, 일명 Brics 은행)을 동등한 자본기여로 설립하기로 합의했고 2016년 중국 상하이에 본부를 설치했다.

④ 시진핑의 해양 강국 정책

시진핑 국가주석은 오바마 미국 대통령과 2013년 6월 써니랜드 회담 후 가진 공동기자회견에서 "태평양은 미국과 중국 두 대국이 함께할 만큼 넓다."[13]고 언급했다. 미국은 자신의 앞마당인 태평양을 두고 시진핑이 한 말이었으니 결코 가볍게 받아들이지 않았을 것이다. 그는 그 이후 트럼프 대통령에게도 같은 소리를 했다.[14] 해양강국을 만들겠

중국과 공존하는 아세안의 지혜

다는 야망을 드러내는 발언이자 해양 패권 국가 미국에 대한 도전장이기도 했다.

해양에 대한 시진핑의 야망은 외교적 수사에 머물지 않았다. 2015년 5월 중국은 '국방전략백서15'를 발표한다. 이는 일대일로 행동 계획 발표에 이어 군사 전략을 수정한 것으로 오래전부터 준비해 온 일련의 조치였다. 국방전략백서에는 중국 국방전략의 핵심을 다음과 같이 기술하고 있다.16 "전통적으로 해상보다 육상을 중시하던 전통적 사고의 틀을 깨야한다. 바다와 해양을 관리하며, 해상의 권리와 이해를 보호하는 문제의 중요성이 강조"되어야 한다.17 이어 "중국해군은 점진적으로 연근해offshore waters 방어로부터, 연근해 방어와 공해 보호를 혼합하는 전략으로 전환해야 한다."고 단언했다.18 미국 국방부의 해석에 의하면 '연근해 방어'란 중국 바다라고 주장하는 황해, 동중국해, 남중국해의 방어를 의미한다.19 중국은 이러한 전략의 전환에 따라 2015년 하반기부터 중국군에 대한 대대적 조직 및 편제 개편을 단행했다. 이 대목은 제7장에서 후술하겠다.

대륙세력 중국의 탈바꿈

중국은 역사적으로 대륙 세력으로 알려져 왔고 실제로도 그렇게 행동해왔다. 잠시 예외도 있었다. 명나라 시절 해금기간인 1405~1433년 사이 7차례에 걸쳐 아프리카 동부, 아라비아 동남부, 페르시아 만에 이르기까지 정화(鄭和) 제독이 이끄는 대규모 해양 원정대를 파견해 해상통로를 개척하고 여러 나라와 외교 및 무역 관계를 맺기도 했다. 그러나 그 이후 어느 왕조도 해양 진출을 위한 노력을 국가전략 차원에서 추진하지 않았다. 대륙 세력인 만큼 군대도 육군 중심으로 조직

되어 왔다.

이제 중국은 뚜렷한 경제 발전에 따라 해양에 대한 경제적 이해와 정치·안보적 이해가 커졌다. 하지만 중국의 해양 탐사 능력 및 군사력의 장거리 투사 능력에 한계가 있었다. 따라서 남중국해, 동중국해, 황해에서 주변 인접국들과 영유권 분쟁에 대처하고 주변국들이 어업, 석유·가스 개발을 하지 못하도록 저지하는 정도의 소극적인 연근해 방어에 초점을 맞추었다. 그러나 제18차 공산당대회(2012년 11월)에서 중국은 '해양강국'으로 발전해 나가야 한다고 밝혔다.[20] 다시 말해, 후진타오 국가주석은 새로운 국가 전략 목표를 후임(시진핑)에게 넘기고 물러나게 된다.

시진핑은 후진타오의 제안을 이어받고 더 발전시켜 나갈 확고한 의지[21]를 보였다. 미국 해군연구소Center for Naval Analysis는 중국이 해양강국 정책을 집중 추진하는 분야와 의도에 관해 다음과 같이 분석했다.[22]

첫째, 중국 해양강국 정책의 중심과제는 해군의 현대화이다. 이와 더불어 해안경비대, 상선 및 어선 선단, 조선(造船) 및 해양자원 개발 등 다양한 분야에서 중국의 해양 능력을 세계 수준으로 발전시켜 나가려는 정책이다.

둘째, 중국 해군력이 중국 연근해에 대한 방어와 통제 능력을 갖기를 원한다. 중국군은 1980년대부터 '연근해 방어 전략'을 갖고 있었다. 아래 지도(5-4-1)와 같이, 제1 방어선, 제2 방어선을 설정해 유사시 이 수역으로 침공하는 미국 함정을 육상 미사일, 중국해군 및 공군 전력으로 격퇴하거나 침공을 지연시킨다는 전략이다.[23]

셋째, 중국의 해상 강국 전략은 장기적으로 연근해 방어 차원을 넘어 세계적 역량을 키우려는 의도를 가지고 있다. 중국의 경제성장과

148

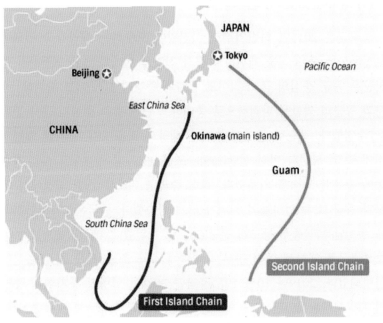

해외 진출에 따라 해외에 있는 자국민 보호와 경제적 이익도 보호할 필요성이 증대했기 때문이다.

해양강국 정책의 분야별 추진

해양강국 정책은 중국 해군력 현대화 및 증강, 해양 진출 전략, 태평양과 인도양의 해외기지 확보, 해양 조사 등 여러 분야에 걸쳐 아래와 같이 진행되고 있다. 또한, 시진핑이 취임해 가장 먼저 행동으로 옮긴 사업은 남중국해 매립이었다. 남중국해 문제는 후술(제7장)하겠다.

(1) 중국해군(PLAN) 현대화

중국군은 2015년 하반기부터 시진핑이 요구하는 해양강국 정책에 부합하도록 군 조직을 개편하고 군사 전략을 현대화했다. 그전까지 중국군은 육군 중심의 군 조직이고 군사력 증강이었다. 이를 탈피해, 해군과 공군의 역할을 파격적으로 증대하고 연안 방위 중심의 군사 전략을 수정했다. 해군력 증강에 추가해 해양 능력을 키우기 위해 해안경비대 증강, 상선과 어선 선단(船團), 조선(造船) 및 해양자원 개발 기술 등에 꾸준한 노력을 기울였다. 특히 중국군 지도부 개편 과정에서 해군과 공군 소속 인사들의 지위가 크게 상승했다. 중국은 2016년 전국을 동서남북과 중부 등 5개 전구(戰區)로 개편했다. 베이징을 관장하는 중부군구를 포함해 여러 군부 사령관에 공군 출신, 해군 제독 출신이 임명되었다. 2019년 10월 1일, 중국군 70주년 열병식 총지휘는 중부 전구의 사령관이었던 공군 지휘관이 맡았다. 과거에는 모두 육군이 차지하던 자리였으며, 중국군 개혁의 상징적 모습이었다.

(2) 회색지대 전술(Grey Zone Tactics)

해군력 증강에도 힘을 쏟았다. 2020년 현재 중국해군은 두 척의 항공모함을 포함 360척의 함정을 가지고 있다.[24] 이 규모는 2005년에 비해 60% 이상 증가했으며, 중국이 지난 4년 동안 건조한 함정의 용적 톤수는 영국 해군과 일본 해상자위대의 전체 규모보다 크다고 한다.[25] 해군 현대화와 함께, 중국은 세계에서 최대 규모의 해안경비대를 보유하고 있으며 무장 어선단을 포함한 해상민병대를 보유하고 있다는 사실도 주목할 필요가 있다. 중국은 해군 대신 이들을 활용해 연안 지역과 남중국해, 동중국해 해역을 통제하는 소위 '회색지대 전술'을 쓰고 있다. '회색지대 전술'은 공개적인 분쟁이나 전쟁의 문턱을 넘지 않고 목표를 달성하기 위해 사용되는 일련의 정치, 군사 또는 외교적 전략을 의미한다. '회색'이라는 용어가 사용되는 이유는 이러한 전술이 명확하게 흑백이 아닌 그 중간 어딘가에서 작동하기 때문에 탐지 및 대응이 어렵기 때문이기도 하다. 남중국해 분쟁 당사국들은 중국의 군사력보다 회색지대 전술이 오히려 더욱 직접적이고 실질적인 위협이 되고 있다고 평가하고 있다.

(3) 해양 진출 루트의 다양화를 시도

중국은 새로운 해상 진출로를 개척하고, 해외로부터 수입하는 에너지(석유, 가스)의 해상수송 루트를 다양화하려고 노력해 왔다. 중국은 다음 세 가지 방향에서 해양 진출 및 수송 루트를 개발하려고 했다. 모두 BRI 핵심 사업이다. 첫째, 남중국해를 통해 태평양과 인도양으로 진출한다. 둘째, 벵갈 만에 위치한 미얀마 짜욱표Kyaukphyu에 중국 경제특구를 만들 계획이다. 미얀마는 중국에서 인도양으로 빠지는 지름길이다. 미얀마-쿤밍 파이프라인을 이미 건설했고 중국-미얀마 경제회랑 건설을 추진하고 있으나 미얀마가 응하지 않고 있다. 셋째, 중국-파키스탄 경제회랑 건설이다. 중국 기업은 파키스탄 그와다르 Gwadar 항구를 43년 간 조차(租借)해 개발 사업을 진행 중이다. 그와다르 항구는 아라비아 해에 위치하고 페르시아 만(灣) 입구에 있다. 중국 국경Kashgar에서 그와다르 항구까지 철도, 도로, 파이프라인 건설 등 수송망 건설이 완공되면 중동·아프리카산 석유와 가스를 안전하게 수입할 수 있고 인도양 진출을 용이하게 한다.

(4) 해양 조사

미 연구소 CSIS에 의하면, 중국 정부의 해양 조사선이 2019년 4월부터 2020년 3월까지 인도·태평양에서 벌인 해양조사 건수는 미국, 일본, 인도, 호주가 벌인 건수를 다 합한 것보다 많다(표 5-4-2). 중국 해양선이 2019년 4개월 가까이 베트남 앞바다에서 활동했으며, 그 외에도 인도, 호주, 필리핀 영해나 배타적 경제수역EEZ 내에서 해양조사 활동을 벌이다 현지 당국과 마찰을 빚는 등 갈등이 잦아지고 있다. 조사결과는 군용(軍用) 목적으로도 사용될 수 있다는 점에서 현지 국가는 촉각을 세우고 있다.

[표 5-4-2] 인도·태평양에서 2019.4-2020.3 해양 조사선 건수[26]

	중국	미국	일본	인도	호주	프랑스
조사건수	25	10	6	4	3	3

(5) 해외기지 확보 노력

중국은 해양 진출 루트를 개척하는 한편, 해외기지를 확보하기 위한 노력도 함께 진행했다. 중국은 지부티에 군사기지를 가지고 있다. 또한, 중국 민간기업 명의로 파키스탄 그와다르 항구, 스리랑카 함반토타Hambantota 항구 등을 장기조차 계약을 맺었다. 중국은 갖가지 소문에도 불구, 현재까지 지부티 이외 지역에서 군사기지를 건설하지 않았다. 그러나 향후 인도양에 추가적 군사기지 설치 가능성이 있으며, 전문가들은 파키스탄의 과다르항구를 그 후보지로 점치고 있다. 이밖에도 시진핑 국가주석은 2018년 11월 파푸아 뉴기니 개최 아·태 경제협력체APEC 정상회의 참가 기회에 8개국 태평양 도서 국가 정상들과 정상회의를 갖고 남태평양 도서 국가들에 대한 지원을 약속했다. 그 후 키리바시, 솔로몬 제도의 툴라기Tulagi 섬에 중국 기지 건설 뉴스가 나오고 있다.

5 '일대일로'에 대한 아세안 대응

일대일로BRI 공표 초기에 아세안이나 아세안 개별국가 가운데 중국의 전략적 구상을 공식적으로 지지한 국가는 없었다. 남중국해 문제에 대한 중국의 태도, 특히 규범화COC 협상이 타결되지 않는 한 BRI에 대한 지지 표명을 유보하려는 자세로 풀이되었다. 하지만 아세안 회원국 모두가 아시아 인프라투자은행AIIB에 가입했으며, BRI 프로젝트, 남중국해 협력(에너지 탐사, 환경보호 등), 인도네시아-중국 해양 협력 등 구체 경제 분야 사업에 대해서는 개별적으로 지지하거나 참여하게 된다.

BRI 제안 후 10년 가까이 지나는 동안, 파키스탄의 예와 같이 건설 공사가 현지 정권 교체, 부정부패, 현지인들의 반발 및 테러 활동 등으로 당초 계획보다 크게 지연되거나 아니면 Covid-19 영향으로 장기간 중단되기도 하였다. 그 결과 세계에 걸쳐 BRI 사업 규모가 축소되는 경향을 보이고 있다. 중국이 2023년 일대일로 국제포럼을 다시 개최하겠다고 선언한 만큼 그 회의에서 BRI 향후 진로에 관하여 어떠한 입장 표명이 있을지 주목된다.

한편, BRI 축소 추세에도 불구 동남아 지역에서 BRI 사업 규모는 줄지 않았다. 오히려 아세안에 대한 중국의 투자는 늘고 있다. 미·중 경쟁으로 인하여, 중국 기업들이 아세안에 대한 투자를 늘리고 있고 중국에서 철수한 미국과 유럽 기업들이 대체 투자지로 아세안을 선택하여 아세안에 대한 투자를 늘리고 있다.

이러한 상황 변화 속에서, 아세안은 여전히 중국에 종속Client State되거나 영향권 내로 함몰될 것을 우려하고 있다. 이는 2019~2023년 매년 실시하는 아세안 지식인들에 대한 여론 조사결과에도 나타나고 있다(10장). 그럼에도 불구하고, 아세안 회원국들은 중국이 제시하는 경제적 이익에 끌려들고 있다. 더욱이 중국의 인프라 건설 제의는 미국이나 서구가 제공하지 못하는 만큼 중국의 유혹을 뿌리치지 못하고 있다. 이의 대표적인 예가 필리핀 두테르테 정부이었다. 두테르테는 미국의 동맹국이면서도 친미(親美)정책을 버리고 친중(親中) 정책으로 돌아섰다. 그 배경에는 중국의 경제지원에 대한 매력도 한 몫을 하였다. 그러나 그의 후임으로 2022년 6월 취임한 대통령Ferdinand Romualdez Marcos Jr.은 서서히 친미 정책으로 돌아서고 있지만 중국에 등을 돌리지 않고 있다.

현재 아세안 회원국들은 개별적으로 많은 BRI 프로젝트를 진행시키고 있다. 남중국해 분쟁당사국들도 이제는 BRI 사업 및 중국의 투자와, 남중국해 문제를 분리해 다루고 있다. 아세안 회원국 내 BRI 사업 및 중국의 투자에 관한 상세는 후술(제9장)하겠다.

중국과 공존하는 아세안의 지혜

주(註)

1 '중국의 꿈'은 시진핑이 중국 공산당 총서기로 취임한 직후 2012년 11월 29일 중국 국가박물관을 방문해 처음 언급했다.

2 시진핑의 2014년과 2015년 양자 방문 외교 일정은 아래와 같다.

2014년-3월 유럽(네덜란드, 프랑스, 독일, 벨기에), 7월 한국, 남미(브라질, 알젠틴, 쿠바 등), 8월 몽골, 9월 타지키스탄(SCO 참석), 몰디브, 스리랑카, 인도, 11월 호주, 뉴질랜드, 피지

2015년-4월 파키스탄, 인도네시아, 5월 카자흐스탄, 러시아, 벨라루스, 9월 미국, 10월 영국, 11월 동남아(베트남, 싱가포르), 터키, 필리핀(APEC 참가), 11-12월 프랑스, 짐바브웨, 남아공화국

3 Bonnie S. Glaser 외, "Sizing Each Other Up at Sunnylands" (Comparative Connections·Volume 15, Issue 2, 2013.9).

4 동 보고서는, 중국이 세계에서 일어나고 있는 지적재산권 절도(IP theft)의 50~80%를 행하고 있으며 미국 회사가 3,000억 달러의 재산손실을 보았다는 내용이었다.

5 미·중 간 핵심이익에 관한 논쟁은 2010년 내내 계속되었다. 중국은 미국이 남중국해를 중국의 핵심이익으로 인정했다고 주장하지만, 미국은 이를 부정했다. 이를 두고 힐러리 클린턴 국무장관과 다이빙궈(戴秉国) 국무원 국무위원 사이 진실 공방까지 벌어졌다. 중국은 그해 10월 동 진실 공방을 그만 두겠다고 선언했다. 그럼에도 불구하고, 다이빙궈는 그해 12월 중국 외교부의 내부 문건으로(그러나 대외공개) 중국 외교정책

방향에 관해 긴 문장을 발표했다. 그 문장 속에 중국의 '핵심이익'을 구체적으로 제시했다. 첫째, 중국의 공산주의와 사회주의 체제를 인정; 둘째, 중국의 주권, 영토보존; 셋째, 중국의 경제·사회발전 보장 등 세 가지로 요약했다. 여기서 영토보존이란 남중국해를 지칭하는 것으로 풀이된다. 동 문서는 개인적 의견이라는 단서를 달았지만 중국의 공식 입장이라고 보아야 할 것이다.

6 시진핑이 2012년 국가부주석으로 미국을 방문했을 때, 그리고 국가주석으로 취임한 후 2013년 6월 써니랜드 비공식 정상회담에서 오바마에게 '미·중 신형대국 관계' 설정을 공식 요구했다. 그리고 시진핑이 2015년 9월 미국을 공식 방문했을 때에도 미국에게 중국의 핵심이익을 인정해 달라고 요구했다.

7 US Congressional Research Services 보고서, "Chinese Land Reclamation in the South China Sea: Implication and Policy Options" 015.6.18.)

8 호주와 영국 주재 중국대사를 역임한 정통 여성 외교관이었다.

9 https://www.globaltimes.cn/special−coverage/Belt%20and%20Road%20Initiative%20News%20Desk.html.

10 Wang Jisi, "Marching Westwards": The Re−balancing of China's Geostrategy(북경대학 International and strategic Studies Report 73호, 2012.10.7.). 그는 유사한 내용의 글을 미국 전문지 Foreign Affairs 지 2011.3/4월 호에 기고하기도 했다.

11 Wikipedia, "Asian Infrastructure Investment Bank" (2023.4.20. 열람).

12 Cameron Hill, "Assessing the Asian Infrastructure Investment Bank" (2022.8.17. DEVPOLICY 게재).

13 2013년 6월 7일 백악관 발표, (President 시진핑) "The vast Pacific Ocean has enough space for the two large countries of China and the United States."

14 시진핑은 2013.6(오바마 정상회담), 2017.11(트럼프의 중국 방문 계기 정상회담), 그리고 2018.6(미 국방장관 면담)에도 태평양에 관해 유사한 발언을 했다.

15 중국 국무원 신문판공실 2015.5.27. 발표 white paper on China's military strategy.

중국과 공존하는 아세안의 지혜

16 Xinnhua 2015.5.26.자(영문) "ina rolls out military roadmap of 'tive defense' strategy".

17 영문 원본 — The traditional mentality that land outweighs sea must be abandoned, and great importance has to be attached to managing the seas and oceans and protecting maritime rights and interests.

18 영문 원본 — PLA Navy (PLAN) will gradually shift its focus from 'offshore waters defense' to the combination of 'offshore waters defense' with 'open seas protection', and build a combined, multi-functional and efficient marine combat force structure.

19 미국 국방부 2015.4. 발간 "The PLA Navy, New capabilities and Missions for the 21st Century".

20 후진타오는 "(we) should build China into a maritime power"라고 선언.

21 상기 2015.4. 미국 국방부 발간 자료 "The PLA Navy".

22 Michael McDevitt(퇴직 해군 제독) 상기 분석서.

23 Wikipedia, "Island Chain Strategy of China" (2020.5.16. 열람).

24 미 의회 연구소 CRS 2022.3 보고서에 의하면, 2020년 현재 중국해군이 보유하는 함정 총수는 360척으로서, 탄도미사일 잠수함 4척, 핵잠수함 7척, 디젤 잠수함 55척, 항공모함 2척, 순양함, 구축함 41척, 호위함 102척 등이다.

25 Jon Harper, "Eagle vs Dragon: How the U, S. and Chinese Navies stack up" (National Defense, 2020.3.9. 자).

26 Asia Maritime Transparency Initiative(AMTI) Brief/CSIS, "A Survey of Marine Research Vessels in the Indo-Pacific" (2020.4.16.).

1. 일관성 있는 중국 전략 vs. 미국의 무원칙 대응
2. 오바마, 뒤늦은 반격
3. 트럼프, 중국과 전면적 대립
4. 바이든의 중국 압박 전략
5. 오바마 및 트럼프의 동남아 정책

제6장

시진핑 전략과
미국의 반격

제6장

시진핑 전략과 미국의 반격

"아시아중시정책(Rebalance Towards Asia) 속에서 중국의 부상을 지켜보다(오바마). 미국 제일주의(America First) 기조 위에 전면적 미·중 대립 시대를 열다(트럼프). 소다자주의(Minilateralism)로 중국 견제를 시도하다(바이든)."

① 일관성 있는 중국 전략 vs. 미국의 무원칙 대응

시진핑 정부와 오바마 제2기 행정부가 2013년 초 같은 시점에 출범했다. 시진핑 전략에 대한 미국의 대응은 오바마(제2기) 4년, 트럼프 4년, 바이든 집권 2년 등 10년에 걸쳐 일어났다. 지난 10년 동안 시진핑은 집권 초부터 일관되게 전략을 추진해 오고 있다. 반면, 미국은 중국과의 협력을 추구하다가 견제 정책으로 수정되거나, 독자적 대응에서 지역 공동 대응으로 전환되거나, 아니면 정치, 경제 위주의 경쟁에서 이념 경쟁까지 확대되었다.

동남아 관련해서도, 중국은 동남아(아세안과 남중국해 문제)를 자신의 세력권으로 편입하려는 전략을 일관되게 추진하는 반면, 미국은 때로는 중국 견제에 동남아를 이용하거나 동남아를 중시하는 모습을 보이다가 반전하여 경시하는 모습을 보이기도 했다. 같은 행정부에서도 동남아 정책이 바뀌었다. 제1기 오바마는 동남아를 중시했으나 제2기 오바마는 다른 모습을 보였다. 이러한 미국의 모습이 '지는 해Declining Power'라는 인식을 동남아 사회에 각인시켰다. 이는 아세안 지식인 여론 조사[1]에도 잘 나타나 있다.

② 오바마, 뒤늦은 반격

오바마 행정부의 발족 전, 오바마 당선자의 두뇌들이 아시아 및 중국에 대한 외교 정책의 기조를 논의하는 과정에서 '중국의 부상'을 어떻게 받아들여야 하는가 하는 문제가 최대 고민이었다고 한다. 오바마 행정부 국가안보회의NSC에 근무했던 제프리 베이더Jeffrey A. Bader는 저서에서[2] 미국의 딜레마를 다음과 같이 묘사했다.

"중국은 1조 달러에 달하는 미국 정부 채권을 보유하고 있었고, 미국과의 무역에서 매년 2500억 달러의 흑자를 내고 있었다. 중국은 더는 가볍게 볼 수 없는 존재가 되었다. 다른 한편, 미국이 1970년대 닉슨 행정부 이후 중국 정책을 수행하면서 얻은 교훈은, 양자 차원에서 중국의 잘못된 행동을 바로 잡거나 국제적 이슈에서 중국의 협력을 얻으려는 노력은 만족스러운 결과를 얻지 못했다."

이에 따라, 오바마 행정부는 중국에 대한 정책 기조는 중국의 부상

중국과 공존하는 아세안의 지혜

을 환영하나 중국의 부상이 국제법이나 국제규범에 맞도록 한다는 것이었다. 또한, 중국의 부상이 아태지역 지역 질서를 파괴하지 않고 지역안정에 이바지하도록 노력한다고 정책 방향을 정했다고 한다. 오바마 행정부는 출범 초기 "강하고, 번영하는, 성공적인" 중국을 지지한다고 천명하면서 글로벌 이슈에 대하여 미국과 중국의 G2 협력론을 기대했다. 그러나 오바마 행정부가 중국과의 협력에 대한 기대를 접고 중국 압박정책으로 전환한 계기는 2009년 코펜하겐 기후변화 회의 이후라고 한다. 그 이후 미국은 G2라는 표현을 삼갔고, 대신 중국 인권 문제를 제기하고, 대만에 대하여 63억 달러 상당의 무기 판매 계획을 발표했다. 시진핑이 미국의 메시지를 얼마나 심각하게 받아들였는지 모르겠다. 그러나 양측은 2015년 9월 시진핑의 미국 방문을 계기로 전략 경쟁의 본격화를 알리는 신호를 날렸다.

미·중 경쟁의 신호

시진핑은 부주석 자격으로(2012.2) 미국을 공식 방문하였고 캘리포니아 비공식(2013.6) 방문, 그리고 2015년 9월 국가주석 자격으로 공식 방문을 이어갔다. 과거 방문 때와 다르게, 2015년 9월 정상회담에서 미·중 정상들은 한 치의 양보 없는 공방전을 벌이면서 시진핑 국가주석의 첫 공식 방문이었음에도 불구하고, 이례적으로 정상회담 공동성명Joint Statement 또는 Joint Press Release이 없었다. 미국은 공동성명 대신 백악관 자료 배포로 대신했다. 백악관이 배포한 자료에 의하면 정상회담에서 현안에 관한 많은 협의와 합의가 있었다. 당시 현안으로 크게 주목받았던 사이버안보, 미·중 군사협력, 아프가니스탄, 기후변화 등 주요 이슈에 대한 합의도 포함되어 있다. 그럼에도 불구하고 공동성명을 발표하지 않은 것은 왜일까. 아마도 오바마는 중국을 견제하겠다는 분명한 메시지를 전달하고자 했던 것으로 보인다. 반면, 시진핑은 미국이 중국의 공산당 체제와 경제적 실체를, 그리고 남중국해에 대한 중국의 핵심이익을 인정해주기를 바랐다. 아니면 미국 주도의 세계 질서와 경쟁하겠다는 시그널을 보낸 것으로 볼 수 있다.

중국의 이례적 행위

중국은 미국 방문에 앞서 이례적 행태를 보였다. 2015년 7월 중국 정부는 전국적으로 중국인 인권변호사 및 인권 운동가 200여 명을 일제히 검거했다. '709 구금 사건(709 维权律师大抓捕事件)'이다.[3] 중국 정부가 과거에도 인권운동가를 구금하는 경우는 종종 있었다. 그러나 중국 고위층 인사의 미국 방문을 앞두고는 '인권 탄압'을 자제하거나, 인권 사범을 오히려 석방함으로써 좋은 이미지를 만들려고 했다. 이에 반하여, 709 사건은 지식인들이 대량 구금되었다는 점, 그리고 시진핑 국가주석의 미국 방문을 앞선 시점이라는 점에서 국제적 관심을 받았다. 다분히 의도적이라는 인상을 주었다. 시진핑은 오바마와 정상회담 후 가진 기자 회견에서, 각국은 서로 다른 역사적 과정과 현실에 직면해 있는 만큼 "각자의 발전 방식을 자주적으로 추구해 나갈 권리를 존중해야 한다."고 주장했다. 그는 중국의 법·제도에 의하여 취한 국내 조치(인권 문제를 포함)를 미국이 인정하여 주기를 바랐다.

'중·미 신형대국 관계' 공방

중·미 신형대국 관계를 두고 두 나라 언론의 보도 내용이 주목되었다. 인민일보를 포함 중국 언론들은 정상회담 성과를 크게 보도하면서 '중·미 신형대국 관계'합의를 최대의 성과로 꼽았다. 반면, 백악관과

중국과 공존하는 아세안의 지혜

미국 행정부, 그리고 미국 언론들은 이에 관하여 한마디 논평도 내지 않았다. 중국이 제안한 '중·미 신형대국 관계'에 관한 양측의 의견 차이가 정상회담 공동성명 작성에 합의하지 못한 원인이라고 판단된다. 결론적으로, 미국은 2013년 써니랜드 회담 이후와 같은 사태가 다시 일어나지 않도록, 즉 중국의 자의적인 행동이나 자의적 해석을 선전하려는 기회를 아예 차단할 의도였던 것으로 보였다(제5장).

정상회담 후 공동성명은 없었으나 오바마와 시진핑은 공동기자 회견을 가졌다. 이 회견에서 두 사람 사이 강조점의 차이를 주목할 필요가 있다. 오바마는 중국의 국제적 책임을 되풀이하여 강조했고 책임 있는 플레이어가 되기를 바란다고 했다. 시진핑은 중국 인민일보 기자 질문에 답변하는 형식으로 중·미 신형대국 관계를 언급하면서 양국이 "비갈등, 비대립, 상호 존중 및 협력Non-conflict, Non-confrontation, Mutual Respect and Cooperation" 관계를 갖자고 했다. 오바마는 2013년 때와 달리 이에 대하여 그 어떤 반응도 보이지 않았다. 시진핑은 그 다음 해 2016년 1월 중국을 방문한 케리 국무장관을 접견하기에 앞서 기자 회견에서도 중·미 신형대국 관계를 언급하면서 "갈등이나 대립이 없고 상생 협력과 상호 존중"이라는 말을 되풀이 했다. 신형대국 관계에 대한 시진핑의 집념을 보여주는 대목이었다. 그 후 중국 정부 및 언론에서 중·미 신형대국 관계라는 용어는 사라졌다. 대신 '신형 국제관계'라는 표현을 쓰기 시작했다.

미국 '항행의 자유' 작전

2015년 10월, 미 해군 구축함 라센 호USS Lassen호는 중국과 이 지역의 다른 여러 국가가 영유권을 주장하는 스프레트리 제도(南沙群島)의 수비Subi 암초에서 12해리 이내로 항해했다. 이 항해는 남중국해에서 항해의 자유에 대한 미국의 원칙을 확인하고 섬 주변 해역에 대한 중국의 영유권 주장에 도전하기 위한 작전이었다. 작전명 '항해의 자유 Freedom Of Navigation(FON)'. 이 작전은 암초를 매립하여 영토(비행장 건설)로, 그리고 12마일 이내를 영해로 인정받으려는 중국의 주장을 거부하려는 미국의 의지를 담고 있다(사진 6-2-1).[4]

중국은 미국이 자국의 주권과 영토보전을 침해하고 지역 평화와 안정을 위협하고 있다고 비난하며 대응했다. 그러나 미국은 군사 활동에 관여하거나 연안 국가의 안보에 위협이 되지 않는 한 선박이 영해를 항해할 권리를 인정하는 국제법에 따라 자신들의 조치가 합법적이라고 주장했다. 미국은 FON 작전은 해가 갈수록 빈도수를 증가했고, 트럼프, 바이든 행정부에서도 계속되었다.

미국은 그동안 남중국해 영유권 분쟁관련 분쟁 당사자 해결원칙을

[사진 6-2-1]　2015.10 중국을 겨냥한 FON 작전에 투입된 미 구축함

중국과 공존하는 아세안의 지혜

고집해 왔고 예전에도 남중국해에서 FON 작전을 수행하면서도 중국을 직접 겨냥하는 행동은 자제했다. 그러나 2015년 10월 FON 작전은 중국을 직접 겨냥했다. 더욱이 미국이 오바마–시진핑 정상회담이 있은 직후에 중국의 핵심이익이라고 주장하는 남중국해에 군함을 파견하여 군사 활동을 전개했다는 것은 의도적으로 강한 메시지를 띄운 것으로 해석된다. 이러한 작전은 미국과 중국 간의 긴장의 원인이 되어 왔으며 아시아 태평양 지역에서 양국의 지정학적 경쟁을 더욱 심화시키는 데 기여했다.

'중국이 주도하도록 해서는 안 돼'

2016년 5월 2일자 미국 워싱턴 포스트^{WP}는 오바마 대통령의 기고문을 실었다. 제목은 "TPP는 중국이 아닌 미국이 이끌어야 한다 President Obama: The TPP would let America, not China, lead the way on global trade"이었다. 환태평양경제동반자협정^{TPP}은 아·태지역 12개국이 오랜 협상 끝에 타결안을 매듭지었다. 이 글은 미 의회의 승인을 얻기 위하여 캠페인을 벌이는 과정에서 기고했다.

TPP는 기본적으로 경제협정이지만 미국으로서는 중국에 대한 견제 전략이 내포되어 있다. 동 기고문 말미에, 오바마는 세계무역의 원칙과 규칙이 미국에 의하여 만들어지고 다른 나라들이 이를 준수하도록 해야 한다고 했다. 다시 말하여, 중국이 세계무역의 규범 제정자가 되도록 할 수 없다는 요지이다. TPP는 오랜 협상 끝에 2016년 타결되었다. 그러나 트럼프 대통령이 2017년 1월 취임하자마자 탈퇴했다. 미국을 제외한 11개국이 TPP 후신 CPTPP Comprehensive and Progressive Agreement for TPP 를 발족시켰다. 역사의 아이러니는 중국이 2021년 9월 CPTPP 가입을 신청했다는 사실이다.

도널드 트럼프 미국 대통령이 2017년 1월 취임했다. 그는 4년 후 2020년 대선에서 재선에는 실패, 단임 대통령에 머물렀지만, 더없이 많은 화제를 몰고 다닌 것은 사실이다. 예를 들어 그가 2016년 12월 대통령 당선인으로 대만 총통과 전화 연결을 한 것이 대표적이었다. 미국이 대만과 단교한 1979년 이후 최초의 사건이었다. 중국을 더욱 자극한 것은 역대 미국 대통령들이 고수해 온 '하나의 중국One China' 원칙에 관해서도 의문을 제기했다는 사실이다. 비록 대통령 취임 전이라고 하지만, 트럼프 행위는 대만 독립을 지지하는 듯한 의미까지 부여할 수 있었다.

그러나 트럼프는 대통령 취임하자 전혀 다른 모습을 보였다. 그는 하나의 중국 원칙을 유지하겠다고 밝히고 시진핑과의 통화를 성사시킨 것이다. 나아가 취임 3개월 만에 시진핑을 미국으로 공식 초청하여 자신의 플로리다 별장인 마라라고에서 회담을 가졌다. 일관성과 신뢰성을 중시하는 외교가에서 쉽게 보기 힘든 행태였다. 트럼프는 취임하던 2017년 11월 아시아 순방 길에 중국을 방문하기도 했다. 중국은 청나라 고궁 자금성(紫禁城)에서 국빈 만찬을 베풀었다. 역대 미국 대통령뿐 아니라, 어느 외국 정상을 위하여 이 장소에서 만찬을 가진 적이 없다. 그런데도 트럼프 행정부 시절 미국과 양국 사이 긴장과 경쟁(및 대립)은 역사적으로 어느 때보다 높았다.

트럼프의 아시아 정책의 특징은 다음과 같다.

첫째, 중국 압박에 초점을 맞추었으며, 동맹이나 지역다자기구를 동원하지 않고 독단적으로 중국 압박을 취했다.

둘째, America First 원칙을 고수하고 국제기구, 지역 다자주의를 경시했다.

셋째, 전면적 미·중 경쟁 관계의 돌입이었다(후술).

넷째, 전통적 동맹 중시정책에서 탈피했다. 트럼프는 동맹국들이 미국의 군사력에 무임승차하고 있다고 비판하면서 독, 일, 한국의 군사비를 올리고 미군의 주둔비용 부담을 높일 것을 요구했다. 독일이 이를 거부하자 독일 주둔 미군의 일부를 철수할 것을 지시했다.

마지막으로, 미국 내 반중감정을 크게 고조시켰다. 무역전쟁, 기술경쟁, 군비 경쟁에 정치·이념까지 확대되어 전면전 양상으로 전개되었다. 이에 추가하여, 2019년 12월 중국의 우한에서 발생한 COVID−19의 세계적 확산은 미·중 경쟁을 더욱 치열하게 만들었다. 2020년 미국 내 코로나 확산 추세는 미국 대선과 시기적으로 맞물린다. 2020년 한해 사망자가 34만 명을 넘었다. 자연 미국 내 사회적 공포와 불만은 폭발적으로 늘었고 그 불만은 자연 자국 정부와 중국으로 향했다.

전면적 미·중 경쟁 돌입

트럼프 행정부는 미국 내 반중 감정을 토대로 삼아 전면적으로 중국 압박정책을 취하였다. 국제적 관심을 특별히 모았던 분야는 무역·기술 전쟁, 남중국해에서 경쟁, 이념·정치체제 논쟁, COVID−19 바이러스의 발원지를 둘러싼 공방 등 4개 분야이었다. 이 가운데 3개 분야를 간략히 살펴보고 남중국해에서의 미·중 경쟁은 다음 장에서 후술하겠다.

무역 전쟁

트럼프 대통령은 취임하던 이듬해(2018년) 초부터 중국의 '불공정 무역관행과 지적재산권 절도IPR Theft'를 근절하기 위하여 중국으로부터의 수입품에 대하여 관세 및 여러 가지 무역조치를 취했다. 중국은 이에 대하여 물러서지 않고 강경 대응했다. 가히 무역전쟁Trade War, 기술전쟁Technology War이라고 불릴 만큼 두 나라의 경쟁·대립 수준은 치열해 졌다.

아래 표(6-3-1)는 2018년 초부터 시작된 두 나라의 경제 제재 조치 일람표이다. 미국은 2018.3~2019.8 기간 동안 4차례에 걸쳐 중국으로부터 들여오는 수입품에 대하여 수입 관세율을 대폭 올렸으며 중

[표 6-3-1] 중국 수입품에 대한 미국 조치 및 중국의 대응

조치 일자	미국의 조치	중국의 대응 조치
2018. 3	500억 달러의 중국 수입품에 대하여 수입 관세	미국 수입품에 대하여 보복관세
2018. 7	800개 이상의 중국 제품에 대하여 25% 수입 관세	500개 이상의 미국 제품에 대하여 수입 보복관세
2018.10	펜스 부통령 연설, 강력한 중국 정책을 예고	
2018.12	캐나다, 미국의 요청에 의거 화웨이 재정 책임자 Meng Wanzhou 구속	중국은 캐나다에 대하여 보복 조치
2019. 3	화웨이 제품 사용 금지	
2019. 5	2000억 달러 상당의 중국 제품에 대하여 관세율을 10%에서 25%로	600억 달러 상당의 미국 제품에 보복관세
2019. 8	중국을 환율 조작국으로 지정, 또한 3,000억 달러 수입품에 관세율 인상	
2020. 1	미·중 'Phase One' 무역 안에 합의 - 미국은 관세율 인하 약속, 환율 조작국 지위 삭제	중국은 2년 내 2,000억 달러 상당의 미국 제품을 구입 약속

중국과 공존하는 아세안의 지혜

국도 보복관세를 부과하거나 수입중단 등으로 맞대응했다. 이러한 전쟁은 결국 2020년 1월 워싱턴에서 두 나라 무역협상을 타결하면서 미·중 1단계 합의에 도달했다. 이 1단계 합의를 체결하는 시점에, 미국이 중국으로부터 수입하는 품목의 66.4%에 대한 평균 관세율은 19.3%로서 2018년 무역 전쟁이 일어나기 전의 평균 관세율 6배에 해당된다. 반면, 중국이 미국으로부터 수입하는 품목의 58.3%에 대한 평균 관세율은 20.7%이다.5 자연스럽게 이 시기 미국과 중국 기업들은 수입 선을 다변화하고 중국에 대한 투자를 동남아 등 다른 지역으로 옮긴다는 말이 나왔다. 미국과 중국 경제의 '디커플링(분리)' 문제가 사람들 사이에 심각하게 회자되었다.

기술 전쟁

미국 정부, 의회, 기업 및 미국 연방통신위원회FCC 등 경제단체들은 2018년부터 중국 통신기업의 미국 진출, 미국 장비·부품·소재 구입이 미국 안보에 위협이 된다는 목소리를 높여왔다. 이에 따라 미국 정부는 중국 통신기업에 대한 일련의 재제 조치를 발표했다. 미 상무부가 2018년 중국 통신기업이 미국 정부 사업을 계약하지 못하도록 금지하는 조치를 취했다. 이어 2019년 5월 트럼프 대통령이 미국 통신망에 중국 통신회사 화웨이의 통신장비 사용을 금지하는 행정명령을 내렸다. 2019년 연말에는 FCC 내부적으로 중국 통신회사 화웨이와 ZTE가 국가안보에 위협이 된다고 결정했고, 2020년 6월 이 같은 결정을 공식 발표했다.

한편, 트럼프 행정부가 중국과의 무역전쟁을 본격화하고 중국에 대한 기술 유출을 저지하려는 노력을 강화하자 중국 매체는 '중국표준 2035'전략을 부각시켰다. 이 전략은 신세대 정보기술과 생명공학 표준

시스템의 확립 필요성을 강조하고, 사물인터넷, 클라우드 컴퓨팅, 빅데이터, 5G, 인공지능AI에 대한 표준 개발에 중점을 두고 있다. 중국이 국제 표준 제정에 참여하고 국제 표준에 대해 더 많은 제안을 내놓아야 한다고 강조하였다. 미·중 기술 전쟁이 본격화되자, 중국은 미국 및 서구의 기술차단에 대비한 조치도 준비하는 것으로 풀이된다.

트럼프 행정부의 '화웨이 금지'조치 이후 미국에 동조하는 나라들이 많아지고 있지만 2021년 2월 미국 외교협회CFR가 조사한 결과에 의하면,6 남미 전역과 아프리카, 동남아 및 중앙아시아의 여러 나라에서 여전히 화웨이를 쓰고 있다. 아세안의 5세대5G통신 건설관련 화웨이의 지원과 협력은 계속되고 있다(제9장 후술).

이념 및 정치체제 논쟁

시진핑 당 총서기 겸 국가주석은 당의 독점적 영향력을 한층 더 강화하고 있다. 2020년 말 현재 9200만 명의 공산당원들은 중국의 정치, 경제, 사회 전반에 포진하여 당의 영향력을 구축했다. 2021년 11월 중국 공산당 중앙위는 시진핑이 10년 이상 현직에 머무를 수 있도록 결정했고, 헌법에서 두 번 이상 연임 금지 조항을 삭제했다. 따라서 2022년 가을 전당대회에서 시진핑은 공산당 총서기로 재추대되었고 2023년 봄 우리의 국회에 해당하는 전국인민대표대회에서 국가주석으로 다시 선출되었다.7 미국은 냉전체제 붕괴 이후 중국의 정치체제나, 공산당 이념 문제를 시비하지 않았으나 트럼프 행정부가 중국의 공산당 체제를 공격의 목표로 삼았다. 2018년 10월 펜스 미국 부통령은 중국공산당이 미국의 민간기업, 영화제작사, 대학 및 연구소, 언론계 등 각 분야에 걸쳐 미국 사회에 침투하고 있으며 심지어 2018년 미국 중

중국과 공존하는 아세안의 지혜

간선거와 2020년 미국 대통령 선거를 겨냥하여 대중 여론에 영향력을 미치려고 노력하고 있다고 비판했다.[8]

유럽 선진국들도 시진핑 시대에 과거보다 심한 인권 탄압을 주목하고, 홍콩 및 대만에 대한 '일국양제(一國兩制)[9]'를 유지하겠다는 약속을 저버렸으며 대만에 대한 무력시위 수위를 높이고 있다는 점에서 중국에 대하여 비판하기 시작했다. 중국의 정치체제와 인권문제 관련 미국과 국제 여론으로부터 가장 많은 비판을 받았던 사건은 다음 두 가지이다.

– 홍콩 보안법. 중국 전국인민대표대회는 2020년 6월 30일 홍콩 국가보안법(이하 홍콩보안법) 초안을 만장일치로 통과시켰고, 7월 1일부터 시행했다. 홍콩 내에서 반(反)정부 활동을 처벌하는 법안으로 홍콩에 대한 통제를 강화하기 위해 제정되었다. 또한, 홍콩의 주요 일간지인 빙과일보(蘋果日報Apple Daily)의 자진 폐간도 홍콩 언론에 대한 중국정부의 통제 강화의 사례로서 국제적 관심을 집중시켰다. 이 신문은 1995년 창간된 한문 매체로 발간 부수는 8만 부 정도로 많지 않았다. 그러나 민주화 성향 때문에 인기 있는 일간지였으나, 자진 폐간 형식으로 문을 닫게 된 것이다.

– 위구르족 인권 문제. 중국은 시진핑 취임 후인 2014년부터 신장 위구르 지역에 소수민족 관리를 위한 집단 수용소를 설치했다. 2017년 위성사진에 의하면, 39개 수용소가 건설되어 약 백만 명이 수용되었을 것으로 추산되었다. 중국정부는 이를 '직업 훈련 센터'라고 설명하지만, 불법적인 감금, 강제 노역 등 많은 인권문제가 발생하고 있다는 주장들이 국제 언론에 계속 보도되었다.[10] 2014년 신장 현지를 방문한 시진핑 주석이 테러에 대한 강한 대처를 주문했으며 그 후 집단 수용소가 건립되고 위구르족에 대한 감시망이 한층 강화되었다고 한다. 중

국 공산당이 왜 위구르족에 대하여 강압정책을 취하고 있는가. 그 이유에 대하여 공통적으로 다음 두 가지를 꼽고 있다. 첫째로 신장 지역이 일대일로 추진의 핵심관문 중의 하나인 만큼 이 지역의 불안정이 일대일로 추진에 악영향을 줄 수 있다. 둘째, 중국 공산당이 사회전체에 대한 장악력을 유지하고 중국 정체성을 확고히 해야 한다. 위구르 소수민족도 이의 예외가 될 수 없다는 점이 공산당 지도부의 확고한 인식이라는 것이다.[11]

트럼프, COVID-19를 '중국 바이러스'로 지칭

세계보건기구WHO는 2019년 12월 중국 허베이성 우한(武漢)에서 코로나 확진자가 집단 발병하고 있다고 처음 유행병의 징후를 공개하게 된다. 이어 2020년 3월 11일 세계적 유행병Pandemic이라고 규정했다. 중국은 우한시 전체를 전면적으로 봉쇄하여 거주민의 출입을 통제한 결과 4월 이후 중국 전체로 빠르게 확산되는 것을 막아낼 수 있었다. 반면, 미국, 영국, 프랑스, 이탈리아 등 서구 국가들은 수천만 명이 확진되어 수십만 명이 사망했다. 트럼프는 초기 단계에서 코로나 치사율이 독감 수준이기 때문에 지나치게 경계할 필요가 없다고 이야기하기도 했다. 또한 2020년 2월 시진핑과 몇 차례 통화에서 중국의 조치가 잘 되고 있으며 시진핑을 "무척이나 능력 있고 열심히 일하는Extremely Capable, Working Hard" 지도자라고 치켜세웠다.

그러나 바이러스가 본격화된 2020년 3월부터 태도를 180도 바꾸어 중국 바이러스Chinese Virus, 또는 우한 바이러스Wuhan Virus라고 부르고 중국에게 우한 바이러스가 어떻게 발생했으며 중국의 초기 대응 조치를 공개할 것을 요구했다. 또한 WHO가 나서서 조사해 달라고 요청했으나 WHO가 이에 응하지 않자 2020년 미국은 탈퇴를 결정하게 된다. 이후 바이든 행정부가 들어서자마자 미국은 WHO에 다시 복귀하였다.

미·중 경쟁에 대한 시진핑의 시각

미국 브루킹스 연구소의 중국 전문가 라이언 하스Ryan Haas는 2021년 발표한 글[12]에서 중국이 미국에 대하여, 그리고 미·중 경쟁에 관하여 태도를 바꾼 것은 2019년 봄부터라고 주장했다. 시진핑이 국가주석 (2013.3)으로 취임한 이후, 일대일로, 해양강국 정책을 시작했으며, 2014년부터 위구르 집단 수용소, 홍콩 보안법 등 통제력 강화, 남중국해 군사기지화 및 군사력 강화에 나선다. 2015년 9월 시진핑의 미국 방문에서도 새로운 형태의 미·중 관계 속에서 중국의 공산당 체재, 중국의 '핵심이익'에 대하여, 나아가 세계 대국으로의 중국 부상에 대하여 미국으로부터 인정받고자 했다. 이러한 중국의 기대는 오바마 행정부 후기에 깨진 것이다. 하스에 따르면, 이즈음 중국학자들은 미·중 경쟁이 단시일 내 종료되지 않을 것이라는 전망을 내놓게 된다. 중국학자들은 미국이 트럼프 이후에 국내 분열의 봉합, 코로나의 극복과 경제 회복에도 상당한 시간이 걸릴 것이며, 미국의 퇴조와 중국의 상대적 상승은 지속될 것으로 믿는 분위기였다고 한다. 실제 시진핑 주석을 포함 중국 지도부는 '시간은 우리 편'이라는 태도를 수시로 내비쳤다고 한다.[13]

바이든 행정부는 2021년 1월 출범한다. 바이든 대통령은 오바마 행정부 8년 기간 동안 부통령으로 재직하면서 오바마 대통령이 추진했던 미·중 관계와 아시아중시정책Rebalance Towards Asia을 지켜보았다. 또한, 트럼프 대통령 미국 제일주의America First 정책의 공과도 지켜보았다. 바이든 행정부 발족한지 1개월여 만인 2021년 3월 미국 알라스카에서 미·중 외교장관 회담이 열렸다. 양측은 외교관례나 인사치레를 생략하고 시작부터 날을 세운 강성 발언을 주고받았다. 토니 블링큰Antony Blinken 국무장관이 중국의 인권문제와 영토분쟁 문제를 꺼내자, 중국 측은 미국만이 세계를 대표하는 것이 아니라고 반박하고 미국의 인권 상황을 제기했다. 미국보다 더욱 도전적인 태도를 보였다.

바이든 행정부는 오바마의 아시아·태평양 중시 전략 대신 트럼프의 '인도·태평양 전략'을 계승하게 된다. 바이든의 인·태 전략은 트럼프의 압박정책보다 더욱 조직적이고 강경한 정책을 취한 것이 특징이다. 동시에 전통적 대서양 중시로 회귀하여 중국 압박에 유럽 세력을 동원한 것도 특기할 만하다. 중국에 크게 의존하던 미국의 글로벌 공급망을 수정, 반도체 등 중국의 고도 기술을 견제하고 사이버 안보능력을 높이기 위한 여러 방안도 함께 도입했다. 바이든 행정부는 중국에 대한 압박정책을 실행함에 있어 '동맹 중시, 소지역협력Minilateralism, 서구 세력과의 연계, 민주화 및 인권문제'를 총동원하는 모양새다. 이밖에도 '전제정치Autocracy vs. 민주정치Democracy'라는 구도를 내세워 중국을 인권 탄압을 자행하는 전제주의 국가라고 비판하는 것도 잊지 않

[표 6-4-1] 미·중 무역전쟁 과정에서 양국 관세율 추이[14]

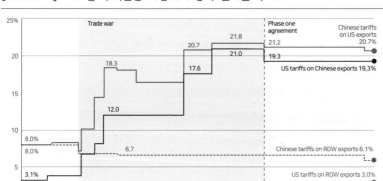

앗다. 바이든 행정부의 인·태 전략과 소지역주의에 관해서는 다음 장에서 후술하겠다.

바이든 행정부의 공격적인 무역 정책도 빼놓지 말아야 한다. 미·중은 2020년 트럼프 행정부 때 합의한 1단계 합의Phase One Agreement 이전의 대치 수준을 그대로 유지하고 있다(표 6-4-1). 다시 말하여, 트럼프 때 매겨진 높은 수입 관세율을 바이든 행징부 2년이 지난 시점에도 그대로 유지되고 있다.

⑤ 오바마 및 트럼프의 동남아 정책

오바마 행정부 제1기는 '아시아에 대한 재균형' 정책을 천명하면서 아시아 내에서 상대적으로 외교적 비중이 낮았던 동남아·아세안에 대한 외교 비중을 높이겠다고 밝혔다. 실제 오바마 대통령과 힐러리 국무장관은 수시로 동남아를 방문했다. 힐러리 국무장관은 남중국해 문제를 두고 중국 외교부장과의 설전도 서슴지 않았다(제3장).

그러나 제2기 오바마 행정부의 태도가 바뀌었다. 제2기 발족 직후 오바마와 시진핑 간에 써니랜드 정상회담이 열렸다. 그로부터 몇 개월 후, 즉 2013년 7월 존 케리John Kerry 신임 국무장관이 처음으로 아세안 지역안보포럼ARF에 참석하였다. 그는 이 회의에서 남중국해 문제와 관련해 중국을 비판하는 아세안의 발언에 동조하지 않았다. 그러자 오바마－시진핑 회담에 대하여 의구심을 가졌던 아세안에게 케리 장관의 태도는 미국에 대한 의구심을 한층 증폭시켰다.

미국의 태도 변화의 배경은 무엇일까. 케리 장관은 동남아보다 '이란 핵(核)협상'에 보다 많은 관심을 쏟았고, 이 협상을 성사시키기 위해서는 중국의 도움이 필요했다. 케리의 취임 첫해 방문한 나라들을 조사해보면 이러한 유추가 신빙성을 가진다. 그는 취임하던 해에 80여 개국을 방문했고, 이스라엘(9회), 팔레스타인을 포함해 39 차례 중동국가를 방문했고 유럽도 자주 찾았다. 이란과의 핵 협상은 2013년 초부터 시작, 오랜 협상 끝에 2015년 7월에 타결되었다, 주요 합의 내용은 이란이 핵프로그램을 동결하는 대신, 중국을 포함하여 유엔 안보리 상임이사국 5개국과 독일이 이란에 대한 재제를 점차 해제하기로 한다는 내용이다.[15] 미·이란 핵 합의를 도출하는 과정에서 중국의 역할이 있었다. 중국은 이전에도 미국과 이란 사이 중개역할을 한 적도 있지만, 글로벌 이슈에 적극 개입하려는 시진핑의 성향도 영향을 미쳤으리라는 분석도 있다.[16] 시진핑은 미·중 신형 대국관계를 제안하면서 이란 핵 문제와 북한의 핵 문제에도 미국에 협력하겠다고 제안했다고 한다. 그런 탓인지, 시진핑은 이란 핵협상에 협력했고, 이례적으로 북한

중국과 공존하는 아세안의 지혜

방문에 앞서 2014년 7월 한국을 방문했다.[17]

어떠한 배경이 존재하는지는 확실치 않지만, 제2기 오바마 행정부에서는 동남아에 대한 미국의 관심이 확연히 낮아졌다. 전직 싱가포르 외교부 차관은 2021년 4월 싱가포르 스트레이츠타임즈The Straits Times 기고문에서 케리 장관이 아세안 중시정책을 약화시켰다고 비판했다.[18]

동남아를 경시한 트럼프 대통령

동남아를 경시하는 태도는 트럼프 행정부 들어서 더욱 심해졌다. 트럼프는 아세안이 주도하고 주최하는 동아시아정상회의EAS에 한 번도 참석하지 않았다. 이와 대조적으로, 중국 및 다른 아시아 지도자들은 빠짐없이 참석하여 트럼프의 부재가 더욱 두드러져 보였다. 폼페이오 국무장관이 COVID-19가 확산했던 2020년 아세안(인도네시아, 베트남)을 한 차례 방문했으나 왕이 중국 외교부장은 2020년 10월과 2021년 1월 두 차례 동남아를 찾아 아세안 10개국을 모두 방문했다. 당시 동남아 사회에서 중국은 지리적 패권 세력이며 미국은 지정학적 패권 세력China is a geographic power, America is a geopolitical power라는 말이 회자되었다. 동남아에 대한 중국 외교는 일관되지만 미국 외교는 자국의 전략적 필요에 따라 동남아에 접근하거나, 아니면 떠난다(결별한다)는 의미이다. 미국의 외교를 신뢰하기 힘들다는 평가이다.

주(註)

1 싱가포르 동남아 연구소(ISEAS−Yusof Ishak Institute)가 2019년 이후 매년 아세안 10개국 지식인을 상대로 여론 조사하고 그 결과를 연초에 발표한다.

2 Jeffrey A. Bader, "Obama and China's Rise: An Insiders' Account of America's Asia Strategy" (2012. Brookings Institution Press).

3 Wikipedia "709 crackdown of China" (2020.9.19. 열람). "709"란 사건이 일어난 일자이다.

4 Michael Green 외, "The U.S. Asserts Freedom of Navigation in the South China Sea" (CSIS, 2015.10.27.).

5 Chad P. Bown, "US−China Trade War Tariffs: An Up−to−Date Chart" (PIIE, 2021.3.16.)

6 David Sacks, 상동 (CFR). 화웨이 사용 국가와 거부 국가 지역 분포도, 2021.2 /CFR 조사.

7 중국 인민공화국 성립 이후 두 번 이상 연임한 권력자는 마오쩌둥으로 1945년부터 1976년(사망)까지 30년 이상 권력을 장악했다.

8 Mike Pence 미국 부통령 연설, "ON THE ADMINISTRATION'S POLICY TOWARD CHINA" (2018.10.4., Hudson Institute).

9 兩制. 서구식 민주주의와 시장경제를 인정하겠다는 약속.

10 Lindsay Maizland, "China's Repression of Uyghurs in Xinjiang" (CFR, 2021.3.1.).

11 Wikipedia, "Xinjiang Internment Camps" (2021.7.12. 열람).

12 Ryan Haas, "How China is responding to escalating strategic competition with the US" (Brookings Inst. 2021.3.1.) ion with the US.

13 상동.

14 상동.

15 p5+1(독일)과 이란은 2015.7. '공동 행동 계획(Joint Comprehensive Plan of Action)'을 타결했으나 트럼프 행정부가 이 합의를 폐기했다.

16 John W. Garver, 'China and the Iran Nuclear Negotiations" (2018, The Red Star and the Crescent, Georgetown University Qatar).

17 시진핑의 북한 방문은 한국방문으로부터 5년 뒤(2019.6.)에 이루어졌다.

18 Bilahari Kauhari 싱가포르 외교부 전직 차관, "Biden's foreign policy— the changes and the constraints" (Straits Times 2021.4.29. 기고).

1. 시진핑의 야심
2. 미국의 인도·태평양(인·태) 전략
3. 인·태 지역, 미·중 군사력
4. 상설중재재판소(PCA)의 판결
5. 중국의 대만 침공 가능성

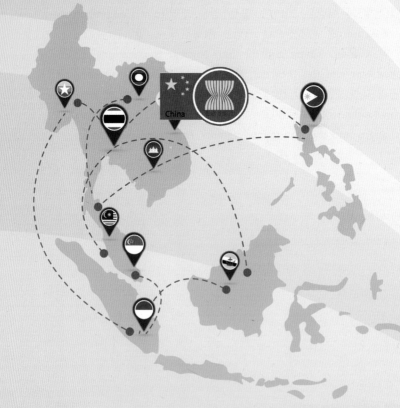

제7장

미·중의 군사 및
안보 경쟁

미·중의 군사 및 안보 경쟁

"중국은 국제 질서를 재편하려는 의도와 그 목표를 달성하기 위한 경제적, 외교적, 군사적, 기술적 힘을 모두 갖춘 유일한 경쟁자입니다. The PRC is the only competitor with both the intent to reshape the international order and, increasingly, the economic, diplomatic, military, and technological power to advance that objective."

— 바이든 미 대통령, 2022년도 국가 안보 전략 보고서

1 시진핑의 야심

이 장에서는 미국과 중국이라는 글로벌 G2 국가의 군사 및 안보 분야의 경쟁에 관하여 알아보고자 한다. 우선, 미국의 인도·태평양 전략을 살펴보고 인·태 지역에서 두 나라 군사력, 특히 해군력 경쟁, 대만을 둘러싼 군사안보 분야의 전략과 향후 경쟁에 관해 설명한다.

중국 지도자들은 마오쩌둥에서 현재 시진핑에 이르기까지 군사력의 중요성을 강조해 왔다. 시진핑은 2016년 10월 중국이 강한 나라가 되기 위해서는 강군(强軍)이 필요하다고 역설한바 있다(표 7-1-1). 그

는 신장 위구르, 홍콩에서 중국의 자주적 통치권을 행사한 데 이어 대만 통일을 이룬다는 목표를 가지고 있다.[1] 이는 중국군을 세계 최강의 군대를 만들겠다는 목표와 연동하는 전략인 셈이다. 이에 따라 전통적 대륙 국가인 중국을 해양 강국으로 만들겠다는 의지를 밝히고 이를 실천으로 옮기고 있다. 앞으로 다양한 분야에서 미·중 경쟁이 불가피하겠지만 군사안보 분야에서의 경쟁은 중국의 국가통일목표와 연계되어 있다는 점에서 쉽사리 타협점을 찾기 힘들 것으로 보인다.

[표 7-1-1] 중국 China Daily 2022.8.1.자 기사

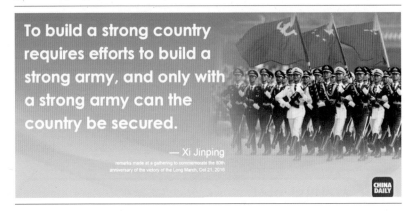

② 미국의 인도·태평양(인·태) 전략

미국의 인·태 전략Indo-Pacific Strategy은 당초 공화당 출신 트럼프 대통령이 제안한 것이다. 그리고 후임 바이든 민주당 행정부가 이를 이어받아 실천 방안을 제시하고 구체화 작업을 추진하면서 인·태 전

중국과 공존하는 아세안의 지혜

략을 비전 단계에서 정책 단계로 계승 발전시켜 나갔다.

트럼프 행정부의 인·태 전략

트럼프 대통령은 2017년 11월 베트남 다낭에서 열린 아·태 경제협력체APEC 정상회의에서 "자유롭고 개방적인 인도 – 태평양Free and Open Indo – Pacific" 구상을 발표했다. 미국은 그 이전까지 아시아·태평양 전략을 구사해 왔으며 APEC이 대표적 예이다. 트럼프 행정부는 이러한 아시아·태평양 전략을 인도·태평양 전략으로 방향을 수정했다.

인·태 전략은 그 명칭이 말해주듯이 해양의 전략적 가치를 중시하고 인도양의 패권 세력인 인도의 전략적 중요성을 인정했다. 2017년 12월 '국가안보전략NSS', 2019년 1월 국방부의 '인·태 전략보고서Indo – Pacific Strategy Report', 2019년 11월 국무부의 '자유롭고 개방적인 인도·태평양: 공동의 비전' 등이 인·태 전략의 지향 목표를 보다 선명히 했다. 국가안보전략NSS과 국방부 전략보고서는 중국이 군사력, 경제력, 영향력을 사용하여 강압적인 방법으로 인·태 지역 질서를 유린하고 있다고 비판했다. 이와 달리, 국무부의 전략서는 중국에 대한 비판의 강도가 상대적으로 떨어진다. "어느 나라를 제외하거나", "역내 국가에게 특정 파트너를 택하라고 요구하지 않는다." 등 중국에 대한 대립적 세력(블록) 형성을 추구하지 않는다는 입장을 보였다.

이와 같이 트럼프 행정부는 인·태 전략을 제안하고 있지만 중국을 어떻게 다루어야 하느냐는 문제를 두고 강 – 온 두 가지 기류가 감지되었다. 트럼프 대통령은 2017년 11월 베트남 다낭에서 인·태 구상을 제안할 때를 제외하고 공개석상에서 인·태 전략에 관하여 언급한 예를 찾아보기 힘들다. 다낭 연설에서도 경제문제에 초점을 맞추어 불공정 무역 관행, 지적 재산권 위반, 외국 기술 훔치기 등을 언급했지만 중국을 직접 지칭하지 않았다. 이에 반하여, 군사안보 관련 인사나 공식 문서들은 중국에 대하여 공격적인 자세를 취했다. 펜스 부통령은 2018년 10월 연설에서 중국의 불공정 무역관행, 외국 기술 훔치기 및 빼앗기, 주변국 군사 위협, 동·남중국해에서 횡포, 부채 함정 외교, 공산당 체제 및 인권 상황 비판 등 조목조목 중국을 비판했다.

그럼에도 불구하고, 미국이 국제적으로 인·태 전략을 주도한 일은 거의 없었다. 2020년 10월 미국, 일본, 호주, 인도 4개국의 외교장관이 모여 쿼드QUAD 회의를 가졌으나 공동성명을 발표하지는 않았다. 그러나 2020년 11월 아라비아해 북부에서 매년 미국, 인도, 일본이 참가하는 말라바르Malabar 해군 훈련에 호주가 참여하여 쿼드 4개국 훈련이 이루어졌다. 그동안 인도가 호주의 참가를 반대했으나 결국엔 처음으로 4개국 훈련이 성사되었다.

바이든 행정부의 인·태 전략

바이든 행정부는 트럼프의 인·태 전략을 계승하고 구체적 실천계획을 발표하고 행동으로 옮겼다. 인·태 전략을 실천해 나갈 구체적 도구들은 미·일·인도·호주 4개국으로 구성된 쿼드QUAD의 격상, 호주·영국·미국 안보협력체 오커스AUKUS 및 인·태 경제프레임워크IPEF 등이다. 바이든 행정부는 이들 3개축을 아래와 같이 하나씩 발족시켰다.

중국과 공존하는 아세안의 지혜

QUAD(Quadrilateral Security Dialogue)

트럼프 행정부 때 쿼드 4개국은 2017년 이후 외교부 고위실무 회의, 외교부장관 회의 등을 개최하였고, 인·태 지역에 관한 상호관심사를 협의할 때는 중국에 관한 의제가 항상 중심을 차지했다. 초창기에는 정치, 군사적 협력 방안이 의제의 중심이 되었으나 차츰 의제가 확대되었다. 그리고 4개국 중에도 중국과의 군사적 대립을 원치 않는 나라가 있고[2] 아세안, 한국 등 중국 주변국들의 입장을 감안하여 정치·군사적 성향이 크게 약화되었다.

그럼에도 불구하고 쿼드 4개국은, 중국의 정치(외교), 군사, 경제적 영향력 확산을 견제할 필요성, 해양에 대한 전략적 가치, 그리고 인도 역할의 부상 등에 관해서는 의견을 같이하였다.[3] 바이든 대통령은 쿼드 장관급 회의를 정상회의로 격상시켜 취임 직후 2021년 3월 쿼드 정상회의(비대면)를 개최했고, 그 다음해인 2022년 5월 제2차 정상회의를 도쿄에서 대면으로 개최했다. 의제도 지역 질서, 평화와 안정에 추가하여 Covid-19 공동대응, 인프라 건설, 기후변화, 사이버 안보, 5G 통신기술 등 핵심기술문제, 우주 항공, 해양영역인식Maritime Domain Awareness 등 다양한 분야를 담았다.

AUKUS 안보협정[4]

호주, 영국, 미국 3국은 2021년 9월 안보협력협정을 체결했다. 정상들은 AUKUS 출범이유에 대하여 "21세기 도전에 대응하기 위해 인도-태평양 지역에서 외교, 안보, 국방 협력을 심화하기로 했다."라고 밝혔다. 중국에 대해 직접적인 언급은 하지 않았고 특정 국가를 겨냥한 것이 아니라고 설명했지만 인도-태평양 권역 내에서 중국의 영향력 확대를 저지하기 위한 것이라고 해석되기에 충분했다.

이 협정의 키는 호주의 원자력 잠수함 보유이다. 3국은 호주의 원자력 잠수함 도입을 성사시키기 위해, 회의체를 꾸려 18개월간 공동 연구를 수행하기로 했다. 2023년 3월 미국, 호주, 영국 세 나라 정상은 미국 샌디에이고에서 모여 연구 결과를 토대로 다음과 같이 합의하였다. 영국 BBC 보도에 의하면,[5] 호주는 2030년대 초에In the early 2030s 미국으로부터 3척의 원자력 잠수함을 구입하고, 필요시 2척을 추가 구입하기로 하였다. 그 후의 계획은 새로운 타입의 핵잠수함SSN－AUKUS 모델을 영국이 설계하고 영국과 호주에서 건조한 후 그렇게 건조된 핵잠수함은 호주와 영국 해군이 사용하기로 합의하였다. 이에 앞서, 2027년부터 미국과 영국은 자국의 핵잠수함 몇 척을 서부 호주(Perth 시)에 주둔하기로 하였다. 호주 총리는 이 사업을 위하여 향후 30년 동안 3,680억 호주 달러(미화 2,420억 달러)가 소요될 것이라고 전망하였다. 호주는 영국에 이어 미국 최상의 핵추진 기술을 전수받는 두 번째 국가가 된다.

이에 대하여 중국은 강력 반발하였다. 그러나 바이든 대통령은 이 계획이 "핵추진일 뿐 핵무장이 아니다Nuclear－powered, not nuclear－armed"라고 설명하고, 따라서 호주가 핵무장하지 않겠다는 약속을 어긴 것이 아니라고 말하였다.

AUKUS는 또한 컴퓨터/사이버 기술, 극초음속 미사일 기술 개발에 관하여 협력하기로 했다. 호주는 당초 2016년 프랑스 기업과 신형 잠수함을 건조하기로 하고 계약을 체결했다. 이를 진행해 오다가 AUKUS 협정에 따라 프랑스와의 잠수함 건조 사업을 취소했다. 이에 프랑스가 크게 반발하기도 했다.

다음 그림(7－2－1)은 싱가포르 학자들이 "어째서 오커스는 아세안

중국과 공존하는 아세안의 지혜

을 불안하게 하는가Why AUKUS Alarms ASEAN"이라는 제하에 평론에 실은 삽화이다.[6] 주변국들의 반응을 잘 묘사하고 있다. 중국은 길길이 뛰면서 화를 내고, 대만은 미소를 짓고 있으며 일본은 팔짱끼고 관망하는 모습이다. 프랑스와 유럽연합EU도 화를 내고 있다.

[그림 7-2-1] 싱가포르 학자의 평론에 실린 삽화

인·태 경제 프레임워크(IPEF)

미국이 주도하는 IPEF는 인·태 지역 경제협력 플랫폼으로 2022년 5월 13개국으로 출범했다. 남태평양 도서 국가 피지(FiJi)가 나중 가입하여 14개국이 되었다. 바이든 대통령은 2021년 10월 동아시아정상회의EAS에서 인·태 경제 프레임워크에 대한 첫 구상을 발표했다. 군사 안보 성격이 강한 쿼드, 오크스와 달리 IPEF는 경제 협력이라는 점에서 많은 나라가 기다렸다. IPEF 최종안은 디지털 공급망, 클린 에너지 등 4개 분야에 초점을 맞추었다. 미래 지향적 산업과 기술 분야가 포함되어 매력적인 점이 있다. 반면, 무역 자유화와 시장 접근이 빠져있어 제조업 중심, 수출주도형 경제구조를 가지고 있는 아세안을 포함하여 동아시아 지역의 개발도상국들은 크게 실망했다.

IPEF의 추진방식도 독특하다. 처음에는 기초적인 틀만 제시한 것이다. 2022년 말까지 분야별로 관심 있는 나라들끼리 구체내용을 만들어 2023년 11월 아·태 경제협력체(APEC 미국) 정상회의 전까지 완성할 목표를 세운 것이다. 진행형 플랫폼을 제안한 만큼 구체적 내용은 2023년 연말까지 기다려야 한다. IPEF는 열려있는 경제협력체를 표방하고 있다. 그러나 실상은 미국이 중국의 경제적 영향력 확대를 억제하기 위한 미국 인·태 전략의 중심축의 하나이다.

유럽의 인·태 전략

유럽 국가들은 당초 중국의 일대일로BRI 구상을 두 팔 벌려 환영했다. 유럽의 우호적 분위기는 2017년 5월 베이징에서 개최된 제1차 일대일로 포럼을 전후하여 바뀌었다. 중국 BRI 사업의 투명성, 노동/환경/인권 문제가 발생했다. 그즈음 중국의 '부채 함정' 외교가 한창 국제적 비난을 받던 때였다. 서구 유럽 국가들을 더욱 자극한 것은 동구 유럽 지역에 대한 중국의 투자가 EU의 내분을 불러온 것이었다. 2012년 중국과 중/동구 유럽CEE은 China-CEE 또는 17+1을 결성하여 2016년부터 2019년까지 매년 정상회의를 갖고 일대일로 사업을 추진했다.[7] 그 결과, China-CEE 회원국들이 중국 인권 문제에 관한 유럽연합EU의 결정에 반기를 들기도 했다.

이에 2018년 초 중국을 방문한 메이Theresa May 영국 총리와 마크롱Emmanuel Macron 프랑스 대통령이 일대일로BRI에 대한 지지 표명을 거부했다. 메르켈Angela Merkel 독일 총리도 발칸 지역에 대한 중국의 영

　　　　　　　　　중국과 공존하는 아세안의 지혜

향력 확대를 경고하고 나섰다. 2019년 4월 중국은 2017년에 이어 제2차 BRI 포럼을 개최했다. 여러 나라 정상과 장관들이 참가하여 BRI 의정서에 서명했으나 EU 대표는 끝내 서명을 거부했다. 그 이후 주요 유럽 국가들이 하나씩 인·태 전략을 발표하거나 인·태 지역에 대하여 보다 많은 관심을 보이기 시작했다.

적극적인 영국

우선 영국이 인·태 전략에 가장 적극적이다. 영국은 EU에서 탈퇴한 후, 자국의 외교·국방 정책에 대하여 전면적 재검토를 실시했다. 그 결과, EU 편향 외교를 탈피하여 '글로벌 브리튼Global Britain'으로 외교 노선을 잡고 2021년 3월 이를 발표했다.[8] 국내 논의를 거치는 과정에서 인·태 중시노선에 대하여 의견 일치를 보았지만 중국에 대하여 어떠한 자세를 취할 것인가 하는 문제를 두고 많은 논쟁이 있었다.

그 결과, 당시 국제적 뉴스가 되었던 홍콩 국가보안법 문제와, 화웨이 제재 문제에 대하여 최종결론을 내렸다. 영국은 최대 3백만 명의 홍콩인들에게 영국 거주권을 주기로 하고, 영국 5세대5G 통신 건설에 화웨이 장비를 점진적으로 제거하기로 결정했다. 이러한 결정에 대하여 미국, 호주는 환영하고 중국은 반발했다.[9] 글로벌 브리튼 내용에는 중국을 '구조적인 경쟁자Systemic Competitor'로 규정했다. 영국은 실제 CPTPP(TPP 후신) 가입 신청(2021.3), 아세안 대화 상대국에 가입(2021. 4), 호주, 영국, 미국 안보협정 AUKUS 체결(2021.9) 등 행동으로 인·태 전략에 대한 열의를 보이고 있다.

중국의 고심

중국은 인·태 지역 또는 인·태 전략이라는 용어를 쓰지 않고 여전히 아·태 지역, 아·태 전략이라는 용어에 집착하고 있다. 아·태라는 용어는 아·태 경제협력체APEC처럼 지역 협력과 개방을 상징한다. APEC은 1990년대 초부터 미국이 주도하여 이념과 정치·경제체제를 초월하여 지역 내 자유무역 증진 방안을 논의하면서 공산당 통치와 사회주의 경제 체제를 가지고 있는 중국의 가입을 받아들였다.

반면, 인·태 전략은 중국을 견제하거나(트럼프), 중국 견제 연대를 결성하기(바이든) 위한 목적으로 추진되는 만큼 중국이 좋아할 수 없는 용어이다. 더욱이 바이든 행정부는 다양한 분야에서 중국을 압박하기 위한 장치를 하나씩 마련해 가고 있다.

2022년 6월 마드리드 북대서양 조약기구NATO 정상회의에서 채택된 2022년도 전략구상에도 중국 조항을 포함시켰다. 중국과 관련된 내용이 나토의 전략 구상에 직접 포함된 것은 처음으로, 중국이 서구의 이해/안보/가치Value를 위협하는 정책을 취하고 있다고 경고하고 있다. 또한 러시아와 전략적 파트너십을 강화하여 규범에 기초한 국제 질서를 해치고 있다고 규정했다. 유럽 세력까지 가세하여 중국을 압박하고 있다. 이와 같이, 중국은 미국과의 대립만을 고집하기 힘든 상황으로 몰리고 있는 만큼 타협 방안을 고심하고 있는 것으로 보인다.

중국과 공존하는 아세안의 지혜

③ 인·태 지역, 미·중 군사력

제5장에서 시진핑의 해양 강국 정책에 관하여 알아보았다. 여기에서는 인·태 지역에서 중국과 미국의 해군력과 군사 전략에 관하여 알아보고자 한다. 결론부터 이야기 하면, 미국은 해군력에서 여전히 큰 차이로 우위를 점하고 있을 뿐 아니라, 막강한 경제력과 군사력을 가진 동맹국과 협력국가를 가지고 있다. 이러한 이점에도 불구, 중국 주변 지역과 해양에서 미·중의 군사력 차이는 점차 축소되고 있는 것도 부인할 수 없는 현실이다. 후술하듯이, 미국 군사 전문가들도 최소한 중국 연안 지역에서 미국의 우위가 빠르게 감소되고 있다고 평가하고 있다.

중국군(PLA) 현대화 계획

시진핑은 2015년 5월 중국의 '국방전략백서'를 발표했다. 이어 중국군에 대한 대대적 조직 및 편제 개편을 단행했고(제5장), 2017년 국방 현대화와 군사력 증강의 장기 목표와 일정을 제시했다. 이 일정에 따르면, 2020년까지 군의 기계화 및 유기적인 체제 운영Mechanization, 2035년까지 현대화Modernization, 2049년까지는 중국군은 세계 최강의 군대World – class Force가 될 예정이다. 세계 최강의 군대가 무엇인지를 구체적으로 밝히지 않았다. 궁극적으로 미국에 필적하는 군대를 육성하겠다는 전략으로 보이며, 이에 앞서 중국 주변 지역에서 미군 및 미국 동맹국의 군사력이 우월하거나 패권적 지위를 갖지 못하게 하고, 세계로 뻗어나가는 중국 경제력과 인적 확산을 보호할 능력을 보유하겠다는 의도로 풀이된다. 2035년까지 중국 해군력, 공군력, 로켓부대, 그

리고 사이버, 위성 능력, 전자전 및 심리전 능력을 배양한다는 구체적 행동 계획을 수립했다.[10]

　이에 추가하여, '회색영역 전술Gray Zone Tactic'이 있다(제5장). 해군이나 정규군과는 별도로, 해상 민병대Militia, 해안경비대 및 어선단 등 비정규(非正規) 군사력을 활용하는 전술이나, 충분한 군사력을 보유하지 않은 주변 국가에게는 큰 위협이 되고 있다.

미 해군 전력증강 계획

　2018년 발표한 미국 국방전략보고서NDS는 중국, 러시아와의 전략 경쟁을 국방 정책의 최우선 순위로 자리 매김했다. 9.11 테러 이후 국방 정책의 최우선 순위가 국제테러와의 전쟁이었으나 이제부터는 중국, 러시아와 "전략 경쟁을 우선순위로 두겠다Inter-state strategic com-petition, not terrorism, is now the primary concern in U.S. national security."고 선언한 것이다. 중국 해군의 현대화 및 증강은 유사시 서태평양에서 제해권(制海權)을 유지하려는 미국에게 주요 도전으로 등장했다. 미 의회연구소CRS 보고서에 의하면, 중국이 함정 척수 면에서 미국 해군을 추월한 것은 2015~2020년 사이로 보고 있다(표 7-3-1).

[표 7-3-1]　미국과 중국 해군의 보유 함정 총수

	2000년	2005년	2010년	2015년	2020년
중국 해군	210	220	220	255	360
미국 해군	318	282	288	271	297

자료: 2022.3.8. 발간 미국의회 CRS 보고서.

중국과 공존하는 아세안의 지혜

미국도 해군력 증강을 포함하여 다양한 대응 조치를 취하기 시작했다.[11] 태평양에 해군력을 집중하는 한편, 새로운 전술·전략 개발에도 힘을 기울이고 있다. 미 해군은 또한 무인 함정과 레이저 개발을 추진하고 있다.[12] 해군력 증강뿐 아니라 공군과 해병대의 무인도서 배치 등 군사 전술의 변화로 중국해군의 서태평양 진출을 저지하려는 전술 개발이 활발히 이루어지고 있다. 동시에, 중국의 연근해 방어전략(A2/AD, 제5장)에 대한 대응책 마련에도 고심해 왔다. 중국군이 유사시 A2/AD 방어망 속에서 대만을 공격하거나 분쟁 지역으로 향하는 미군의 지원을 차단, 지연시키려는 중국의 전략을 어떻게 무력화시킬 것인가 하는 대응책을 마련하는 것이다.

인·태 지역 내 미군의 우위

미국은 2018년 5월 미군 태평양 사령부를 인·태 사령부로 개편하여 이 지역 주둔 육군, 해병대, 태평양 함대(7함대, 3함대 포함), 공군의 지휘 체계를 통합했다. 인·태 사령부USINDOPACOM는 지구면적의 52%를 담당한다. 미·중 군사력을 비교함에 있어 간과할 수 없는 대목은, 미 해군은 전 세계 해양을 책임지고 있어 미 해군의 상당주력은 대서양쪽 모항(母港)에 있다는 사실이다. 반면, 중국 해군은 주로 중국 연근해에 배치되어 있고, 아직 전지구적 임무까지는 수행하고 있지 않다.

2020년 10월 발간된 미국 후버연구소의 연구보고서에 의하면,[13] 2020년 현재 미국은 인·태 사령부 예하에 대략 주력함Capital Ship 50척, 항공모함 2~3척, 신예 잠수함 30척, 공군기 2000대(전투기/폭격기/수송기), 육군 및 해병대 병력 8만 명(동원 가능한 10만 명이 미국 본토주둔) 등이 있다. 추가하여 첩보/감시/정찰ISR 위성, 사이버 지원 부대 등이 있다. 이에 대해, 중국 해군력은 2020년 현재 보유하고 있는 순양함(1척), 구축함(32척), 호위함(49척), 콜베트 함(49척), 항공모함 2척 등 130여 척이다. 스텔스기 및 대함(對艦) 쿠르즈 미사일 등 신형과 구형이 혼재된 다량의 공군기를 가지고 있고 육군과 해병대는 편제를 개편 중이라고 한다. 미군과 중국군의 군사력은 여전히 질적으로 미군이 월등하게 우위를 점하고 있다.

그러나, 중국 연근해에서 점차 우위 상실

그럼에도 불구하고, CSIS, 후버, 허드슨, 미의회연구소^{CRS} 및 대부분의 미국 연구소들은 미국이 중국의 연근해, 즉 제1도련 내에서 군사적 우위를 잃어 가고 있다는 점에는 의견을 같이하고 있다. 미군은 2020년 봄 지난 10여 년 동안 중국을 향하여 전진 배치했던 전략 폭격기를 괌으로부터 철수하여 다른 지역으로 이동 배치했다. 중국의 대륙 간 탄도탄, 크루즈 미사일, 잠수함의 선진화로 인하여 미군의 전략 무기들이 중국 미사일 망의 사정거리에 노출될 것을 우려한 탓이라고 한다.[14] 중국이 자국의 연근해에서 군사력을 계속 증강할 경우 동중국해, 남중국해, 그리고 대만에 대한 위협이 증가될 것이다.

아시아의 미국 동맹 5개국

아시아 지역에 있는 미국 동맹국은 한국, 일본, 호주, 필리핀, 태국 등 다섯 나라이다. 이 중, 한국, 일본, 호주는 미국이 신뢰할 만한 동맹이나 태국과 필리핀과의 동맹 관계는 안정적이지 못하다. 태국은 1980년대부터 중국으로부터 무기를 구입했고 2005년부터 태국·중국 합동 군사훈련을 실행했다. 그러나 태국·미국 동맹 체제가 흔들리는 보다 큰 이유(배경)는 미국이 태국의 군사 쿠데타를 이유로 태국에 대한 군

중국과 공존하는 아세안의 지혜

사협력, 즉 무기 및 부품 공급 중단, 군부 인사 교류 중단, 합동 군사훈련 중단했기 때문이다. 태국으로서는 여전히 미국이 최대 안보 협력 대상이지만 중국 무기 구입 등 중국과의 군사협력도 늘리고 있다.[15]

필리핀은 1991년 수빅 만(灣) 해군기지와 클라크 공군기지가 사실상 폐쇄되었으나 1998년 방문 국 지위협정VFA: Visiting Forces Agreement 에 의하여 미국·필리핀 동맹 체제가 지속되고 합동 양자·다자 군사훈련을 계속해 왔다. 필리핀 대통령 두테르테가 친 중국 성향을 보이면서 동맹 관계가 흔들리기도 했으나 신임 마르코스 대통령이 미국과의 관계 개선 의사를 표명했고 미군이 사용할 수 있는 필리핀 군사 기지 5곳에 추가하여 4개 군사기지를 더 제공하기로 했다(2023.4). 이 중 북부 지역 2개는 대만 유사시에 대비하고, 한 곳은 남중국해 분쟁 지역에 가까운 곳이다. 중국과 영유권 분쟁을 벌이고 있는 수역에서 멀지 않은 곳인 만큼 유사시 미국의 지원이 필요하다.

④ 상설중재재판소(PCA)의 판결

남중국해 분쟁의 성격, 역사적 추이, 분쟁 당사국 등에 관해서는 앞에서(제4장) 설명하였다. 후진타오 국가주석과 후임 시진핑이 남중국해에 대하여 보여 준 집착은 집요했다. 이들이 남중국해를 중국의 '핵심이익'에 포함시켜 달라고 미국에게 집요하게 요청했다. 이들은 남중국해 전체를 '중국의 바다'로 굳혀나가려는 의지를 굽히지 않았고 이러한 의지를 행동으로 실천했다. 남중국해의 행정 체계를 정비했고,[16] 시진핑은 오바마와의 정상회담 후 남중국해에서 매립공사를 개시했다. 남중국해 행정의 중심시가 있는 우디Woody 섬과 인접 섬들과 연계하는 매립공사를 끝내고 공항 및 항만을 건설했다. 2018년 4월 중국 해군은 시진핑 주석 참석 하에 해군 최대 규모의 함정이 참여한 함정 사열식을 남중국해에서 개최했으며, 제2 항공모함 산동 호의 모항(母港)을 하이난 성 산야(三亞)로 정했다.

중국 주장을 거부한 중재재판소(PCA) 판결

아퀴노Benigno Aquino III 필리핀 정부가 2013년 중국과의 남중국 해의 영유권 분쟁을 헤이그 상설중재재판소PCA: Permanent Court of Arbitration에 제소했다. 이 중재재판소는 유엔 해양법협약에 의하여 설립되었다. 중국은 유엔 해양법협약 성안을 위한 협상과정에 줄곧 참가했고, 서명국이다. 그러나 중국은 PCA가 남중국해 분쟁을 다룰 권한이 없다는 이유를 들어서 제소에 반대했고, 사안 심리에도 참여하지 않았다.

이에 대하여, PCA는 필리핀 정부가 제소한 사안에 대하여 재판 관할권이 있다고 결정하고 2016.7 유엔 해양법협약에 근거하여 최종 판결을 내렸다. 이 판결은 남중국해의 '9단선Nine-Dash Line'에 대한 중국의 '역사적 권리' 주장을 인정하지 않았다.[17] 또한 중국의 인공 섬 건설은 불법이라고 판결했고, 사람이 "살 수 없거나 경제활동을 할 수 없는 인공 섬은 배타적 경제수역 대륙붕을 가질 수 없다."고 판결했다.[18] 중국이 역사적으로 남중국해에서 조업해온 사실은 인정했으나, 다른 나라의 어민들도 마찬가지로 해당 수역에서 역사적으로 조업을 해왔다는 점을 인정했다. 이에 따라 '9단선'을 비롯한 중국의 영유권 주장이 유엔해양법협약에 의하여 무력화되었다.[19]

중국과 공존하는 아세안의 지혜

의외의 아세안 반응

중국은 PCA의 판결을 인정하지 않았다. 그러나 당시 아세안의 반응
도 의외였다. 동 판결이 있은 지 2주 후(7.26) 라오스 비엔티안에서 동
아시아정상회의EAS 외교부장관회의가 있었다. PCA 판결이 중국의 핵
심 주장들을 받아들이지 않은 만큼 세계의 이목은 이 회의에 주목
했다. 이 회의에서 아세안은 중국에게 PCA 판결을 준수하라고 압
박할 것으로 기대했다. 그러나 이 회의를 끝내면서 발표한 의장 성명
Chairman's Statement은 PCA 판결에 관해서 일체 언급하지 않았다. 의장
성명에 PCA 판결에 관한 언급이 없자 회의에 참가했던 미국, 일본, 호
주 등 3국이 중국에게 PCA 판결을 준수하라는 별도 성명을 발표하고
자 했다. 이에 아세안의 동조를 요청하였으나 아세안의 지지를 얻지
못했다. 더욱이 베트남, 필리핀, 말레이시아 등 남중국해 분쟁 당사국
중 어느 나라도 동조하지 않았다. 결국 미국·일본·호주 세 나라 명의
로 성명을 발표하게 된다.

미국과 연합하여 중국에 대항하지 않겠다는 아세안의 의지를 읽을
수 있는 대목이다. 그럼에도 불구하고, 필리핀의 태도가 의외였다. 영
유권 분쟁의 당사자이자 PCA에 제소한 나라이지만 PCA 판결에 대한
일체의 환영 메시지를 내지 않았다. 그 배경에는 판결이 있기 직전에
정권이 교체되어 로드리고 두테르테Rodrigo Duterte 대통령이 새로 취임
했기 때문이었다. 그는 친 중국 정책을 표방하여 중국과의 통상, 투자
협력을 강화하고 인프라 건설에 중국의 지원을 기대했다.

그러나 최근 들어 PCA 판결을 지지하는 아세안 입장들이 나오기 시
작했다. 두테르테 대통령 자신이 2020년 유엔 연설에서 "PCA 판결은
국제법의 일부Part of International Law"라고 했고, 그 나라 외교부장관도

동 판결을 훼손하는 어떠한 시도에도 반대한다는 성명을 발표했다. 아세안 다른 나라들도 PAC 판결을 지지하고, 이 판결에 기초하여 남중국해에서 자신의 입장을 재정비하고 있다고 한다. 2019년 12월에서 2021년 1월 사이 말레이시아, 필리핀, 베트남, 브루나이, 인도네시아 등이 외교공한을 발송하거나 성명을 발표하여 이러한 입장을 밝혔다.[20] 이러한 움직임들이 중국에게 어떠한 영향을 미칠지 향후 추이가 주목된다.

5 중국의 대만 침공 가능성

시진핑 국가주석은 2021년 7월 중국공산당 창당 100주년 기념식에서 "대만 통일은 역사적 과업"이라고 강조하고, 대만 독립을 도모하는 어떠한 외부 세력을 분쇄하겠다고 천명했다.[21] 그는 신장 위구르, 홍콩에서 중국의 자주적 통치권을 행사한 데 이어 대만 통일을 이룬다는 목표를 가지고 있다. 미국과 일본의 입장에선, 대만은 동아시아 지역의 전략적 요충지이자 서태평양으로 통하는 관문(關門)이다. 대만이 중국에 의하여 무력 통일되거나 중국에 예속되면, 제1도련 선뿐 아니라 제2도련 선까지 중국군의 영향권에 놓이게 되고, 나아가 태평양으로 통하는 대문을 중국군에게 개방하는 것과 마찬가지이다.

대만 침공 가능성이 있는가.

2022년 2월 러시아의 우크라이나 침공을 계기로 중국이 대만을 침공할까하는 우려가 국제 사회에 팽배했다. 중국의 대만 공격이 미·중 전

중국과 공존하는 아세안의 지혜

면전으로까지 발전할 수 있는 만큼 대만 공격 가능성은 높아 보이지 않다는 것이 전문가들의 중론이다.[22] 그러나 시진핑의 대만 통일에 대한 의지가 강한 만큼 국제정세의 변화와 중-대만 관계의 변화 속에서 언제든지 중국의 무력공격 가능성이 제기될 수 있다는 것도 사실이다.

이와 관련, 두 가지 문제가 거론된다. 대만의 군사적 대비 태세 문제와 대만의 반도체 생산력 문제이다. 사실, 미·중 공히 반도체 생산 능력을 충분하게 보유하지 않고 있는 만큼 대만의 반도체 생산력은 미·중에게 공히 귀중한 전략 자산이 되고 있다.

우선, 대만의 반도체 생산력을 살펴보고자 한다. 세계가 디지털 경제 시대로 들어가면서 반도체 칩의 수요가 폭발적으로 증가하고 있다. 자동차, 제조업, 로봇 산업, 의료, 물류, 농업, 환경 등 산업 전반에 걸쳐 반도체 칩 수요가 크게 늘어나고 있다. 칩 부족으로 인하여 세계 자동차 제조업이 생산 차질을 빚기도 하였다. 이와 같은 폭발적 수요 증대에 비하여 글로벌 반도체 칩 공급 부족현상이 갈수록 심각해지고 있다. 여기에 추가하여 미·중 기술 경쟁, 미·중 디커플링 Decoupling과 글로벌 공급망의 재편 과정에서, 반도체 공급 문제가 심각해지고 있으며 대만 반도체 산업 능력이 세계적 주목 받았다. 미국은 시스템반도체 칩 설계의 최강자이지만, 대만 기업 TSMC가 세계 파운드리(반도체 위탁생산) 생산의 64%를 차지한다.[23] TSMC는 중국, 미국, 일본에 생산 공장을 가지고 있거나 추가 신설할 계획을 추진하고 있다.

중국의 대만 침공 문제는, 앞에서 이야기한 바와 같이 대만의 지정학적 중요성과 함께 대만 반도체 생산 문제와도 관련되어 있다. 중국이 대만 반도체 생산 능력을 파괴되거나 중국 손에 넘어가는 것을 미국이 결코 좌시하지 않을 것이라는 관측이 지배적이다.

중국, 대만 침공 가상훈련을 계속

대만의 군사 태세와 관련, 아래 표(7-5-1)는 중국군(PLA 동부 및 남부 전구)와 대만의 군사력을 보여준다. 현격한 차이가 있으며, 대만에 주둔하는 미군이나 외국군은 없다. 이러한 중·대만의 군사력 상황을 염두에 두고 미국 후버 연구소는 2020년 10월 중국의 대만 침공 가능성을 두고 세 가지 시나리오를 상정하여 분석한 결과를 내놓았다. 세 가지 시나리오는, 봉쇄Blockade, 미사일 및 공군에 의한 공습, 전면적 침공 등이며, 어느 경우에도 성공Decisive Outcome할 가능성이 높지 않

[표 7-5-1] 중국 동부/남부 전구 對 대만 군사력

Capability	PLA Eastern and Southern TCs	Taiwan
Ground Force Personnel	412,000	88,000(active duty)
Tanks	*6,300 across PLAA	800
Artillery Pieces	*6,300 across PLAA	1,100
Aircraft Carriers	1	0
Surface Warfare	99	26
Landing Ships	51	14
Submarines	38	2(diesel attack)
Coastal Patrol Boats(Missile)	68	44
Fighter Aircraft	600(*1,500 across PLA)	400
Bomber Aircraft	250(*450 across PLA)	0
Transport Aircraft	20(*400 across PLA)	30
Special Mission Aircraft	100	30

출처: Military and Security Developments Involving the People's Republic of China 2020.
PLA-중국군, PLAA-중국 육군(army), Eastern TC(theater command, 東部战區), Southern TC(theater command, 南部战區)

중국과 공존하는 아세안의 지혜

다고 결론지었다.[24] 어느 경우에도 중국의 피해가 상당하고 군사적으로 성공하였다고 해도 대만 사람들의 마음을 얻지 못하고 점령 상태가 지속될 가능성도 있다고 보았다. 무엇보다, 미국의 개입으로 미·중 전면전으로 발전할 가능성을 피하기 힘들다.

대부분의 전문가들은 현재의 상황에서 중국이 대만을 침공할 가능성을 높게 보지 않는다. 그럼에도 불구하고, 중국군이 다음과 같이 대만 침공 훈련을 되풀이하고 있는 사실도 또한 주목할 필요가 있다.

2021년 8월 중국군은 대만 침공을 가상하여 육해공군을 동원한 상륙작전으로 실탄 훈련을 실시했다. 중국 신문 환구시보는 동 훈련 내용을 상세히 보도했다(2021.8.17.자). 이 훈련에는 중국군 5개 전구(戰區) 중 하나인 동부전구 소속 71군단, 72 군단, 73군단, 74군단 등 4개 군단과 해병대가 동원되었고 군함, 전투기가 참가했다. 탱크 등 군수물자 수송에는 일부 민간 선박도 활용했다. 이 기사에는 작전 시나리오도 공개되었다. 먼저 전자기기 및 사이버 공격으로 대만군의 시설 및 통신시설을 파괴한 후 대량 미사일 및 로켓 공격과 함께 군함과 전투기를 동원하여 대만 군함과 전투기, 시설, 항만을 무력화시킨다. 이어 대만의 남서(南西)와 남동(南東) 방향에서 상륙 작전을 실시한다. 이 훈련을 통하여 군수지원 체계의 점검, 군단 간 원활한 협력, 상륙 작전 능력 배양 등 다양한 훈련 목적을 점검했다. 이 작전은 또한 미군의 개입에 대한 대응을 염두에 둔 훈련이라고 환구시보는 특기했다.[25]

대만에 대한 중국의 대대적 군사훈련은 2022년 8월 펠로시Nancy Pelosi 미국 하원 의장의 대만 방문을 계기로 재현되었다. 대만 수역에 6개 훈련구역을 지정하여 대대적인 공군, 해군, 미사일 훈련을 실시했다(지도 7-5-2). 중국군은 또한 2023년 4월 대만주변에서 유사한 군사훈련을 실시하였다 대만 총통이 미국 캘리포니아에서 신임 미국 하원의장Kevin McCarthy을 만난 데 대한 보복이다.

중국이 '조국 통일'이라는 명분하에 세계 최강의 군사력을 계속 키우고 대만 침공을 가상한 훈련을 계속하면서 대만 침공 능력과 경험을 축적하고 있다. 그 과정에서 대만에 대한 군사적 위협은 수시로 나타날 것이다. 뿐만 아니라 국제정세 변화와 중국·대만 양안 관계의 변화 속에서 중국이 어떠한 행동을 취할지를 예단하기 힘들다.

[지도 7-5-1] 펠로시 대만 방문 후 중국이 설정한 군사훈련 구역[26]

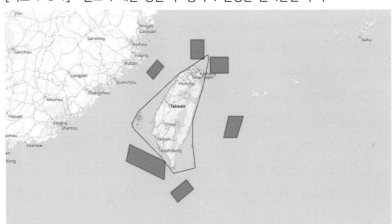

Area where People's Liberation Army exercises were scheduled to take place between 4-7 August

중국과 공존하는 아세안의 지혜

주(註)

1 2021년 7월 1일 중국 공산당 창립 100주년 기념식에서 천안문 광장에서 시진핑이 연설.

2 쿼드 4개국 사이 입장차이는 2020년 10월 외교장관회의에서 선명히 나타났다. 폼페이오 국무장관과, 호주, 인도 외교부 장관이 도쿄에서 대면회의를 가졌으나 공동성명 없이 종료되었다. 회의 종료 후 폼페이오 장관만 중국에 대하여 강한 비판 발언을 했으나, 주최국 일본 외상은 동회의가 특정국을 겨냥한 회의가 아니라고 회의 성격을 설명했다. 다른 나라 외교부 장관들도 중국 부분 언급을 애써 회피했다. 네 나라 사이 중국 부분에 대한 이견을 노출되었다.

3 Cleo Paskal, "Indo−Pacific strategies, perceptions and partnerships" (Chatham House, 2021.3.).

4 나무위키, "AUKUS" (2022.8.4. 열람).

5 BBC 2023.3.14.자 보도, Aukus deal: US, UK and Australia agree on nuclear submarine project.

6 William Choong & Sharon Seah, "Why AUKUS Alarms ASEAN" (Algerian Encyclopedia, 2021.10.20.).

7 17＋1 참가국은 중국, Albania, Bosnia and Herzegovina, Bulgaria, Croatia, the Czech Republic, Estonia, Greece, Hungary, Latvia, North Macedonia, Montenegro, Poland, Romania, Serbia, Slovakia and Slovenia. 당초 리투아니아가 참여하여 17＋1이었으나 2021년 탈퇴하여

16+1이 되었다.

8 영국 Chatham House 연구서, "Indo-Pacific strategies, perceptions and partnerships: The view from seven countries" (2021.3.23. 발표).

9 영국 Chatham House 연구서, 상동.

10 미국 연구소 CSIS, "Chinese Strategy and Military Forces in 2021 A Graphic Net Assessment Working draft" (2021.8 Anthony H. Cordesman Burke Chair in Strategy, CSIS 외).

2035년까지 중국군 현대화 계획의 주요 내용은 다음과 같다.

- 해군력(PLAN)-약 350척 해군함정(항공모함, 잠수함, 다목적 해군함정)을 보유하여 공해 및 원양작전 능력을 육성
- 공군력(PLAAF)-4세대 및 5세대 전투기를 다량 생산·배치
- 로켓부대 (PLA Rocket Force)-주변지역 군사 분쟁에 제3자 개입을 저지하고 격퇴할 수 있는 육상, 대함(對艦) 미사일을 배치; 100기 가량의 대륙간탄도 미사일 및 수백 개의 전역(theater-range) 미사일을 배치
- 사이버, 위성 능력, 전자전, 및 심리전 능력 배양

11 CRS (2022.3.8.) U.S. Navy Response 편. 미국이 태평양에서 취할 대응 조치 계획은 다음과 같다.

- 미 해군 함대의 상당부분을 태평양으로 이동
- 최신 함정 및 항공기, 그리고 정예 인력을 태평양에 배치
- 해군 전투력 증강
- 중국의 반 접근전략(A2/AD)에 대한 대응책 강구(예로, 해군/해병 연합의 새로운 전술 개발)
- 해군 배치에 있어서 새로운 함대 운영 방안 마련
- 동맹 및 우호국 해군과의 연계 전략 개발: 양자 동맹을 3자(미-일-호주, 미-호주-인도), 4자(미-일-호주-인도) 협력 체제로 전환 등

12 CRS (2022.3.8.) 상동.

13 Hoover Institution(2020.10.), "The Changing Balance of Military Power in the Indo-Pacific Region" (2020.10. Phillip C. Saunders and Kevin McGuiness).

14 Hoover Institution 상동.

15 Ian Storey, "Thailand's Military Relations with China: Moving from

중국과 공존하는 아세안의 지혜

Strength to Strength" (ISEAS – Yusof Ishak Institute Perspective 2019.5.27.).

16 2012.7. 하이난(海南) 성의 행정구역으로 산샤(三沙) 시를 설립하여 남중국해 전체를 관할하도록 행정 관리 체계를 수립했다. 대만이 지배하고 있는 동사군도를 제외하고, 서사군도, 남사군도, 중사군도를 관할하도록 했다. 산샤 시는 서사군도 Woody 섬(永興島)에 위치하며 인구는 1,300여 명에 불과하다.

17 PCA 판결: "The Tribunal concluded that there was no legal basis for China to claim historic rights to resources within the sea areas falling within the 'nine – dash line'"

18 PCA 판결: "[r]ocks which cannot sustain human habitation or economic life of their own shall have no exclusive economic zone or continental shelf."

19 Wikipedia, "필리핀 대 중국" (2022.2.22. 열람).

20 The Diplomat 2021.7.12. 기사," The South China Sea Arbitration Award: 5 Years and Beyond (Nguyen Hong Thao and Nguyen Thi Lan Huong).

21 2021년 7월 1일 중국 공산당 창립 100주년 기념식에서 시진핑의 연설.

22 Hoover Institution(2020.10.) 상동서
중국군(PLA 동부 및 남부 전구)와 대만 사이 군사력 차이는 현격하다. 아래 표에서 PLA – 중국군, PLAA – 중국 육군(army), Eastern TC (theater command, 東部战區), Southern TC(theater command, 南部战區)를 표시한다.

23 Statista, "Semiconductor foundries market share worldwide 2020 – 2022, by country" (Published by Thomas Alsop Jun 29, 2022)

24 Hoover Institution(2020.10.) 상동서.

25 환구시보 2021.8.17. "PLA holds joint live – fire assault drills near Taiwan island in direct response to collusion, provocations by US, secessionists" (Liu Xuanzun기자).

26 Wikipedia, "2022 Chinese military exercises around Taiwan" (2022.8.11. 열람).

1. 아세안 공동체 창설 후 진로 선정
2. 지역통합의 대표 사례들
3. 지역통합을 가능하게 한 요인들
4. 아세안, 세계 5대(大) 경제규모로 성장
5. Covid-19로 지역통합 열기가 냉각

제8장

아세안 공동체
창설 이후 경제성장

제8장

아세안 공동체 창설 이후 경제성장

"코로나 바이러스(COVID-19) 발생 이전(2019년), 아세안은 10개 나라 6.5억 명 인구, 국내총생산(GDP) 3.17조 달러, 무역 규모 2.81조 달러, 1,588억 달러 외국인 직접투자(FDI)와 관광객 1.43억 명을 유치. 세계 5대(大) 경제로 성장하였다."

— 아세안 사무국 통계

1) 아세안 공동체 창설 후 진로 선정

앞서 제2장에서 살펴보았듯이, 아세안은 2010년 이후 공동체 설립을 집중적으로 준비했고 공동체를 설립한 후에도 아세안이 전략적으로 노력을 집중한 분야는 크게 나누어 다음 세 가지로 구분된다.

첫째, 아세안은 세계화 조류에 편승하기 위하여 경제 개혁개방과 지역통합 노력을 계속한다. 둘째, 동아시아 경제 협력체제에 적극 참여한다. 셋째, 지역협력, 특히 경제 분야의 지역협력을 조직화한다. 이를 통하여, 아세안 10개 회원국 사이 질적 통합과 내부 결속을 다지고자 했다. 지역통합의 시너지 효과가 경제성장을 끌어올리고 그것이 다시 지역통합을 다지는 선순환구조를 만들고자 했다. 중국의 부상, 특히 시진핑이 추진하는 중국의 세계 전략에 대응하고, 미·중 경쟁이 본격화되자 이에 대한 대비책도 필요했다. 이러한 정세 변화 속에서, 아세안은 일관되게 경제성장과 능력 배양에 집중했고, 동남아 지역이 어느 강대국의 영향권에 들지 않도록 하겠다는 원칙에 충실했다.

이 장에서는 아세안의 지역통합과 경제성장 노력을 다루고, 이어지는 장에서는 아세안을 겨냥한 미·중 경쟁에 관하여(제9장), 아세안의 향후 과제와 대응에 관하여(제10장) 살펴보기로 한다.

② 지역통합의 대표 사례들

저자는 2010년 이후 2019년까지 매년 2~3회 아세안(대륙) 회원국을 방문하여 지역통합의 현장을 보고자 했다. 베트남, 라오스, 미얀마를 가장 많이 찾았고 이들 나라와 국경을 맞대고 있는 중국 남부의 윈난성(云南省)이나 광시좡족자치구(广西壮族自治区)를 방문했다. 이 지역을 여행할 때는 되도록 버스, 철도, 선박 등을 이용했다. 국경을 넘는 도로, 철도 등 연계 수송망의 발전, 국경 통과하는 화물량 및 인적 교류의 현황, 국경 지역의 도시 발전 등 지역통합의 현장을 직접 보고, 체험하기 위해서였다. 항공편으로는 경험할 수 없기 때문이다. 2010년대 중반 무렵, 그러한 육로 여행이 가능하도록 아세안(대륙) 지역의 기본 인프라 건설이 이미 완성되었고 국제 노선버스가 많이 운행되기 시작하였다.

중국과 공존하는 아세안의 지혜

이와 관련, 지역통합의 대표적 사례들을 아래 소개한다. 이들 분야별 통합만으로도 아세안의 무역, 투자, 운송·물류, 관광 산업이 크게 늘고 통신망 연결은 이웃 나라의 TV 시청, 라디오 청취를 가능하게 한다. 이들은 COVID-19 확산 이전인 2019년까지 일어났던 사례들이다. 2020년 COVID-19 발생 이후 국경 폐쇄로 인하여 이러한 지역통합이 중단되고 인적·물적 교류가 크게 줄어들었다.

국제노선 버스의 발달

2010년 이후 지역통합의 대표적 사례는 도로망의 확충과 국제노선 버스의 발달이다. 오늘날 베트남, 라오스, 캄보디아, 태국, 말레이시아 및 싱가포르 등 대부분의 아세안 대륙 국가, 그리고 중국 남부지방의 어디를 가든 국제 또는 시외 노선버스 여행이 가능하다. 과거 비행기로만 가능했던 여행경로 대부분을 버스나 기차로 대체할 수 있다. 아세안을 넘어 중국까지 가는 국제노선 버스도 발달하여 있다. 다만, 미얀마는 아직 국제노선 버스가 도입되지 않았다. 도로 수준, 치안 사정, 법·제도적 정비가 미흡하기 때문이다.

이러한 국제버스 노선망의 발달과 확대는 2010년대 초부터 발전하기 시작했다. 2012년 1월 태국 언론은 방콕-라오스 팍세Pakse 국제노선 버스가 개설되었다는 뉴스를 보도했다. 지금은 태국과 라오스 주요 도시 간에 많은 노선 버스가 운행되고 있어서 새로운 노선 개설이 뉴스거리가 되지 않고 있다.

그뿐만 아니라, 지난 10여 년 사이 국제버스 노선은 노선망의 확대뿐 아니라 승객들의 편의를 위하여 예약, 티켓팅, 버스 내 와이파이 장착, 여객 터미널의 정비 등 많은 발전이 있었다. 이는 결국 그만큼 버스 이용 승객(주로 서민층)이나 관광객이 크게 늘고 있다는 의미이다.

국제노선 버스의 운행이 가능하다는 것은, 일차적으로 국제 수준의 도로가 건설되었고 국가 사이 도로망이 완성되었음을 의미한다. 아시아개발은행ADB은 1992년 메콩 강 유역의 개발 사업을 시작하면서 메콩 유역, 즉 라오스, 태국, 베트남, 미얀마, 캄보디아, 그리고 중국 등 6개국의 연계 도로망 건설사업을 가장 우선시했다. 또한, 10년에 걸친 협상 끝에, 이웃 나라 사이 국제노선 버스의 통과를 허용하는 '국경 통과운송협정CBTA: Cross−Border Transport Agreement'이 2015년 발효되었다.[1] 지난 10여 년 동안 국제노선 버스의 확대는 이러한 당초 우려가 원활히 해결되고 있다는 간접증거기도 한다.

메콩 강은 세계에서 12번째로 긴 강으로 티베트 고원에서 출발하여 중국 윈난 지방, 미얀마, 라오스, 태국, 캄보디아, 베트남을 거쳐 베트남 남부지방에서 남중국해로 빠져나간다. 이 강은 유역 국가들에 많은 경제적 혜택을 주고 국경 역할을 한다.[2] 그런데도, 이 강은 수송로 연결, 인적·물적 교류 등 지역통합에 큰 장애가 되기도 한다. 이를 극복하려면 이 강을 가로지르는 대교가 건설되어야 하지만 여기엔 막대한 자본과 기술력이 필수적이다. 미얀마, 라오스, 캄보디아, 베트남 등은 그러한 여력이 없었고 경제가 낙후된 만큼 커다란 교량을 건설할 필요성이 절실한 만큼의 인적, 물적 수송도 없었다. 최근 가팔라진 지역통합과 경제성장은 아세안의 환경을 크게 바꾸고 있다. 다시 말해 물동량 증가에 따라 도시와 도시를 잇는 교량의 건설이 늘어나고 있다는 얘기다. 이러한 교량이 건설되기 전에는 국제노선 버스, 승용차 및 화물 트럭이 오래 기다렸다가 동력 바지 선박으로 강을 건넜다. 기후가 나쁠 때는 운항이 중단되었기 때문에 기업과 주민들이 겪는 불편은 표현이 어려운 수준이었다.

중국과 공존하는 아세안의 지혜

라오스 인구의 1/3이 출국

메콩 대교의 건설과 국제 노선버스의 개설은 이웃 나라 사이 인적 교류와 경제 교류를 크게 늘린다. 예로, 라오스-태국, 중국-라오스 국경 지역에서 일반 버스를 이용하여 매일 직장으로 출근하는 것을 목격했다. 메콩 강을 두고 라오스Savannakhet와 태국Mukdahan 사이를 메콩 대교를 건너서 왕래하는 버스가 있다. 아침 8시 15분부터 저녁 7시까지 하루 12회 왕래한다. 라오스 정부 통계에 의하면, 2019년 235만 명의 라오스 사람들이 해외로 나갔다. 1인당 국민소득이 2,600달러(2020년)로 세계 150위권에 있는 나라임에도 매년 인구의 1/3이 이웃 나라 태국이나 베트남으로 국경을 넘은 것이다. 이는 이웃 나라 방문을 일상화할 수 있도록 출입국법·제도 정비, 국제버스 노선의 도입, 그리고 메콩 대교의 건설 등 하드웨어·소프트웨어 인프라가 마련되었기 때문에 가능해진 변화이기도 하다.

회원국 비자 면제 및 국경통과증 제도

상호 비자 면제 제도의 확대도 지역통합에 크게 이바지한다. 2006년 7월 아세안 회원국들은 14일 이내 단기 체류하는 아세안 다른 나라 사람들에게 비자를 면제해주기로 하기로 합의했다. 2010년 10월 '점진적으로 시행해 오던 아세안 상호 비자 면제를 2012년까지' 시행하자고 목표시기를 구체적으로 제시했다.[3]

그러나 아세안 10개국은 각자 상이한 정치 체제를 가지고 있으며, 회원국 사이가 항상 우호적이지만은 않다. 때로는 영토 문제로, 때로는 특정 사안(예로, 남중국해 문제, 대 중국 관계 등)을 두고 이해가 같지 않다. 따라서 아세안 10개국은 현재 다른 회원국 국민에게 비자 면제

정책을 취하고 있다. 다만, 일률적 정책을 취하기보다, 각국의 국내법 제도에 따라 무비자 허용 기간 및 절차가 상이하다. 비자 제도는 결과적으로 두 나라 사이의 양자 관계에서 규정되고 있다. 아세안의 국경 도시 간에는 국경통과증Border Pass 제도도 있다. 여권이나 비자 없이도 하루 또는 아주 짧은 단기간에, 국경 넘어 상대방 국가의 국경 도시의 방문을 허용하는 제도이다. 이 제도 덕분에 국경 넘어 도시에 직업을 갖고 출퇴근하는 사람이 늘고 있다고 한다.

국경을 넘나드는 물류

화물 트럭과 국제 노선버스, 아니면 개인 차량이 국경을 넘을 수 있도록 양자 또는 다자간 정부 간 합의가 존재한다. 2015년 발효된 '국경통과운송협정CBTA: Cross-Border Transport Agreement'은 국경통과 차량의 신청절차, 운전자, 차량 등록, 사고 처리 절차 등 20개 항목에 달하는 내용(부속서)을 포함하고 있다. 차량의 국경 통과를 쉽고 빠르게 진행하도록 규정한 합의서이다.

이 합의서는 이웃 나라 사이, 즉 양자(兩者) 차원에서 실행되고 있다. 대부분의 나라들은 국경을 접하고 있는 이웃이 아닌 제3국의 화물 차량이 자국 영내를 운행하거나 국경을 통과하는 것을 주저하고 있다. 구체적으로, 중국 화물 트럭이나 국제노선 버스가 베트남을 거쳐 캄보디아까지 운행하는 경우, 아니면 중국 트럭이 라오스를 경유하여 태국까지 운행하는 경우 중간 경유지(베트남, 라오스)가 이러한 3자(三者) 개방에 동의하지 않고 있다. 그러나 동남아 지역통합과 경제발전에 따라 인적, 물적 통행량이 급격히 늘어나자 2019년, 즉 Covid-19 확산되기 전, 중국-라오스-캄보디아 수송협력 논의가 진행되고 있었다.

동남아 지역 화물운송의 70% 이상이 화물트럭에 의존하고 있는 현실이다. 코로나 사태가 진정되고 지역경제가 다시 활성화되면 3자 또는 다자 화물 트럭의 현실화 방안은 다시 논의될 것이다. 더욱이 2022년 중국-라오스 고속철도 운행이 시작되었고 잠시 멈췄던 태국과 말레이시아 철도 건설공사 역시도 재개되었다. 앞으로 쿤밍-싱가포르 철도가 전 구간, 또는 구간 별로 연결되면, 이는 다자운송 방식의 현실화를 의미한다. 그 경우 화물 트럭의 다자운송 네트워크도 현실로 다가올 것이다.

지역통신망 연결

동남아 지역통합 노력 가운데 가장 괄목할만한 성과는 도로망의 확충과 통신망의 발전을 꼽는다. 그 전에는 인터넷을 이용하려면 고급호텔인 경우에도 호텔 내 비즈니스 센터에 가서 유료로 사용해야 했다. 경제가 낙후된 나라의 경우 인터넷 통신망 미비와 전력 부족으로 이메일 하나 보내려면 많은 인내심이 필요했다.

아세안공동체 설립을 위한 우선추진 사업 15개 중, 광대역 브로드밴드 통신망 건설이 포함되었다. 이에 따라 아세안 각국은 광대역 통신망 건설을 서둘렀다. 그 결과 2016년 즈음에 아세안 모든 나라에 WIFI망이 보급되어 식당, 숙소, 장거리 노선버스에서도 무료 인터넷, 무료 통화(국내, 국제)가 가능했다. 국제통신망의 연결은 이웃 나라끼리 문화, 정보의 지역 확산에도 크게 기여한다. 라오스의 고산지대에 가면, 현지인들이 아침부터 태국이나 중국 TV 드라마를 보고 있는 광경을 볼 수 있다. 휴대전화로 WIFI망을 이용하여 다른 나라 드라마나 뉴스를 보는 것이다.

지역차원의(Region-Wide) 통합 분야

앞서 언급한 사례는 이웃 나라 사이의 양자차원의 지역협력·통합 사례이다. 그러나 인적·물적 교류와 투자가 활발해지고, 확대되면서 양자 차원을 넘어서 지역 차원의 통합과 연계의 필요성이 대두되고 있다. 다시 말하여, 다수 국가를 연계하거나Multilateral Connectivity, 아니면 지역 차원의 연계Regionwide Connectivity를 대상으로 하는 인프라 사업들이 그 예이다.

– **지역 차원의 투자방식**: 역외국(한국)의 투자도 지역 차원의 협력 방식을 원용할 수 있다. 한국기업이 미얀마에 벽돌 공장을 세우는데 한국 기업의 투자 회사인 베트남 회사 명의로 미얀마에 투자하고 베트남 기술자들을 채용했다. 그 결과, 미얀마 정부의 사업 승인, 기술자 고용 및 출입국 절차, 그리고 비용 면에서 한국 회사 명의로 투자하거나, 한국인 기술자를 데리고 가는 것보다 몇 배 빠르고 저렴하게 사업을 시작할 수 있었다. 아세안 경제공동체 규정을 활용한 투자방식으로 실제 사례가 있다.

– **아세안 국제철도 개통**: 라오스 철도가 2021년 12월 개통되었다. 중국 쿤밍 – 중국/라오스 국경 – 라오스 비엔티안 연결 철도이다. 앞으로 태국 – 말레이시아(건설 중) – 싱가포르까지 연결하는 철도 건설 계획이 있다. 태국 구간이 진척되지 않고 있으나 구간별로 고속철도가 운행되면 이제까지 트럭 위주의 화물·승객 운송에 수송 혁명이 일어날 것이다(아세안 철도는 제9장에서 후술).

– **전력(電力) 수출입4**: 아세안 전력 수출입에 있어서 주목할 만한 일이 최근 있었다. 전력 수출입은 대부분이 이웃 나라 사이 양자 차원에서 이루어졌으나, 2022년 6월 다자 차원의 전력 수출입Multilateral

중국과 공존하는 아세안의 지혜

Electricity Trading이 처음으로 성사되었다. 라오스가 수력발전으로 생산한 100메가와트 전력을 태국, 말레이시아 전력망을 이용하여 싱가포르에 공급하기로 네 나라가 합의했다. 수출량은 싱가포르 전력 소비량(2020년도)의 1.5%에 불과하고 2년간의 단기 계약이다. 그러나 싱가포르는 2035년까지 전력 소비의 30%를 저탄소 전력으로 수입하기로 한 계획을 가지고 있다. 이번 다자 합의 모델이 무난하게 이행되면 싱가포르는 훨씬 많은 라오스 전력을 수입할 것이다. 이 지역에 전력 수출입이 양자 차원에서 다자 방식으로 확대되면 전력 교역은 크게 늘어나게 될 것으로 예상된다.

[지도 8-2-1] GMS 경제회랑 지도[5]

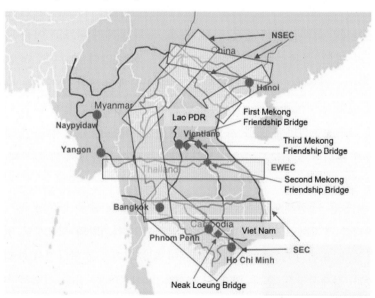

EWEC = East–West Economic Corridor, GMS = Greater Mekong Subregion, Lao PDR = Lao People's Democratic Republic, NSEC = North–South Economic Corridor, SEC = Southern Economic Corridor.
Source: Author compilation based on the map provided by Nippon Express.
https://www.nipponexpress.com/press/release/2018/06-Jun-18-1.html (accessed 12 March 2020).

- 메콩 강 유역 개발: 1992년 아시아개발은행ADB은 메콩 강 유역 개발 사업을 착수했다. ADB의 구상은 도로망을 우선 건설하고 도로망에 따라 경제 회랑Economic Corridor를 조성한다는 계획이었다. GMS 도로망은 복잡하지만 동서회랑EWEC, 남북회랑NSEC, 남부회랑(SEC) 등 3대 경제회랑으로 대별된다. 앞의 지도(8-2-1)는 GMS 경제회랑을 표시하고 있다. 1992년 GMS 계획 시작 당시 메콩 강 유역의 연간 무역액은 50억 달러이었으나 2020년 6,390억 달러로 늘어났다.[6]

③ 지역통합을 가능하게 한 요인들

아세안 10개 회원국들은 정치, 경제, 사회 체제가 다르고 이웃 나라와의 영토, 종족, 종교 등 다양한 갈등도 적지 않다. 베트남, 라오스, 미얀마, 캄보디아 등 네 나라는 선발 회원국에 비하여 경제발전 수준이 많이 뒤떨어져 있고 1990년대에 들어서 아세안에 가입하였다. 이들은 다자지역협력에 대한 경험이 거의 없다. 이와 같이, 공통점이 별로 없어 보이는 회원국들이 지역통합, 나아가서 아세안 공동체 창설에 적극적이었던 배경은 무엇인가.

이들은 냉전체제의 붕괴 과정에서 소련USSR과 중국 공산당 체제의 위기를 목격하였고, 세계화 추세에 맞추어 개혁개방의 필요성도 인식하였다. 또한 1990년대 후반 동아시아 외환위기를 경험하면서 개혁개방과 경제성장을 혼자 힘으로 추진하기 어렵다는 점을 경험하였다. 2000년대 들어 중국의 공세적 외교Assertive Diplomacy에 대하여 각국이 독자적으로 대비책을 마련하기 힘들고 아세안 차원에서 공동으로 준

중국과 공존하는 아세안의 지혜

비할 필요성을 공감하고 있었다.

이에 2000년대 후반 아세안공동체를 창설하자는 제안이 나오자 아세안 각국 지도자들은 전폭 지지하였다. 주변 정세 변화에 대처하고 외세가 함부로 하지 못하는 아세안을 만들자, 즉 자강(自强)능력을 배양하자는 취지가 아세안을 뭉치게 하였다(제2장, 제4장).

이러한 자강능력 배양에 회원국들이 동참할 수 있었던 배경에는 다음 두 가지 여건이 갖추어져 있었기에 가능하였다. 첫째, 2010년 전후하여 회원국들의 국내정국이 비교적 안정되었고 경제성장에 대한 열의가 높았다. 둘째, 동아시아 지역 국가들이 '세계의 공장'으로 부상하고 이 지역 국가들이 높은 경제성장을 하면서 지역 협력을 강화하고 있었다. 아세안은 이러한 동아시아 지역 협력에 적극 가담하였고, 때로는 주도하기도 하였다.

첫째, 회원국의 국내정세 안정

2010년대 초 "아랍의 봄" 열풍이 중동을 휩쓸었다. 튀니지, 이집트, 이집트 등에서 부정부패 척결과 민주화를 위한 민중 봉기가 일어났고, 카다피, 무바락 등 장기 집권하던 절대 권력자들을 권좌에서 밀어냈다. 이 열풍이 동남아에 어떠한 영향을 미칠까 세계가 주시하였다. 그러나 동남아 국가들의 국내정세는 아래와 같이 비교적 안정적이었다. 1990년대 동아시아 외환위기 경제위기 때 다수의 아세안 국가 지도자들이 교체되었다. 대표적 인물이 인도네시아 수하르토Mohammad Soeharto 대통령이다. 그는 32년간의 장기 통치를 끝내고 1998년 하야하였다. 아랍의 봄이 오기 전에 미리 예방주사를 맞았던 셈이다.

아세안 회원국들이 지역통합을 본격 추진하고 아세안 공동체 설립을 준비하였던 시기, 즉 2000년대 후반기에서 2015년 공동체 설립 때까지 이들의 국내 정세는 비교적 안정적이었다.

－ **인도네시아**: 유도요노Susilo Bambang Yudhoyono 대통령이 2004년 10월~2014년 10월 재임기간 동안 안정적으로 국내정세를 유지하였다. 그는 인도네시아 최초의 직접 선거에 의하여 선출된 대통령이다. 인도네시아의 민주화와 아세안의 결속을 배경으로 아세안의 국제적 발언권 상승에 기여하였다.

－ **싱가포르**: 리셴룽 현 총리가 2004년 8월부터 재직하고 있다. 그는 리콴유Lee Kuan Yew 전 총리의 아들이다. 리콴유는 2015.3 사망할 때까지 국내적으로 절대적 지지를 받는 국가지도자이자 아세안 지역으로 부터도 존경 받았다. 그는 아세안 지역 협력과 결속을 다지는데 앞장섰던 인물이다.

－ **말레이시아**: 나집Najib Razak 총리는 2009년 4월~2018년 5월 재임기간 중 비교적 안정적으로 정국을 운영하였다. 그는 총리 재직 기간 중 아세안 지역협력과 결속에 적극 참여하였다. 동아시아정상회의 EAS의 조기 실현을 추진하였다.

－ **미얀마**: 테인 세인Thein Sein 대통령은 군부 정권 종식과 동시에 대통령으로 선출되어 2011년 3월~2016년 3월 재임하였다. 그는 미얀마의 군인 출신 정치인이자 군정 때 총리를 지낼 정도로 군부 실권자의 한 명이었다. 그러나 재임 기간 동안 야당 지도자 아웅산 수찌와 협력하여 미얀마 개혁·개방 및 민주화에 헌신했다. 그의 임기 중에 오바마 미국 대통령이 미얀마를 방문하였다.

－ **태국**: 이 나라는 2006년과 2014년 군부 쿠데타가 일어날 정도로 격렬한 거리 시위와 쿠데타가 반복적으로 발생하여 불안한 정국이었고, 경제는 아세안 평균 경제성장률 이하를 기록한다. 그러나 국민들

중국과 공존하는 아세안의 지혜

의 절대적 지지를 받던 푸미폰Bhumibol Adulyade 국왕이 2016년 10월 사망할 때까지 국정이 극단적 혼란으로 치닫지 않도록 방패막이 역할을 하였다.

- **베트남과 라오스:** 베트남은 공산주의 기본 골격을 유지한 채 집단 지도체제 하에서 베트남식 경제 개혁개방 도이머이Doimoi 노선을 유지하였다. 중국과 마찬가지로 오랫동안 세계무역기구WTO에 가입하기 위하여 개혁개방 노력을 기울인 결과 2007년 가입하였다. 라오스 또한 경제 개혁개방 정책을 추진하였다. 두 나라 공히 국내 정치정세의 안정 속에서 아세안의 통합 노력에 적극 참여하였다.

- **캄보디아:** '아랍의 봄' 열풍이 불어 올 때 아세안 국가 지도자 중 가장 위험시 되었던 인물은 훈센Hun Sen 캄보디아 총리였다. 그는 1980년대부터 장기 집권을 해 왔고 정치 자유화를 억압하였다. 이 당시 외국에 거주하던 민주인사들이 귀국하고 민주화 거리 시위도 일어났으나 훈센 정권은 아직까지 건재하다. 아세안 통합 노력에도 적극적이다.

둘째, 경제성장에 대한 열기

이 시기는 또한 대부분의 아세안 국가경제가 높은 성장률을 실현하던 때이었다. 다음 표(8-3-1)는 2004~2011년 아세안 국가들의 연평균 성장률이다. 브루나이와 태국을 제외하고 다른 나라들은 5~10% 사이의 비교적 높은 성장률을 보였다. 이 시기는 2008년 세계 금융위기, 이어 유로Euro 지역 외환위기에도 불구 빠른 경제성장을 보였다. 특히, 1990년대 가입한 후발 가입국가들, 캄보디아, 라오스, 미얀마, 베트남은 모두 7% 이상의 성장률을 보였다. 이는 이들이 다른 선발 회원국에 비하여 경제적으로 뒤쳐져있지만 아세안에 가입하면서 개방 개혁을 촉진하고 이웃 나라와의 지역통합과 역내·역외 투자를 적극 받아들임으로써 얻은 결실이다.

흥미로운 사실은 개혁개방과 경제성장이 통치방식마저 바꾼다는 점이다. 일부 국가들이 공권력(탄압)에 의한 과거 통치방식을 바꾸어, 해외투자 및 관광객 유치 등 국민들에게 경제적 이득을 제공함으로써 국내 정치 안정을 꾀하고 있다.

[표 8-3-1] 2004-2011년 아세안 회원국의 연 평균 경제성장률

국가	브루나이	캄보디아	인도네시아	라오스	말레이시아	미얀마	필리핀	싱가포르	태국	베트남
평균 성장률	0.8%	7.6%	5.8%	9.9%	7.5%	10.8%	4.2%	6.4%	3.2%	7.1%

자료: 아세안 사무국 발간 ASEAN Statistics Yearbook 2012.

셋째, 동아시아 경제협력에 적극 가담

아세안은 동아시아 경제협력에 적극 참여했다. 동아시아 경제는 지역 생산 분업 체제의 발달을 토대로 세계의 공장, 세계 경제의 성장 엔진이라고 불렸고 EU(유럽), NAFTA(북미)와 더불어 세계 3대 경제권으로 부상하였다. 아세안 경제가 동아시아 경제와 동반 성장하였다는 사실은 아세안의 수출입에서 잘 나타난다. 2019년 아세안의 10대 교역(수출과 수입) 상대 중, 아세안 역내 교역Intra-Asean, 중국, 일본, 한국, 홍콩, 대만 등이 차지하는 비중이 60~70%를 차지한다(표 8-3-2). 이뿐 아니라, 아세안을 찾는 관광객의 약 80%가 동아시아 관광객이다. 아세안 지역통합도 동아시아의 높은 경제성장률로부터 크게 고

중국과 공존하는 아세안의 지혜

무되었다.

[표 8-3-2] 아세안 교역에서 동아시아 국가의 비중

	Intra-A 비중	중국	일본	한국	홍콩	대만 비중
2019 수출	23.3%	14.2%	7.7%	4.2%	6.5%	2.8%
2019 수입	21.6%	21.9%	8.3%	7.0%	1.4%	5.7%

자료: 아세안 사무국 발간 ASEAN Statistics Yearbook 2020.

한편, 아세안 경제가 동아시아 경제와 동반 성장하면서 아세안으로 유입되는 해외 투자FDI가 크게 늘었다. 아세안 공동체가 2015년 창설된 후 아세안에 유입된 투자규모는 2018년을 제외하고[7] 매년 최고치를 갱신했다. 아세안의 투자 환경 개선이 세계로부터 유입되는 투자를 크게 신장시킨 것이다.

4 ─ 아세안, 세계 5대(大) 경제규모로 성장

아세안이 공동체 창설과 역내 통합, 그리고 동아시아 경제협력과 세계화 조류에 적극 편승한 결과는 높은 경제성장률로 나타났다. 한 마디로, 지역통합, 경제성장, 정국 안정이 서로 맞물려서 상승 작용을 일으켰다. 그 결과, 아세안 경제가 세계 5대 경제로 성장했다. 아세안 사무국 통계연감에 의하면, 이 시기(2010~2019년) 아세안 회원국 경제는 연평균 5.2% 성장할 정도로 높은 성장률을 기록했다.[8] Covid-19 발생 이전의 아세안 경제규모는 다음 표(8-4-1)와 같이, 10개국, 6.5억 명 인구, 국내총생산GDP 3.17조 달러, 무역규모 2.81조, 투자FDI유입

1,588억 달러, 관광객 1.43억 명 유입 등이다. 같은 해 세계 12위 한국 경제는, GDP 1.64조 달러, 무역액 1.0조 달러, 해외투자FDI 유입 233억 달러(신고기준)이었다.

GDP 수치만을 비교하면, 아세안 경제는 세계에서 미국, 중국, 일본, 독일에 이어 다섯 번째로 큰 경제규모이다.9 이들은 개별 국가 경제인 만큼 아세안 경제공동체와 비교 대상이 아니다. 그러나 EU와 마찬가지로 지역 경제 통합을 빠르게 진행하면서 한 개의 경제권을 형성해 나가고 있는 것도 사실이다. 아세안 경제는 개별국가경제뿐 아니라, 아세안 경제공동체의 총액 규모도 함께 분석해야 실상을 파악하고 장래에 대한 예측이 가능하다.

[표 8-4-1] 2010년 vs 2019년 아세안 경제성장

	2010년	2019년	비고
인구(억 명)	5.85	6.56	
국내총생산(GDP)	1.94조 달러	3.17조 달러	2010-2019년 연 평균 성장률 5.2%
무역(수출입, 미화)	2.00조 달러	2.81조 달러	역내(Intra-A)무역-22%, 역외 비중-78%
투자(FDI) 유입	1,084억 달러	1,588억 달러	역내 투자-14% 역외 투자-86%
관광객 유입	73 백만 명	143 백만 명	역내관광객-36% 역외관광객-64%

중국과 공존하는 아세안의 지혜

아세안 상호간 인적·물적 교류의 증가

아세안 출입국 조치의 완화, 국제 및 국내 시외노선버스의 확대, 화물 트럭의 국경 넘어 운행 등은 아세안(및 중국) 회원국 사이 인적, 물적 교류 및 국경 무역을 크게 신장시켰고, 관광 산업이 국가 경제에서 차지하는 비중도 늘었다. 아세안 회원국 상호 방문객Intra－ASEAN 규모는 2000년 1천5백만 명에서 2019년 5천170만 명으로 세배 이상 증가했다. 특히, 아세안이 2006년 아세안공동체 창설을 2015년까지 달성하기로 합의한 이후 10년 동안 회원국 사이 인적 교류, 상품교역, FDI 투자가 빠르게 늘어났다(표 8－4－2).

[표 8-4-2] 2004-2019년 아세안 상호간/intra-A 인적·물적·투자 교류 현황

	2004년	2007년	2010년	2013년	2016년	2019년
인적 교류 (백만 명)	22.1	27.3	35.0	46.1	46.5	51.7
무역 (U$ bill.)	260.9	401.9	519.8	608.1	517.9	632.6
FDI (U$ bill.)	3.5	9.1	14.3	18.4	26.4	22.0

자료: 아세안 사무국 Statistical Yearbook 2012 및 2021 종합.

⑤ Covid-19로 지역통합 열기가 냉각

좋은 일에는 흔히 궂은 일이 끼어든다(好事多魔)는 말이 있듯이 아세안의 경제성장과 통합 열기는 Covid－19 발생과 미·중 경쟁의 본격

화로 급속히 냉각된다. Covid-19의 확산으로 인하여 국경이 폐쇄되고 인적·물적 교류의 제한조치가 대폭 강화되었다. 대규모 인프라 건설, 많은 인력이 투입되는 사업장들이 작업을 중단하거나 축소해야 했다. 이러한 사태는 세계에 걸쳐 일어난 이야기이지만 아세안도 큰 타격을 입었다.

코로나 환자가 2020년 1월 아세안 내에서 처음 발견된 이후 아세안 전역으로 빠르게 확산되었다. 조류독감이나 메르스, 사스SARS 등 과거의 팬데믹보다 확산세도 훨씬 빠르고 사망률도 높았다.[10] 2022년 2월 기준으로 주요국의 확진 건수, 사망자 건수는 표(8-5-1)와 같다. 나라에 따라 공식통계가 정확하지 않은 점이 있지만 인도네시아, 태국, 필리핀, 말레이시아, 베트남 등 인구가 많고 경제규모가 큰 나라에서 몇 백만 건의 확진건수가 발생하였고, 수만 명이 사망하였다. 동남아 지역에는 사망률이 높은 코로나 델타delta 변종(變種)이 확산되었다.

자연 아세안 경제가 크게 위축되어 마이너스 성장으로 빠져들었고 각국 경제에서 큰 몫을 차지하는 관광 산업은 개점휴업 상태에 빠졌다. 사망자와 경제성장률을 보면 1990년대 동아시아 외환위기 이후 최대 위기이었다.

[표 8-5-1] 아세안 COVID-19 확진 건수와 사망 건수(2022년 3월 초 기준)

	인도네시아	태국	필리핀	말레이시아	베트남	싱가포르
확진 건수	5.4백만	2.8백만	3.6백만	3.3백만	3.1백만	0.7백만
사망자	14.8만 명	2.3만 명	5.6만 명	3.2만 명	4.0만 명	0.1만 명
2020년 경제성장률	-2.1%	-6.1%	-9.6%	-5.6%	2.9%	-5.4%

COVID-19 통계: 미국 CSIS Southeast Asia COVID-19 Tracker/ 2022.2.28. 발간,
성장률 통계: IMF 2021.10. 발간. "Navigating Waves of New Variants: Pandemic Resurgence Slows the Recovery"

중국과 공존하는 아세안의 지혜

Covid-19가 아세안에 미치는 타격 중 가장 우려되는 것은 지역통합과 내부 결속을 다지는 열기가 급격히 냉각되었다는 사실이다. 코로나 위기가 닥치자 아세안 회원국들은 공동 대응책을 논의하기보다 모두 국경을 봉쇄하고 각자 살길을 찾았다. 동아시아 외환위기 때 아세안은 아세안+3(한·중·일)을 제안하여 동아시아 지역 차원의 대응책을 주도했고, 그 결과 침체된 지역 분위기를 되살렸다. 그러나 코로나 사태에 대해서는 국경봉쇄, 독자적 백신 조달, 정보 차단 등 각자도생(各自圖生)의 길을 택하면서 지역협력의 분위기가 순식간에 냉각되었다.

코로나 발생 초기, 아세안의 제안으로 지역협력방안이 논의되기도 했으나 막상 아세안으로 확산되자 각국은 각자 살기에 바빴다. 중국 우한(武汉)에 코로나가 처음 발생하고 도시 봉쇄Lockdown소식이 전해지자 아세안의 제안으로 아세안-중국 외교장관 회의를 열고 의료협력 문제를 논의하였다. 몇 개월 후 사태가 역전되어 중국 확산 세가 진정되는 반면, 아세안 내로 확산되자 중국은 아세안 나라들에게 방역마스크, 의료장비를 제공하고 의료진을 파견했다. 중국은 자국산 백신에 대한 임상 실험을 인도네시아 등지에서 행했고, 이렇게 생산된 백신을 동남아에 판매하거나 무료 제공했다. 백신 확보에 어려움을 겪고 있는 나라에게는 중국의 지원이 적지 않은 도움을 주었다. 아세안에 대한 미국, 일본의 백신 지원은 2021년 1월 바이든 행정부 발족 이후이었다.

아세안 사람들은 중국이 가장 많은 백신을 제공했다고 믿고 있다.[11] 실제로 인도네시아가 확보한 백신 공급량의 80% 가량이 중국 제품이었다.[12] 후일 중국산 백신의 질(質)에 관한 문제가 제기되기도 했지만 당시에는 선진국도 좋은 품질의 백신을 제때 조달하지 못해 전전긍긍

하던 때였다는 점을 감안해야 한다.

Covid-19 종식, 그러나 여전히 불안 요소들

2022년부터 국경을 다시 개방하거나 물적·인적 교류를 재개하려는 움직임들이 나타나기 시작하였다. 아세안 경제는 2021년까지 내리막길로 가다가 2022년부터 회복 조짐을 보였고 관광 교류도 재개되었다. 2022년 하반기부터 아세안 회원국들이 국경을 서서히 개방하고 중국도 '코로나 제로' 정책에서 벗어나서 중국 관광객의 해외여행을 허가하기 시작했다. 중국 내 확진 건수가 급속히 늘어난다는 뉴스에도 불구, 아세안은 중국 관광객에 대한 검역이나 출입제한 조치를 취하지 않았다. 그만큼 경제가 어려웠다는 이야기이다. 2023년 5월 세계보건기구WHO 사무총장이 Covid-19가 더 이상 세계적 유행병Global Health Emergency의 대상이 아니라고 선언하였다. Covid-19로 인하여 내려진 국경 폐쇄, 국제적 인적·물적 교류에 대한 제한 조치들이 제거될 것이다.

앞으로 아세안의 지역통합 열기와 결속 노력이 과거와 같이 다시 살아날 지가 주목된다. 그러나 치열해 지고 있는 미·중 경쟁, 심화되고 있는 아세안 내부 분열, 그리고 2021년 발생한 미얀마 군부 쿠데타 사태 등이 여전히 불안 요소로 남아 있다. 이에 관해서는 다음 장에서 후술하겠다.

중국과 공존하는 아세안의 지혜

아세안은 지난 20여 년 동안 지역통합 노력을 꾸준히 계속하였다. 회원국 사이 교역, 돈(투자), 인적 왕래가 보다 자유롭게 이루어지는 '하나의 생산기지'로 만들기 위하여 노력하였다. 회원국들이 자발적으로 통합을 추진하고 있는 가운데 사람 중심People-Centered의 통합이라는 공감대가 확산되고 있다. 일반인도 차츰 통합의 혜택을 향유하기 시작한다는 이야기이다.

저자는 2010년 이후 20여 차례 아세안과 중국의 지역통합 현장을 찾았다. 그 중, 2017.1 여행 일정이 통합의 진전 상황을 잘 보여주고 있어서 여기에 소개한다. 5개 국, 9개 도시를 9일 만에 주로 버스를 이용하여 여행하였다. 여행 일정을 따라 가면서 아래 분야의 통합 진전 상황을 알아보고자 한다.

(1) 사통팔달(四通八達)의 도로망 건설－국제노선버스

(2) 내륙 운송의 70% 이상이 트럭수송(trucking)

(3) 일상화(日常化)된 국경 무역

(4) 통신 혁명 – 지역통신망의 획기적 발전

(5) 수송 장애 메콩 강 – 대교(大橋) 건설로 해결

(6) 아세안 상호비자 면제와 출입국 간소화

(7) 운송수단의 발전 – 철도의 현대화

(8) 전력(電力)의 수출입

■ [여행 개요] 버스로 5개국 9개 도시를 여행하다.

  베트남 다낭을 출발하여 라오스, 태국, 중국, 베트남 하노이 등 5개
국 9개 도시를 9일 동안 여행하였다. 아래 노선도에 따라 주로 버스를
이용하였고 라오스 비엔티안 – 중국 쿤밍 구간만 항공편을 이용하였
다. 빨간 원 부분은 숙박지이다.

[여행 노선도/굵은 검정 선]

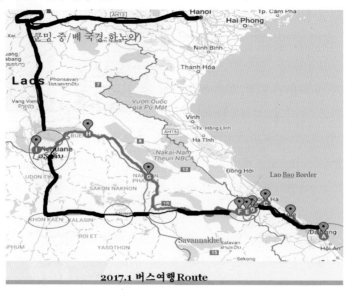

중국과 공존하는 아세안의 지혜

제1일. 2017.1.10 베트남 다낭에서 라오스 비엔티안까지 가는 국제 노선 버스(후술1)를 타고 베트남/라오스 국경 직전에 있는 베트남 Lao Bao에서 내려 1박하였다. 다낭－후에－Lao Bao 가는 도중 끝없이 이어지는 화물 트럭(후술2)을 목격하였다.

제2일. 다음날 국경을 도보로 통과하여 라오스 국경마을로 갔다. 베트남 출국과 라오스 입국 절차는 합하여 20여분 소요되었다. 국경 관문 앞에 있는 버스 정류장에서 Savannakhet행 시외버스를 예약하고, 라오스 마을의 아침 시장을 구경하였다. 물건 대부분이 베트남 물건들이다. 시외버스 짐칸과 지붕 위에도 이미 베트남 물건으로 꽉 차있어서 국경무역(후술3)의 현장을 보았다. 시장 상인들이 모두 휴대전화로 태국 TV드라마를 보고 있다. Wifi 통신의 위력(후술4)을 실감할 수 있었다. 전에도 라오스 오지 산골을 버스타고 갈 때, 길가 노점상들이 태국 TV 드라마에 빠져있던 광경이 생각났다. 라오스 사람들은 자기 나라 TV가 재미없으니 위성 TV 또는 휴대전화로 태국 것을 즐기고 있었다. Savannakhet에서 버스를 내려 1박하였다. 호텔 프런트에서 인터넷 예약 정보를 제시하자 바로 확인하여 체크인 시켜주었다. 10여년 동남아를 여행하는 동안 라오스, 미얀마, 베트남의 조그마한 시골 마을까지 인터넷으로 숙소 예약이 가능한 시대가 되었다.

제3일. 다음날 태국 Mukdahan행 국제노선 버스를 타고 메콩大橋(후술5)을 지나 태국에 입국하였다. 아침 8시 30분부터 저녁 7시까지 매 시간 버스가 운행하고 있으며, 이는 출·퇴근용 국제노선 버스이다. 라오스 출국과 태국 입국 수속은 간단하나 사람이 많아서 각각 20~30분 소요되었다. 라오스나 태국 사람들은 국경 통과증으로 출입국이 가능하다(후술7). Mukdahan에서 태국 시외버스를 타고 Khon Kaen으로 가서 1박하였다.

제4-5일. Khon Kaen에서 시외버스를 타고 Udon Thani까지 갔다. 거기서 매 30분 출발하는 국제노선 버스를 타고 라오스 수도 비엔티안에 입국, 비엔티안 숙소에서 2박하였다.

제6일. 비엔티안에서 비행기로 중국 쿤밍(昆明)으로 갔다. 쿤밍에서 중국 철도로 중국 국경도시 허코우(河口)로 가서 1박하였다.

제7일. 허코우에서 걸어서 베트남 국경 마을 Lao Cai로 넘어가서 1박하였다. 허코우와 Lao Cai는 크지 않은 강의 양쪽에 위치한 국경 도시로서 국경 관문은 다리 양쪽에 있다.

제8일. 다음날 Lao Cai에서 고속버스로 하노이로 갔다. 3시간 조금 넘게 걸렸다. 2013년 1월 같은 구간을 기차로 여행한 적이 있다. 당시 11시간이 넘게 걸렸으나 이제는 고속버스로 3~4시간이면 가능하다. 시간을 크게 절약할 수 있었다(후술8).

제9일. 하노이에서 1박 후 귀국하였다.

1. 사통팔달(四通八達)의 도로망 건설
– 국제노선 버스의 발달

아시아개발은행ADB은 1992년부터 아세안과 중국 남부지방(云南, 广西)에 걸친 도로망건설을 지원하기 시작하였다. 2010년경에는 아세안(대륙) 회원국 사이 연결 도로망이 거의 완성되었다고 한다. 라오스의 험준한 산악지역을 가보면 당시 건설하였다는 도로가 아직도 사용할 만하다(한국 지방도로 수준). 그 이후 각국은 도로망을 자체적으로 또는 외부의 지원을 받아서 확장·추가 건설하거나 고속도로 수준으로 업그레이드하고 있다.

아세안 사무국에 의하면,[13] 2010년 아세안 도로망의 길이가 1.4백만

중국과 공존하는 아세안의 지혜

Km이었으나 2020년 2.5백만 Km로 10년 사이 도로 길이가 80% 늘었다. 도로망의 확대는 회원국 사이 교역, 투자 등 경제교류와 인적교류를 크게 증가시켰다. 아래 소개하는 국제노선버스가 대표적인 예이다.

국제노선 버스

아래 시간표는 캄보디아 수도 프놈펜과 국제 관광 도시 Siem Reap(앙코르 유적지)에서 출발하여 베트남 호치민으로 가는 국제노선 버스 시간표(회사별)이다. 매일 운항된다. 방콕, 호치민, 비엔티안, 프놈펜 등 이 지역 어디를 가든 여행사들이 국제노선 버스 티켓을 팔거나, 단기 관광을 홍보하는 포스트를 쉽게 발견할 수 있다. 국제 관광도시로 알려진 라오스 루앙프라방은 얼마 전까지 비행기로만 접근이 가능하였다. 고도 2,000미터의 산들로 둘러싸여 있기 때문이다. 그러나 이제는 비엔티안 길거리에서 비엔티안-루앙프라방, 루앙프라방-중국 쿤밍 노선버스 표를 살 수 있다. 저자는 버스로 이 두 구간을 여행한 적이 있다.

캄보디아 프놈펜과 시엠립 출발, 베트남 호치민 도착 시간표

Phnom Penh & Siem Reap ▶ Saigon (bus service)															
Bus operator:	Kumho Samco					Mekong Express							Sapaco		
Depart Siem Reap (bus station):	-	-	-	-	-	-	07:30	-	-	-	-	-	-	06:00	-	-
Depart Phnom Penh:	07:30	10:30	12:30	15:00	06:30	07:00	08:30	14:00	06:00	07:00	08:00	09:00	10:00	11:30	13:00	14:00 15:00
Arrive Saigon (Pham Ngu Lao):	14:00	17:00	19:00	21:30	13:00	13:30	15:00	20:30	12:30	13:30	14:30	15:30	16:30	18:00	19:30	20:30 21:30

아래 시간표는 메콩 강 양안에 위치한 라오스 국경도시 Savannakhet-태국 국경도시 Mukdahan 사이를 오가는 국제노선 버스 시간표이다. 메콩 강 대교를 건너, 매일 12편이 운행되며 출입국수속을 포함 1시간이 걸리지 않는다. 매일 출퇴근하는 사람이 많아서 마치 출·퇴근 용

국제노선 버스 같다. 국제노선 버스가 개설되기 위해서는 국제적 수준의 도로망과 노선 버스의 질(質), 버스 및 여객의 출입국 절차 간소화, 사고(보험) 처리 등 많은 정부 간 협정이 필요하다. 우리가 서울에서 국제노선 버스를 타고 중국으로 간다고 상상하면서 해결할 과제가 무엇인가를 따져보면 그 어려움을 알 것이다. 정치적 이슈가 가장 큰 장애이겠지만 버스 운행상의 기술·절차적 준비도 많이 필요하다. 아세안은 오랜 기간에 걸쳐 과제들을 하나씩 해결하였다. 소요되는 자금도 자체적으로, 아니면 중국, 일본, 호주, 국제금융(ADB, 세계은행) 등 외부 지원을 받아 해결하였다.

라오스 Savannakhet-태국 Mukjahan 일일 버스 시간표

Savannakhet – mukdahan	1	8H : 15	13.000 낍
	2	9H : 00	13.000 낍
	3	9H : 40	13.000 낍
	4	10H : 30	13.000 낍
	5	11H : 30	14.000 낍
	6	12H : 30	13.000 낍
	7	13H : 30	13.000 낍
	8	14H : 30	13.000 낍
	9	15H :30	13.000 낍
	10	16H : 30	14.000 낍
	11	17H : 30	14.000 낍
	12	19H : 00	14.000 낍

중국과 공존하는 아세안의 지혜

저자가 대학교에서 강의할 때 아세안에서 온 유학생들에게 아세안 통합(아세안 공동체 창설)이 그들에게 주는 실질적 혜택이 무엇인가를 물었다. 그들은 이구동성으로 이웃 나라를 쉽게 여행할 수 있는 점을 가장 먼저 꼽았다. 이제까지 가까운 이웃 나라라도 여권, 비자 등 출입국 절차는 물론, 값비싼 비행기 요금 때문에 엄두를 못 냈다. 그러나 지금은 국제버스 노선이 광범위하게 발달하여 싼 가격으로, 또한 아세안 회원국 사이에는 보름이나, 한 달 기간의 짧은 여행은 비자 없이 여행이 가능하다. 아세안(대륙) 지역에는 국제노선 버스와 시외노선 버스가 거미줄같이 건설되어서 어디를 가든 버스 여행이 가능하다. 일부 노선은 중국까지 연결되어 있다.

이러한 노선 버스의 확대가 가져오는 효과는 여러 면에서 나타나다. 첫째, 아세안 사이 인적 교류와 해외 관광객이 크게 늘어나고 둘째, 국경 지역에 위치한 도시 간에 국경무역이 일상화되고 있으며(후술), 셋째, 아세안 결속One ASEAN과 상호 이해 증진에 크게 기여한다. 아래 통계는 2005~2019년(Covid-19) 아세안 역내Intra-ASEAN인적교류와 해외 관광객의 증가규모를 나타낸다.

연도 별 아세안 방문객 규모

(단위: 백만 명)

	2000년	2005년	2010년	2015년	2019년
Intra-A	15.9	23.2	35.0	45.9	51.6
총 규모	39.1	51.2	73.7	108.9	143.6

2. 내륙 화물 운송의 70% 이상이 트럭수송(Trucking)

동남아에서는 내륙 화물 수송의 70% 이상을 화물트럭에 의존한다.

그래서 사통팔달의 도로망의 건설은 국제노선 버스의 증가에 함께 화물 트럭에 의한 수송량도 급속히 늘어나게 한다.

예를 들어서 설명하면, 중국 국경 — 미얀마 만달레이 사이 화물트럭의 운행이 빠르게 증가하고 있다. 저자는 2010년, 2012년, 2014년, 2016년, 2018년 등 매 2년마다 이 도로를 자동차를 타고 가면서 화물 트럭의 증가량에 주목하였다.

이 도로상에 미얀마 톨게이트가 있지만 밀수가 워낙 심해서 공식적인 무역 규모와 트럭운행 통계를 신뢰하기 힘들었다. 그래서 저자는 이 구간을 지날 때마다 심심풀이를 겸하여 맞은편에서 오는 대형 트럭 (바퀴가 12, 18개 달린 18~25톤 적재 용량)의 숫자를 손가락으로 세었다. 2010년 중국에서 오는 대형 수입화물 트럭 숫자가 시간당 40여대였으나 2016년에는 시간당 80~130여대로 2~3배 늘었다. 한편, 중국으로 넘어가는 수출화물 트럭 숫자도 90여대로 중국으로부터 오는 수입화물 트럭 숫자와 비슷하다. 중국인들이 미얀마에 투자하여 그 수확물, 즉 과일, 쌀, 밀, 담배, 채소를 재배하여 중국으로 들여가는 물동량도 빠르게 증가하였다. 이에 따라 미얀마 정부는 낮 시간에만 차량 운행을 허용했으나 24시간 차량 운행으로 방침을 고쳤다.

화물 트럭의 국경통과

어느 국경 관문을 가든 국제 화물트럭들이 통관을 기다리는 광경을 볼 수 있다. 때로는 2~3Km 길게 늘어서기도 한다. 그러나 사전 신청을 해 놓은 때문인지 국제노선 버스와 마찬가지로 화물 트럭도 통관수속이 빠르게 진행되어 오래 기다리는 것 같지는 않다. 그럼에도 불구하고, 아직도 화물 트럭에 대한 규제가 많이 남아 있다. 예로, 화물 트럭은 이웃 나라에 갈 수 있으나, 이웃 나라를 경유하여 제3국으로 가

중국과 공존하는 아세안의 지혜

는 것이 보편화되지 않고 있다. 베트남 트럭이 캄보디아를 거쳐 태국까지 운행하는 것을 허용하지 않는다. 또한 이웃 나라를 들어가더라도 일정 범위까지만 갈수 있도록 제한하고 있다. 중국과 베트남 간에는 국경에 환적 장소가 있어서 중국 트럭으로 실고 온 화물은 동 환적 장소에서 베트남 트럭으로 옮겨 실어야 한다.

3. 일상화(日常化)된 국경 무역

국경지역에 사는 이웃 나라 주민 사이 국경 무역이 일상화 되어 있는 곳이 많다. 특히 국경 마을이 가깝게 있거나 교통편이 용이한 경우 여권이나 비자 없이 주민증만으로 출입이 가능하기 때문에 쇼핑, 영화, 치료 등의 이유로 이웃 나라를 자주 찾는다.

아래 사진은 아침 6시 중국 瑞麗─미얀마 Muse 국경관문 앞 광경이다. 미얀마 보따리 장사꾼들이 중국 새벽시장에 팔 물건을 자전거,

중국(瑞麗) 관문 앞에서 기다리는 미얀마 보따리 장사(2016.7. 저자 촬영)

라오스 시외버스에 베트남 상품이 가득한 모습(2017.1. 라오스-베트남 국경마을에서 저자 촬영)

수레에 실고 국경 통과를 기다리는 광경이다. 우유, 채소, 과일, 음식물, 빗자루 등 일상용품으로 다양하다.

다음 사진은 베트남 Lao Bao－라오스 Dansavanh 국경 근처에 있는 Dansavanh 시외버스 정류장이다. 버스의 뒤 자석, 아래 짐칸 및 버스의 상단에 베트남 물건들이 실려 있었으나 한 수레 가득 물건이 추가로 들어왔다. 버스의 뒤 좌석에 밀어 넣고 여객들은 좁혀서 앉을 수밖에 없었다. 모두 베트남 물품들로 장난감, 베트남 쌀국수, 농기구, 이불 등 다양하다. 어떻게 국경세관을 통과하였는지 모르지만 국경에서 불과 1~2Km 떨어져 있고 국경 감시가 허술한 만큼 비공식적으로 들여왔을 것이다. 이 지역 나라들의 국경은 감시가 허술하고, 국경이 철조망 하나로 나뉘어져 있는 곳도 있고, 메콩 강이 국경 역할을 하는 것도 많다. 육상뿐 아니라 하천을 이용한 국경 무역도 성행하고 있다.

마지막 사진은 저자가 탔던 베트남 다낭－라오스 비엔티안 행 국제노선 버스 안의 모습으로 베트남 상품이 가득 실려 있었다.

중국과 공존하는 아세안의 지혜

베트남 다낭-라오스 비엔티안 국제버스 안에 실린 화물들(2017.1. 저자 촬영)

4. 통신 혁명-지역 통신망의 획기적 발전

아래 자료는 2000~2020년 사이 아세안 각 회원국의 100명당 인터넷 사용자 비율의 증가세를 보여준다(아세안 사무국 발간 ASEAN Key Figures 2021). 2015년부터 진한 색깔 부분이고 마지막 숫자는 2020년 또는 2019년 비율이다. 이 통계는 두 가지를 말해주고 있다. 첫째, 싱가포르와 말레이시아를 제외하고 2015년 이전에는 인터넷 사용자비율이 매우 낮다. 실제 2015년 통계는 아세안 회원국의 인터넷 사용자 비율이 평균 40% 수준이었다. 아세안 정상들은 2015년 공동체 설립 준비를 위한 15개 우선추진 사업에 광대역Broadband 통신망 건설을 포함시켰다. 아세안 각국은 광대역 통신망 건설을 서둘렀고 그 후 인터넷 사용자가 늘었다. Covid-19 시기에 도시 폐쇄 등으로 인하여 전자

구매, 영화, 교육, 교신 등의 목적으로 인터넷 사용자가 크게 늘었다. 통신망 건설 정책과 함께, 코로나 사태로 실수요자도 크게 늘면서 아세안 통신발전을 촉진시켰다. 회원국들은 4세대 통신망(4G)을 5세대 (5G)로 업그레이드 하는 계획을 추진하고 있다.

2000-2020년 아세안 회원국의 100명당 인터넷 사용자 비율

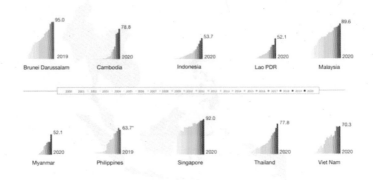

회원국 중 경제적으로 가장 낙후된 미얀마의 사례를 보면 아세안 통신망의 발전현황을 미루어 짐작할 수 있다. 어느 조사보고서에 의하면,[14] 미얀마 통신 혁명은 2013년 말부터 이루어졌다고 한다. 국제입찰에 의하여 노르웨이와 카탈 회사가 선정되어, 그동안 미얀마 국영회사 2개에 의하여 독점해 오던 미얀마 통신 시장이 본격적으로 개방되었다. 그 결과 2014년경 3~4백만의 SIM 카드구입자가 2016년 중순에는 4천만으로 증가하였다. 2015년 36백만 명의 휴대전화기Mobile Phone 소유자가 있다고 하니 휴대전화도 폭발적으로 증가하였다. 이에 맞추어 2016년 3G 서비스 수준을 4G 서비스로 업그레이드하는 사업을 발족하였다. 베트남 Vittel이 미얀마 회사와 합작하여 미얀마 통신 시장

중국과 공존하는 아세안의 지혜

에 참여하는 등 추가적인 통신시장의 개방이 추진되었다. 그러나 쿠데타를 일으킨 미얀마 군부가 2021년 국내외 통신망을 차단하였다.

저자가 직접 경험한 사례들

저자는 미얀마의 통신 사정 때문에 어려움을 겪은 적이 있다. 2012년 미얀마의 제2도시 만달레이에서 하룻밤 자고 다음 행선지 중국으로 가기로 하였다. 그러나 비행기 사정 때문에 다음 날 가기로 예약한 중국 내 호텔과 항공편을 급하게 연기해야 할 사정이 생겼다. 만달레이 최고급 호텔에서 중국으로 국제전화, 양곤으로 국내전화를 여러 차례 하였으나 연결되지 않았다. 마지막으로 인터넷을 시도하였다. 호텔 아래층 Business Center에서 1시간 30분 동안 시도하였으나 계속 시도할 수 없었고 다음 차례를 기다리는 사람에게 미안하여 보내지 못하였다. 호텔 숙박비가 100불이지만 45불의 통신료를 물었으나 성공하지 못한 것이다. 미얀마의 통신 사정은 2014년 방문 때부터 크게 개선되었고, 2016년 방문 때는 작은 도시나 시골 마을에서도 Wifi로 이메일은 물론, 카카오톡으로 국제전화까지 무료로 할 수 있었다.

이와 반대의 경험도 하였다. 2016년 베트남 호치민-캄보디아 프놈펜 행 버스를 타려는 순간 급한 연락을 받았다. 즉각 처리하지 않으면 향후 일정에 차질을 가져올 상황이었다. 하는 수 없이 호치민-프놈펜 버스가 운행하는 6시간 동안 버스 Wifi망을 이용하여 인터넷으로 이메일을 보내고 카카오톡으로 국제전화를 한 결과 문제를 해결하였다.

2016년 즈음에 아세안 모든 나라에 Wifi망이 보급되어 식당, 숙소, 장거리 노선 버스에서도 무료 인터넷, 무료 통화(국내, 국제)가 가능하였다. 어느 도시를 가든, 심지어 라오스 고산지대에도 연봉(連峰)을

Wifi를 장착한 다낭-비엔티안 국제노선 버스, 오른쪽 상단에 Free Wifi 표시

따라 통신 안테나가 세워져있다. 다음 사진은 Wifi를 장착한 시외버스이다.

국제통신망의 연결은 이웃 나라끼리 문화, 정보의 지역 확산에도 크게 기여한다. 휴대전화로 Wifi망을 이용하여 다른 나라 드라마나 뉴스를 보는 것이다. 다른 한편, 통신망의 발달은 아세안 젊은 MZ세대의 사회 참여, 정치 참여 및 사회적 동원까지 촉진시키고 국제적 연계망 조성을 활성화시킨다. 아세안 내 거리 시위와 민주화 활동에의 참여를 증가시키고 있다. 미얀마의 예에서 보면, 군부에 대항하여 학생과 젊은이들이 시민군을 결성하거나 국제적 연계를 활성화하여 홍보전을 전개하기도 한다. 이에 미얀마 군부는 외부 통신망을 차단하였다.

5. 수송 장애 메콩 강-대교(大橋) 건설로 해결

다음 두 개의 사진 중, 사진(1)은 저자가 2011.2. 캄보디아 프놈펜에

　　　　　　　　중국과 공존하는 아세안의 지혜

[사진 1] 메콩 강을 운항하는 바지선(2011.2. 저자 촬영)

[사진 2] 동일한 지역에 건설된 Neak Loeung Bridge 대교(현재)

서 국제노선 버스를 타고 베트남 호치민 시로 갈 때의 장면이다. 버스
는 바지선에 실어서 메콩 강을 건넜다. 사진(2)는 동일한 지역에 일본
지원으로 건설되어 2015.4. 개통된 메콩 대교이다. 캄보디아는 수출상
품의 대부분을 이 도로로 운송하여 베트남 항구를 통하여 수출하였다.
이 도로는 버스, 일반 승용차, 화물 트럭, 오토바이 등으로 차량 통행
량이 항상 많았고 곳곳에 정체 현상이 빚어지기도 하였다. 더욱이 메
통 대교 건설 이전에는 이들 차량들이 사진에 있듯이 바지선을 이용하

여 메콩 강을 건넜다. 항상 대기선이 길었고, 기후가 좋지 않으면 바지선 운항마저 중단되었다. 메콩 대교의 건설 이후에는 안정된 수송로가 확보되었고 운송시간도 일정한 만큼 정체되거나 도로가 차단되는 일이 없어졌다. 메콩 강 때문에 빚어진 장애요인이 해결된 셈이다.

메콩 강은 중국에서 발원하여 아세안 대륙을 관통한 후 라오스, 미얀마, 태국, 캄보디아, 베트남을 거쳐 남중국해로 빠져나간다. 아세안(대륙)국가들의 젖줄과 같은 존재이고 용수, 어업, 발전, 하천 수송 등 많은 혜택을 주민들에게 주고 있으며, 많은 나라의 국경이기도 하다. 그러나 수송로 건설에는 커다란 장애요인이 되고 있어 경제성장과 지역통합에는 반드시 해결해야 할 문제였다. 이의 유일한 해결책은 대교 건설이나, 대교 건설에는 막대한 건설비용이 들고 기술적인 어려움도 있기 때문에 라오스, 캄보디아, 미얀마 등이 독자적으로 건설하기에는 버거운 문제이었다.

메콩 대교의 혜택을 잘 보여주는 사례가 라오스 - 태국을 잇는 대교 우정의 다리Friendship Bridge 등이다. 우정의 다리는 현재 4개가 있으며, 추가로 한 개가 2024년 개통을 앞두고 건설 중이다. 라오스 언론보도에 의하면, 2016년 4개의 우정의 다리(아래)를 통과하여 146만 명이 출국하였다.[15] 1인당 국민소득이 2016년 2,300불로 가난한 나라이지만 매년 인구의 20% 이상이 태국을 여행하고, 이 나라가 국경을 접하고 있는 베트남, 중국으로 가는 여행자를 합하면 인구의 30% 이상이 해외여행을 한다. 이는 외국 여행을 일상화 할 수 있도록 여러 가지 법·제도, 국제버스 노선, 메콩 대교의 건설 등 인프라건설이 있었기 때문에 가능하다. 이들 대교는 처음 호주, 일본 등 외부의 지원으로 건설되었으나 요즈음은 태국, 라오스 등 당사국들이 자금 지원에 나서고 있다.

라오스-태국 메콩 대교 현황

대교 이름	대교 위치	개통연도, 재정지원 국가
제1 우정의 다리	비엔티안-농카이(태)	1994년, 호주 지원
제2 우정의 다리	사바나켓-묵다한(태)	2007년, 주로 일본 지원
제3 우정의 다리	캄무안 나콘파놈(태)	2011년, 태-라오 공동 지원
제4 우정의 다리	훼이싸이 치앙콩(태)	2014년, 태-라오-중국 공동 지원

6. 아세안 상호비자 면제와 출입국 간소화

아래 표는 아세안 회원국 상호 무비자 현황이다(2016.4.25. Wikipedia). 2006.7 아세안 회원국들은 14일 이내 단기 체류하는 사람들에게 비자를 면제해주기로 하기로 합의하였다. 한발 더 나가서 2010년 하노이 정상회담에서는 "아세안 상호비자 면제를 2012년까지 일괄 시행하기로 합의"하였다. 그러나 상호비자를 면제하기로 한 원칙적 합의에도 불구하고, 아직도 일률적 정책을 취하기보다 각국의 국내법·제도에

아세안 회원국 상호비자 면제

Destination	Nationality									
Brunei	—	14 days	14 days	14 days	30 days	14 days	14 days	30 days	14 days	14 days
Cambodia	14 days	—	30 days	30 days	30 days	14 days	21 days	30 days	14 days	30 days
Indonesia	30 days	30 days	—	30 days	30 days	30 days	30 days	30 days	30 days	30 days
Laos	14 days	30 days	30 days	—	30 days	14 days	30 days	30 days	30 days	30 days
Malaysia	30 days	30 days	30 days	30 days	—	e-Visa	30 days	30 days	30 days	30 days
Myanmar	14 days	14 days	14 days	14 days	e-Visa	—	14 days	30 days	14 days	14 days
Philippines	30 days	30 days	30 days	30 days	30 days	30 days	—	30 days	30 days	30 days
Singapore	30 days	30 days	30 days	30 days	30 days	30 days	30 days	—	30 days	30 days
Thailand	30 days	14 days	30 days	30 days	30 days	14 days	30 days	30 days	—	30 days
Vietnam	14 days	30 days	30 days	30 days	30 days	14 days	21 days	30 days	30 days	—

따라 무비자 허용 기간 및 절차가 상이하다.

국경통과증 제도(Border Pass)

아세안의 국경 도시에 거주하는 사람들은 여권이나 비자 없이도 하루 또는 아주 짧은 단기간에, 국경 넘어 상대방 국가의 방문을 허용하고 있다. 이러한 제도가 있기 때문에 국경 넘어 도시에 직업을 갖고 출퇴근하는 사람마저 늘고 있다고 한다. 국경도시(마을)들이 인접해 있는 경우 거의 국경통과증 제도가 있다. 그러나 아세안 전체가 통일된 정책과 제도를 가지고 있지 않다. 나라마다 다르고, 한 나라 내에서도 국경지역의 현지 상황에 따라 다르다. 국경통과증의 적용 내용들이 그 지역 주민들에게만 한정적으로 적용되는 탓인지 언론에 보도되지 않고 있어서 실상을 파악하기 어렵다.

이러한 국경 통과증 제도가 생겨난 역사적 배경은 추측컨대 다음과 같다. 회원국들이 식민지 지배하에 있을 당시 종주국이 자신의 행정편의에 의하여, 아니면 국경방어 목적으로 국경선을 자의적으로 그었다. 이로 인하여 역사적으로 이어왔던 씨족, 부족 사회가 분리되어 같은 마을 친지들이, 심지어 가까운 가족마저 두 나라로 갈라졌고 상호 왕래를 어렵게 했다. 주민들의 원성이 높아지자 이의 해결책으로 국경통과증 제도가 생겨났을 것이리라고 추측된다.

역외국가에 대한 아세안의 비자 제도(예시)

아세안은 개방적인 비자 정책을 취하고 있다. 모든 나라가 관광산업 육성에 큰 힘을 기울이고 있다. 2010년 하노이 정상회의에서는 2015년까지 역외국가 방문자들에 대한 비자완화Visa Relaxation조치를 취하기로 하였다. 회원국 중에서 가장 개방적인 국가는 태국과 라오스이

중국과 공존하는 아세안의 지혜

며, 소극적인 나라는 베트남과 미얀마이다. 이들 네 나라의 비자 제도를 참고로 아래 소개한다.

(1) 라오스: 개방적

- 비자면제 – 15개 국가(아세안 외 한국 포함 6개국, 14~30일 체류)
- 도착비자(Visa – On – Arrival) – 27개국 제외한 모든 나라가 도착 비자 가능(23개 공항/육상 관문 입국자)
- 2019년부터 e – VISA 실시 – 모든 나라가 전자비자 신청 가능(단, 이들은 항공 및 4개의 태국 – 라오스 메콩 대교로만 입국 가능)

(2) 태국: 매우 개방적

- 비자면제 – 64개 국가(14일, 30일, 90일 체류)
- 도착비자 – 19개국(48개 항공, 육상, 항만 관문에서 가능)
- e – Visa 가능

(3) 미얀마: 매우 폐쇄적

- 비자면제 – 아세안 8개국 외 한, 일, 홍콩, 마카오에 대하여 한시적 허용
- 도착비자 – 8개국(인도, 중국, 러시아 외 서구 5개국)
- e – Visa – 대다수의 국가 포함(단, 이들은 공항 외에 지정된 육상관문 5곳만 이용하여 입국 가능)
- 특이점은, 말레이시아에 대하여 아직도 비자 면제가 아니라 e – Visa를 요구하며 항공기로 입국하는 태국인에 한하여 비자 면제

(4) 베트남: 매우 소극적

- 비자면제: 아세안 9개국 외 칠레, 키르기즈스탄 2개국
- 제한적 비자면제: 한국, 일본, 유럽국가 등 13개국(출국 후 30일 내 재입국 시 비자 면제 혜택 없음)
- e-Visa: 81개국
- 원칙적으로 도착 비자 제도가 없음.

출입국 관리들의 태도 변화

저자가 동남아 배낭여행을 시작할 초기, 즉 2010년대 초까지 국경 출입국 관리들의 횡포와 부정에 관한 이야기가 많이 나돌았다. 솔직히, 저자도 몇 년 전만 해도 국경 출입국 심사를 받으려면 항상 조마조마하였다. 혹시 입국을 거부당하지 않을까, 창피를 당하지 않을까, 아니면 '돈을 요구하면 어쩌지' 하는 불안감이 있었다. 실제 여행 초기에는 출입국 관리들의 거만하고 불친절한 태도에 기분 나빴던 적이 여러 번 있었다. 출입국 관문의 위치가 3층 높이에 위치하여 30도가 넘는 뜨거운 햇볕 하에서 무거운 가방을 들고 계단을 올라가야 하는 고역을 치르기도 하였다.

그러나 2010년대 중반을 넘어서 출입국 관리들의 태도가 크게 바뀌었다. 출입국 사무실과 통관 시설이 1층에 위치하도록 개조하였고, 부정부패의 온상이었던 칸막이 입국 심사실을 개방형으로 바꾸고 CCTV를 설치하는 등 부정·부패 이미지를 개선하려는 노력을 기울였다. 관광 산업의 중요성이 부각되면서 회원국 정부가 관광객에게 불편한 출입국 제도와 시설을 개선하고 관리들을 교육하였다고 한다.

7. 운송수단의 발전–철도의 현대화

아래 사진은 저자가 2013.1 하노이에서 베트남–중국의 국경도시인 라오까이까지 11시간 이상 걸려 타고 갔던 베트남 완행열차이다. 당시 하노이에서 쿤밍 방향 중국 국경으로 가기 위해서는 유일한 교통편이 었다. 그로부터 4년 후(2017.1.) 같은 구간을 고속버스를 타고 3시간 반 걸려 하노이로 돌아왔다. 비슷한 철도 여행 경험을 그 전에도 하였다. 2009년 하노이에서 야간열차를 타고 난닝(광시자치구 수도)까지 12시간 걸려 도착하였다. 그로부터 2년 후 노선 버스를 이용하였더니 소요시간이 반 이상으로 줄었다. 운송 수단의 발전을 소개하는 것 같지만 사실은 베트남 운송 체계의 딜레마를 보여주는 예이다.

하노이-라오까이 일반 열차(2013.1. 저자 촬영)

앞에서 소개하였듯이, 동남아에서 여객 운송이든, 화물 운송이든 철도의 비중은 크지 않다. 그럼에도 불구하고, 철도 현대화 작업이 진행되고 있다는 사실을 주목할 필요가 있다. 중국 쿤밍－라오스－태국－말레이시아－싱가포르를 잇는, 즉 쿤밍－싱가포르 고속철도 건설은 구간별로 진행 중에 있다(본문 제9장). 라오스 철도는 이미 운행을 시작하였고, 말레이시아 철도는 2022년 현재 30~40% 건설공정으로 진행 중이다. 인도네시아 자카르타－반둥 고속 전철은 2023년 완공 예정이다. 중국 내 난닝－쿤밍 고속철도도 2016년 현대화되어 시속 200킬로로 달리고 있다. 아세안내 운송 체계가 아직까지 자동차에 의존하고 있지만 철도 현대화가 진행되면 화물, 여객 운송에 새로운 바람을 가져올 것이다.

이에 반하여, 아세안 중 가장 높은 경제성장률을 시현하고 있는 베트남이 철도 현대화에 뒤쳐져 있다. 어느 연구보고서에 의하면,[16] 화물의 약 80%, 여객의 90% 이상이 자동차 운송Road Transport이고 철도 운송은 0.5% 미만이라고 한다. 베트남 국토는 남북으로 길게 늘어져 1,650Km이고, 넓이(동서 길이)는 가장 좁은 곳이 50Km이다. 이러한 국토구조의 특성상 철도가 필요하고, 낡고 비효율적인 기존의 협궤(挾軌) 철도를 현대화할 필요가 절실하다. 하노이－호치민 고속철도 건설에는 엄청난 비용이 소요된다. 이에 2010년 일본이 하노이－호치민 고속전철 건설에 필요한 자금, 기술 지원을 약속하고 정부 간 의향서 MOU까지 서명하였으나 막대한 자금이 부담되어 베트남 국회가 이를 거부하였다. 베트남은 안보상의 이유로 중국 지원을 회피해왔다. 그러나 최근 베트남에 해외투자FDI가 몰리고 다국적 기업들의 중국으로부터 부품과 원자재 조달량이 더욱 많아지고 있다. 수송문제가 베트남 경제의 최대 약점으로 나타난다.

8. 전력(電力)의 수출입

아래 표는 회원국의 전력 공급률을 보여준다.[17] 베트남, 태국, 라오스, 중국은 모두 전력 공급률이 100%이다. 아세안 회원국 중, 미얀마는 수요의 70%, 캄보디아는 86% 수준의 전력을 공급하고 있고 나머지는 거의 100% 수준이다. 2010년 통계를 보더라도 캄보디아와 미얀마를 제외한 나머지 국가들은 이미 90% 수준을 넘었다. 전력 공급원은 석유/가스 발전 35%, 석탄 발전 31%, 수력발전 21% 순위이다. 아세안 국가들은 메콩 강에 저수량이 많고 비가 많이 오는 열대성 기후임에도 불구 화력발전에 크게 의존하고 있다. 점차 재생 에너지 비중을 높일 계획이며 원자력 발전 문제도 거론되고 있다.

아세안 회원국의 전력 공급 상황

국가	전기 접근성, 2020
브루나이	100
라오스	100
말레이시아	100
싱가포르	100
태국	100
베트남	100
인도	99
인도네시아	96.95
필리핀	96.84
캄보디아	86.4
미얀마	70.4

전력 수출입

이 지역 전력의 또 다른 특징은 이웃 나라 사이 전력의 수출입이다. 라오스와 미얀마가 최대 전력 생산국이자 수출국이며, 태국, 베트남, 캄보디아, 중국이 주요 수입국이다. 태국은 1990년대부터 높은 경제성장에 따라 많은 전력이 필요하였다. 이에 미얀마와 라오스에 수력·화력 발전에 투자하고 생산된 전력은 거의 수입에 갔다. 최근에는 중국이 라오스, 캄보디아에 수력·화력 발전소 건설에 투자하고 있다. 요사이도 라오스를 여행하면서 중국이 지원하는 대규모 댐 공사가 진행되고 있는 것을 볼 수 있다.

이 지역에는 전력의 수출입Trade이 일상화되어 있다. 한 나라가 전력 수입과 수출을 동시에 하기도 한다. 예를 들면, 베트남 북부지역은 전력 수입을, 메콩 강이 흐르는 남부 지역은 전력을 수출한다. 2022년 현재 아세안 회원국 사이 27건의 전력 수출·수입용 연결망이 건설되었다. 그 중 라오스−태국 전력 연결망이 최대로 17건이다. 이와 별도로, 중국은 미얀마, 라오스로부터 전력을 수입하기 위하여 12건의 전력 수입용 연결망을 가지고 있다.

이러한 전력 수출입은 이제까지 양자 차원에서 이루어졌으나 최근 다자협력방식이 도입되었다. 싱가포르가 2022년 라오스에서 생산된 전력을 태국, 말레이시아 전력망을 이용하여 수입하는 다자 협력 방식에 합의하였다고 발표하였다. 싱가포르는 또한 인도네시아로부터 재생 에너지를 수입하기로 합의하였다. 이와 같이, 전력 에너지 분야에서도 지역 연계(통합)가 점차 발전되고 있다.

중국과 공존하는 아세안의 지혜

■ [종합 평가]

  이상에서 지역통합의 대표적 사례 8가지를 소개하였다. 이들의 공통적 특징을 아래와 같이 정리할 수 있다.

  첫째, 통합의 결실 못지않게 그 과정을 주목할 필요가 있다. 정치, 경제, 사회적 배경이 다르고 경제적 개발 격차가 있는 열 나라가 오랜 협상을 거쳐 합의에 도달하였으며, 추진 과정에서도 개별 국가별로 어려움이 많았다. 그 과정에서 외세의 압력이나 개입 없이 자발적으로 지역통합에 참여하였다.

  둘째, 정부 차원에서 지역통합이 추진되었지만 차츰 일반인의 호응도가 높아지고 있다. 이웃 나라 여행, 국경 무역, 이웃 나라 TV 시청, 음식/패션/도시개발 유행의 전파, 버스 노선의 확대, 경제성장의 시너지 효과 등 일반인들이 지역통합의 혜택을 누릴 수 있다. 일반인들이 혜택을 공유하는 People-Centered 통합이 되고 있다.

  셋째, 일부 회원국은 당초 국경 개방, 통신 개방이 정권 불안정을 가져올까 우려하였다. 그러나 개방이 해외투자의 유입, 경제성장으로 이어졌고 경제적 혜택을 제공하였다. 어느 나라도 국경 개방, 통신 개방, 사회 개방을 철회하려는 움직임이 없다.

주(註)

1 CTBT 협정은 국경통과 운행 절차, 차량의 소유권 문제, 나라 사이 교통 체계의 조율, 번호판, 사고에 대비한 보험 등 세세한 문제까지 정부 간에 합의했다. 인적·물적 교류가 원활하게 이루어지도록 비자 면제 대상을 확대하고 국경통과를 간소화했다. 이러한 조건을 충족해야 국제노선 버스 운행이 가능하다. 만약 이 중 하나라도 미비한 경우, 다시 말하여, 도로 사정이 미비하다든지, 차량(버스 또는 화물차)의 국경 통과가 오래 지연된다든지, 아니면 탑승자의 입·출국 수속을 까다롭게 하여 버스 운행을 어렵게 하는 경우 국제노선 버스의 정기운행은 사실상 어렵다.
2 메콩 강은 대륙 아세안의 중심부를 길게 가로지르고 있다. 이 강은 어업, 농업, 산림, 수송 루트로서 동남아의 젖줄과 같은 존재이며 지금은 풍부한 물 자원을 이용한 전력 생산에도 크게 도움을 주고 있다. 이 강은 또한 미얀마-중국, 미얀마-라오스, 라오스-태국, 캄보디아-베트남 사이의 자연국경이 되기도 한다.
3 Master Plan on ASEAN Connectivity (2010.10 하노이 정상회의), Chapter 3: Key actions For Enhanced ASEAN Connectivity: (i) Undertake a study on the possibility of progressively liberalising visa restrictions towards full implementation of a visa exemption regime for intra-ASEAN travel by ASEAN nationals within ASEAN by 2012.
4 아세안 전력 수출입의 특징: 아세안 회원국 중, 전력 최대 수입국은 태국, 캄보디아, 인도네시아, 베트남 순이고(2017년) 최대 수출국은 라오

중국과 공존하는 아세안의 지혜

스이다. 이 나라는 전력 수출을 늘려 동남아의 배터리가 되고자 하며, 2030년까지 태국에 9,000MW(메가와트), 캄보디아에 6,000MW, 베트남에 5,000MW 공급하기로 합의했다. 아세안은 여전히 석탄과 석유를 이용한 화력 발전소가 많이 있다. 그러나 화력 발전, 수력 발전, 재생 에너지 발전 모두 건설비용에 많은 자본을 투입해야 하는 만큼 중국에 크게 의존하고 있다. 특히, 아세안에서 전력 생산과 수출이 많은 나라, 즉 라오스, 캄보디아, 미얀마의 경우 많은 발전소가 중국의 자본과 기술에 의존하고 있다.

5 Infrastructure Development, Trade Facilitation, and Industrialisation in the Mekong Region (2020.11. ERI background paper 2A).

6 GMS report, "Assessment of the Greater Mekong Subregion Economic Corridors – Thailand" (2018.12.13.) (google 2022.4.1.열람).

7 2018년은 아세안의 주요 투자국 미국이 신규투자를 하기보다 이미 투자한 것도 본국으로 회수가 더 컸다. 다시 말하여, 마이너스 성장을 한 셈이다. 이는 트럼프 행정부가 법인세를 대폭 낮춤으로 인하여 미국 기업들이 해외투자를 본국으로 회수한 탓이다.

8 아세안 사무국 발간 ASEAN Yearbook 2020 (table 4.3. Rate of Economic Growth in ASEAN, 2010 – 2019).

9 아세안 사무국 발간 ASEAN Key Figures 2020 (2020.12. 발간).

10 동아시아는 2003년 사스(SARS), 2009년 신종 인플루엔자(H1N1), 2014년 메르스(MERS)를 경험했으나 COVID – 19는 확산력, 지속기간, 치사율 면에서 이들을 뛰어 넘었다.

11 ASEAN Survey 2022의 7번 항목에서 역외 국가 중 아세안에게 백신을 가장 많이 제공한 나라는 누구인가에 대한 답변은 아래와 같다. 응답자의 57.8%가 중국이 가장 많이 제공하였다고 답변.

| 57.8% | 23.2% | 4.7% | 4.1% | 3.6% | 2.6% |
| China | The United States | Australia | Japan | India | EU |

12 Radio Free Asia 2021.9.24.자 보도, "More Than 80 Percent of Indonesia's Vaccine Supply Comes From China" (BenarNews 기자).

13 ASEAN Key Figures 2021.

14 The Report Myanmar 2017, Oxford Business Group
   http://www.oxfordbusinessgroup.com/myanmar−2017/telecoms−it
   (2017.2.8. 열람).

15 The Laotian Times 2017.3.17.자, "Statistics Show Lao People
   Traveling More Than Ever Before"

16 MDPI, Analysis Study of Current Transportation Status in Vietnam's
   Urban Traffic and the Transition to Electric Two−Wheelers Mobility
   (Duc Nguyen Huu * and Van Nguyen Ngoc).

17 ASEAN Power Updates by ASEAN Center for Energy (2021.9.)

1. 미·중 전략 속 동남아 지역
2. 아세안의 최대 경제 파트너는 미국과 중국
3. 중국의 인프라 건설 및 경제 진출
4. 아세안에 대한 미·중의 패권적 행태
5. 미·중 경쟁에 대한 아세안의 우려

제9장

미·중의 아세안 경제 진출 경쟁

미·중의 아세안 경제 진출 경쟁

동남아는 중국 일대일로(BRI) 사업의 밀집 지역이자, 미국이 주도하는 인도·태평양 전략의 지리적 중심이다. 아세안을 겨냥한 미·중 경쟁이 치열해지고 있는 가운데 중국은 전략적으로 경제적 진출을 계속한다. 반면, 지난 몇 년간 미국의 기업 투자는 늘어나고 있지만, 미국 정부 정책에 대한 아세안의 신뢰는 떨어지고 있다.

① 미·중 전략 속 동남아 지역

동남아는 지리적으로 인도양과 태평양의 연결고리에 자리 잡고 있고 남중국해는 중국의 인도양과 남태평양 진출의 관문에 해당된다. 남중국해는 세계 선박 통행량의 1/3이 통행하는 중요한 해상 교통로이고 석유를 포함 지하자원의 보고(寶庫)이기도 하다.

시진핑의 세계전략 속에서 아세안과 남중국해는 더욱 중시되고 있다. 중·미 경쟁이 치열해지자 글로벌 공급망 구축과, 경제적 디커플링을 예상하여 아세안 경영을 더욱 중시하고 있다. '디커플링'은, 이전의 미·중 경제 관계처럼 상호 밀접하게 연결되어 있던 경제가 정치, 경제 전략적 이유 등으로 서로에 대한 의존도가 낮아지는 현상을 말한다.

한편, 미국은 중국을 견제하기 위하여 인·태 전략을 추진하고 있다. 바이든 행정부는 기존의 군사 동맹 체제에 추가하여 쿼드QUAD, 오크스 안보협력AUKUS, 인·태 경제프레임워크IPEF 등을 활용하여 중국을 견제하기 위한 국제 그물망을 촘촘히 엮어 나가고 있다. 이 과정에서 아세안을 IPEF에 참여시켜 국제 그물망 속에 포함시키려 하고 있다. 아세안은 지정학적 가치와 아세안의 경제 규모에 비추어 자의로, 때로는 선택을 강요받으면서 미국의 인·태 전략과 시진핑의 세계전략 경쟁 속에 점차 말려들고 있다.

② 아세안의 최대 경제 파트너는 미국과 중국

앞서 설명대로 아세안은 2010년부터 2019년 코로나 창궐 이전까지 지역통합 노력을 지속하고 그 과정에서 높은 경제성장을 이룩했다. 이 시기(2010~2019)는 또한 중국과 미국기업이 아세안에 대하여 경제 진출을 가속화했던 발전의 시기이기도 했다. 아세안의 지역통합이 역내 경제 교류와 성장을 촉진하는 한편, 아세안의 경제성장은 미국, 중국, 유럽, 일본 등 역외국의 투자와 경제 진출을 유도한다.

미국은 아세안의 최대 투자국

2015년 이후 아세안에 유입되는 외국인직접투자FDI는 미국, EU, 일본기업이 선두를 차지하고 있다. 아세안 역내투자Intra－ASEAN의 비중은 15~20%를 차지하고 중국의 비중은 여전히 높지 않다. 아세안에 대한 미국 기업 투자의 특징은 다음과 같다. 첫째, 2019년 이후 지금까지 투자 부문에서 미국이 EU, 일본을 제치고 계속 1위를 차지하고 있다(표 9-2-1). 유엔무역개발회의UNCTAD 아세안 투자보고서[1]에 의하면, 2021년에도 미국의 투자 규모가 다른 역내·역외국을 월등히 앞섰고 중국의 투자 규모가 처음으로 일본을 추월했다. 2021년도 투자규모는 미국(400억 달러, 아세안 총 유입금액 중 23% 차지), 아세안 역내(210억 달러), 중국(140억 달러, 8.0%), 일본(120억 달러, 6.8%) 순위이었다.

둘째, 아세안으로 향하는 미국 기업의 투자 누계FDI Stock가 일본, 중국, 인도, 한국 등 네 나라로 향하는 미국 투자 누계를 모두 합한 것과 비슷하다.[2] 아세안은 동아시아에서 미국 기업이 가장 선호하는 투자지역이다.

[표 9-2-1] 2015-2020년 아세안으로 유입되는 투자 중, 나라별 비중

	2015년	2016년	2017년	2018년	2019년	2020년
아세안	17.5%	22.7%	17.3%	15.2%	12.1%	16.6%
중국	5.5%	9.0%	11.2%	8.5%	4.8%	5.6%
미국	19.3%	11.7%	19.7%	16.9%	18.9%	25.5%
EU(28)	17.1%	27.3%	9.8%	18.6%	9.7%	7.2%
일본	10.9%	12.9%	10.0%	17.8%	13.0%	6.2%

빨간 표시는 연간 최대 투자국. 2019년까지 EU28, 2020년은 EU27임.

아세안 무역의 제1, 2위는 중국과 미국

아래 표(9-2-2)는 2015년 아세안 공동체 창설 이후 아세안 주요 무역 상대의 비중을 보여준다. 중국은 2009년 이후 아세안의 역외국 중 최대 무역 상대이다. 미국은 2017년에는 일본을 추월, 2019년에는 EU을 추월하여 중국 다음으로 두 번째로 큰 무역 상대로 부상했다. EU는 영국의 탈퇴, 2020년 1월 브렉시트의 여파로 순위가 현격하게 밀리고 있다. 일본은 2000년대 초반까지 아세안의 최대 무역 파트너였으나 계속 하락세를 보이면서 중국과 큰 대조를 보인다. 아세안 역내 무역Intra-ASEAN이 여전히 가장 큰 비중을 차지하고 있다.

[표 9-2-2] 2015-2020년 아세안 무역에서 차지하는 주요국 비중

	2015년	2016년	2017년	2018년	2019년	2020년
아세안	23.5%	23.1%	23.0%	22.9%	22.4%	21.2%
중국	15.9%	16.4%	17.1%	17.0%	18.6%	19.4%
미국	9.2%	9.4%	9.0%	9.3%	10.4%	11.8%
EU(28)	10.1%	10.4%	10.1%	10.2%	9.9%	8.5%
일본	8.9%	9.0%	8.5%	8.2%	8.0%	7.5%

③ 중국의 인프라 건설 및 경제 진출

중국은 전략적 차원에서 아세안에 대한 경제 진출을 꾸준히 증가해 왔다. 그 중, 무역, 인프라 건설 및 관광 사업의 신장세가 가장 두드러

중국과 공존하는 아세안의 지혜

졌다. 중국이 관심을 쏟고 있는 대표적 인프라 건설 프로젝트를 사업들을 아래 소개한다.

아세안 국가별 주요 사업은 이 장의 말미에 첨부한다. 중국의 인프라 건설 사업을 나라 별로 조사한 것은, 서구 기업과는 달리 중국의 주요 기업투자나 인프라 건설 투자가 중국 정부의 전략적 의도에 따라 이루어지거나, 아니면 중국 기업이 정부의 의도를 무시한 채 해외 사업을 진행할 수 없기 때문이다. 다시 말하여, 각국에서 진행되고 있는 주요 중국 사업들은 여차하면 정치적 압력수단으로 동원될 수 있다.

아세안, 일대일로(BRI)의 최대 집중 지역

중국은 동남아에서 많은 인프라 건설 프로젝트들을 진행하고 있다. 도로, 발전소(수력 및 화력), 항만, 공항, 통신망 건설에서 메콩 강 유역 개발에 이르기까지 분야가 다양하다. 최근에는 도시 및 부동산 개발, 물류, 농업 진출도 활발하다. 싱가포르 동남아 연구소 ISEAS− Yusof Ishak에 의하면, 2020년 세계 BRI 투자 중에서 동남아 지역의 비중이 36%로서 가장 큰 비중을 차지하고 있다.

아래 표(9−3−1)에서 보듯이 2018년 이후 동남아의 비중은 상승곡선(황색선)을 그리고 있다.[3] 이 기간에, 전 세계로 향하는 BRI 투자가 감소추세이며 특히 2020년도에 크게 삭감되었다. Covid−19 사태 및 중국 경제의 위축이 그 배경이다. 이러한 어려움 속에서도 동남아를 자신의 영향권에 두려는 중국의 전략적 의도는 여전히 강하다는 점을 말해주고 있다.

[표 9-3-1]   BRI 투자 규모와 동남아의 비중(2014-2020)

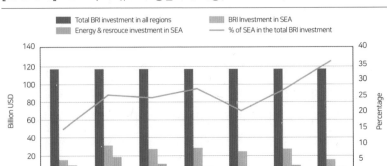

(1) 쿤밍-싱가포르 철도 건설

중국이 아세안에서 추진하고 있는 인프라 사업 중 쿤밍－싱가포르 철도 연결 사업은 건수나 액수 면에서 가장 큰 몫을 차지하고 있다. 이 철도는 중국, 라오스, 태국, 말레이시아, 싱가포르 등 5개국을 지난 다(지도 9－3－2). 중국은 철도를 이용해 국경무역, 투자, 관광, 물류, 인프라 건설 분야에서 경제 진출을 계속 확대하고, 장기적으로 중국 남부와 아세안 국경 지역에 거대한 경제권을 조성하려고 한다. 아세안 은 중국의 최대 무역 상대이고 32백만 명의 중국 관광객이 아세안을 찾았다(2019년). 구간별 건설 진행 상황은 아래와 같다.

－ **라오스 구간:** 중국의 자본, 설계, 기술 지원으로 완공되어 운행 중이다.[4]

－ **태국 구간:** 2017년 12월 착공했으나 공사 진행률이 매우 낮고 계속 지연되고 있다.[5] 언론에 의하면, 중국이 기술을 지원하기로 했다고 한다.

－ **말레이시아 구간:** 동해안 철도East Coast Rail Link는 태국 국경에서 수도 쿠알라룸푸르까지 길이 640km이며, 동해안을 따라 건설된다.

2017년 착공했고 2026년 완공 계획이다. 당시 말레이시아 마하티르 총리가 취임 초 2018년 8월 중국을 방문하여 동 철도건설공사의 중단을 발표했다. 그는 리커창 중국 총리와의 기자회견에서 "새로운 식민주의New Version of Colonialism"라고 비난하여 언급하여6 세계를 놀라게 했다. 그 후 협상을 통하여 노선을 변경하고 공사금액을 삭감한 후 공사를 재개했다. 2023년 상반기 현재 40% 공정률을 보이고 있다.

– **말레이시아–싱가포르 구간**: 국제 입찰을 통하여 고속 전철을 건설할 계획이다. 말레이시아의 정권 교체와 부패 의혹으로 인해 지연되고 있다.

철도 현대화는 아세안의 희망

아세안 철도는 대부분 식민지 시대에 건설되어 궤도 폭이 1m의 협궤(挾軌)이다. 시속 70~80km 이상 속도를 내지 못한다. 2021년 12월 운행을 시작한 라오스 철도는 국제표준궤(1.435m)로 시속 120~160km로 달린다.

라오스 철도는 동남아 지역의 국제적인 철도 노선의 개막과 함께 수송혁명을 알리는 서막이다. 트럭이나 버스는 기후 영향, 통관 지체, 부정부패 등 많은 문제를 안고 있다. 이웃 나라 사이에서 양자 차원에서 운행되고 제3국을 목적지로 하는 경유Transit 운행을 허용하지 않는다. 때로는 정치적 이유로 국경 폐쇄나 트럭 운행을 중단한다.

국제 철도는 이 문제들을 개선하고 시간표대로 운행하는 만큼 수송의 안정성을 보장한다. 이러한 장점에도 불구하고 철도 현대화에는 막대한 자금과 기술력이 필요하다. 예를 들어, 라오스 철도 건설에는 200km의 터널과 160개의 다리가 건설되었다. 중국만이 이러한 자금,

[지도 9-3-1] 쿤밍-싱가포르 철도 계획 노선. 노란색[7]

기술력, 그리고 전략적 의지가 있다. 중국은 또한 인도네시아 자카르타-반둥 고속 전철을 건설 중이며 2023년 완공 예정이다. 이와 같이 대부분의 아세안 철도 현대화 사업에는 중국의 지원이 있다.

(2) 미얀마 경유 원유/가스 파이프라인 건설

미얀마 경유 원유/가스 파이프라인은 인도양 연안 도시 짜육푸 Kyauk Phue에서 출발, 만달레이시, 샨(Shan) 주(州)를 거쳐 중국 뢰이리 (瑞麗)-쿤밍까지 연결된다. 연장 거리 771Km(가스관은 793Km)이다. 당초 건설비용은 25억 달러이고, 연간 원유 2천200만 톤, 가스 120억 m³를 운반하도록 설계되어 있다. 미얀마 측은 49.1% 지분을 가지고 매년 원유 2백만 톤, 가스 20억m³를 받고 송유관 사용료Toll Fee와 원

중국과 공존하는 아세안의 지혜

유 통과료도 받는다.[8]

2010년 6월 중국 원자바오 총리가 미얀마를 방문하여 체결한 이 공사는, 중동, 아프리카로부터 수입하는 원유와 미얀마 앞바다에서 한국기업(대우인터내셔널)에 의하여 채굴된 가스를 운반하는 두 개의 관을 지하에 매립하는 공사이다. 이 공사는 2013년 10월 가스와 원유관 건설공사가 완공되었다. 미얀마산 가스는 윈난, 귀저우, 광시, 광동 등 가스 망에 연결되어 공급 중이다. 그러나 원유의 경우, 여러 이유로 지연되다가 2017년 6월에야 운영을 시작했다(신화뉴스 2020.1.14.).[9]

중국의 전략적 이해

이 계약을 체결할 당시, 즉 2000년대 중반 중국은 에너지 위기를 경험하고 에너지 안보에 전력을 기울일 때였다. 중국은 동북 방향(러시아 시베리아 원유/가스), 서북 방향(중앙아시아 원유/가스)송유관에 추가하여 서남 방향(중동, 아프리카 원유/가스) 에너지 수송로를 검토하던 중 2006년 최종 미얀마/윈난(雲南省) 경유 노선으로 확정했다.[10] 그동안 중동, 아프리카로부터 수입하는 석유/가스를 말라카 해협(싱가포르와 인도네시아 중간)을 통과하여 수입했다. 중국은 이 해협이 유사시 미군에 의하여 봉쇄될 지도 모른다는 위험성을 우려하고 미얀마 경유 파이프라인을 건설하여 안전한 수입 루트를 확보하기로 한 것이다. 또한, 중국 본토에서 인도양에 이르는 지름길을 확보하고, 인도양에 전략적 요충지를 확보한 셈이다.

한편, 당시 미얀마 군부 정권은 국제 고립 속에서 정치, 경제적으로 중국에 의존할 수밖에 없었다. 중국은 이를 이용하여 파이프라인 건설, 전력용 밋숀Myistone 댐 건설,[11] 쿤밍-만달레이 철도 공사 등 대규모 인프라 건설 공사를 추진했고 미얀마 군부 정권의 동의를 어렵지 않게 얻었다. 그러나 2011년 민정 이양 이후 선출된 떼인 세인Thein Sein 대통령은 비록 군인 출신이지만 민심이 반대하는 중국 프로젝트 다수를 중단 또는 취소했다.

(3) 수력 및 화력(석탄) 발전소 건설

메콩 강 상류에 위치한 중국 윈난성은 자신의 경제성장에 필요한 전력수요를 충당하기 위하여 미얀마 이라와디 강 상류와 라오스, 미얀마, 캄보디아, 베트남 등 메콩 강 수계(水系)에 많은 수력과 화력 발전소를 건설했다. 미국 정부 통계에 의하면,[12] 2006~2011년 기간 동안 캄보디아, 라오스, 미얀마에서 생산된 수력 발전의 46%가 중국 지원을 받아 건설되었다고 한다.

미얀마는 압도적으로 수력 발전에 의존하는 국가다. 63개의 크고 작은 수력 발전 사업(저수지 수준의 발전 포함)가 있으며, 그 중 45개 사업은 중국 지원 사업이었다. 중국과 계약까지 체결되었으나 공사 중단된 밋손 댐(3,600MW) 등은 그 규모가 세계에서도 상위권에 속할 정도이다.[13] 여타 아세안국가의 중국 지원 발전소 프로젝트는 별첨 국별 사업 리스트에 들어있다.

(4) 관광 산업이 아세안 경제에 큰 비중

중국의 아세안 진출 관련 빼놓을 수 없는 분야는 관광 분야이다. 아세안 사무국의 통계에 의하면, 아세안을 찾는 방문자 규모가 역내·역외 여행자를 합하면 2010년 7천3백만 명이었으나, 2013년 1억 명이 넘었고 2019년에는 1억4천3백만 명으로 10년간 배가 늘었다. 아래 표 (9-3-2)는 COVID-19 발생 전 아세안을 찾은 각국의 방문자 규모와 역외 여행자에서 차지하는 비중을 나타낸다.

역외 방문자 중 35%가 중국인이며 미국과 일본인의 규모는 5~6%에 불과하다.[14] 관광산업이 아세안 경제에 기여하는 비중은 10%가 넘는다. 2019년 경제GDP에서 관광산업의 비중이 높은 나라는 캄보디아(21%), 태국(20%), 말레이시아(15.5%), 필리핀(12.7)%, 라오스(12%) 등이다. 중국 관광객의 규모가 아세안 경제에 큰 비중을 차지하고 있음을 보여준다.

[표 9-3-2] 2019년 아세안을 찾은 각국의 여행자 규모

(단위: 천 명)

	중국	유럽	한국	일본	미국
규모 및 비중	32,280 (35%)	16,081 (17%)	10,463 (11%)	5,655 (6.1%)	4,814 (5%)

자료: 아세안 사무국.

(5) 여타 분야에서 중국의 투자

중국 정부는 1999년 이후 중국기업의 해외투자를 장려하는 'Go Out Policy(走出去)'정책을 취했다. 2000년대 중반부터 중국의 해외투자가 크게 증가했으나 초기에는 광업 등 자원 개발에 집중했다. 동남아에 대한 초기투자도 광업 분야가 가장 많았고, 미얀마, 라오스 산림에 대한 무분별한 벌목과 산림 파괴도 이 시기에 이루어졌다.

최근 중국 해외투자 동향은 어떠한가. 언론 보도에 의하면, 중국이 2005~2020년 동안 해외 부동산 개발 투자 금액이 1,000억 달러를 넘었으며 투자 대상 도시 1~3위가 태국이라고 한다.[15] 그러나 COVID-19 여파와 중국의 부동산 억제 정책 때문에 2020년부터 주춤하다.

부동산개발 투자와 달리, 물류와 통신분야의 진출은 꾸준하게 활기를 띄고 있다. 아세안 전자상거래는 코로나 바이러스로 인한 거리봉쇄 lock down 정책의 영향으로 지역과 관계없이 크게 증가했다. 알리바바 등 중국의 전자상거래 업체가 태국에 집중 투자하여 그 나라 최대 상거래업체 라자다Lazada그룹을 합병한 후 말레이시아, 싱가포르, 인도네시아, 베트남으로 진출했다. 아세안 주요국들은 무선통신망의 업그레이드, 스마트 시티 건설, 인공지능AI를 이용한 물류/농업/의료 개발에 힘을 쏟고 있다. 중국은 4세대 통신망 사업부터 아세안의 통신망 건설 사업에 참여, 금융 지원을 비롯하여 장비, 부품, 기술 협력을 해 왔다. 2019년 5월 미국이 안보상의 이유로 중국 통신기업 화웨이에 대해 금지 조치를 내렸다. 그러나 아세안 회원국들은 이에 동조하지 않았고 화웨이의 활동은 여전히 활발하다.

농업 투자 진출도 주목할 만하다. 중국은 국경을 접하고 정부 관리가 허술한 미얀마, 라오스 등지에서 개발권을 획득하여 산림을 벌채하거나 농지로 개발하여 밀, 콩, 채소, 과일 및 식용유 재배에 활용했다.16 미얀마-중국 국경 지역을 여행하면 엄청난 양의 미얀마 농산물이 중국으로 향하는 것을 알 수 있다. 미얀마 현지인에 의하면, 쌀, 밀, 옥수수, 과일류(망고, 사과, 오렌지, 파인애플, 멜론), 담배, 채소 등으로 계절에 따라 품목이 바뀐다. 많은 경우 마을 공동체와 연간 계약을 맺어서 선금을 지불하고 종자, 기술 및 농약을 제공한다. 때로는 중국 농부들을 파견하여 직접 재배하거나, 아니면 밭떼기 단위로 계약을 맺어 수확물 전량을 중국으로 수입해 간다고 한다.

다음 사진(9-3-1)은 국경 마을의 미얀마 과일 가게에 진열된 과일들의 모습이다.

중국과 공존하는 아세안의 지혜

[사진 9-3-1]　미얀마 국경도시 Muse 과일가게

4) 아세안에 대한 미·중의 패권적 행태

　동남아에 대한 미·중 경쟁이 본격화되고 가운데 두 대국의 패권적 행태가 나오고 있다. 다시 말하여, 국제 사회에 통용되는 규범이나 국제 질서가 아니라 자의적(恣意的) 규범을 이 지역 국가들에게 강요하는 행태를 보이고 있다. 미국 트럼프 행정부는 국제보건기구WHO로부터 탈퇴하거나 세계무역기구WTO의 분쟁 해결 기능을 마비시켰다. 중국은 2016년 7월 헤이그 중재재판소가 남중국해의 분쟁 관련 내린 판정을 거부하는 행위 등이 이에 해당된다. 아세안에게 중국과의 통신협력 중단을 압박한 미국의 요청과, 중국이 자신의 주변국에 대하여 취한 중국의 '부채 함정 외교'와 전랑(戰狼)외교 또한 그 예에 속한다. 역사적으로 대국의 패권적 행태가 나오기 마련이지만 그 빈도수가 잦다는 것은 국제질서가 흔들리고 있다는 반증이다. 이러한 증세는 이 지역 국가들에게 정치, 안보, 경제적 비용부담으로 이어진다. 아래 사례는 아세안이 직·간접적으로 미·중으로부터 피해를 입은 예이다. 미국에 대한 불신의 골을 더욱 깊어지게 하고 중국 위협을 다시 인식하게 만들었다.

미국, 아세안 통신 사업에 '화웨이' 배제

중국의 대표적 통신기업 '화웨이(华为技术有限公司)'는 지난 20여 년 동안 아세안의 3세대, 4세대 통신망 건설 과정에 깊이 관여했다. 각국 정부와 국영 통신사에 대한 금융지원과 함께, 기술, 장비 지원 및 통신 부품을 보급한 것이다. 중국 기업들은 아세안의 5세대(5G) 통신 건설 관련해서도 간여해 왔다. 이는 동아시아 지역에만 국한되는 이야기가 아니다. 어느 분석[17]에 의하면 호주 4G 통신과 아프리카 4G 통신의 70%가 중국기업에 의하여 건설되었다고 한다. '화웨이'는 영국, 프랑스, 독일 등 EU 선진국들과 5G 시험운행에 관하여 협상을 진행하기도 했다.

2019년 5월 트럼프 행정부가 국가안보상의 이유를 들어 화웨이에 대하여 미국 내 사업을 못하도록 금지 조치를 내렸다. 영국, 독일 등에게 화웨이와 협상을 중단하도록 압박했고, 아세안에 대해서도 중국 기업과의 협력 중단을 요청했다. 5G 통신 건설, 스마트 시티, 물류, 전자상거래 등 디지털 경제를 추진하려는 아세안 노력에 상당한 타격을 가

중국과 공존하는 아세안의 지혜

했다. 이에 대하여, 당시 말레이시아 총리는 "말레이시아에서 스파이가 할 일이 무엇 있겠느냐." 하면서 미국의 안보 경고를 일축했다. 미국의 동맹인 태국, 필리핀도 화웨이와의 협력을 계속 진행했다.

미국의 요청(압박)에도 불구, 싱가포르와 베트남을 제외하고 다른 나라들은 여전히 중국 기업과 계약을 맺었다(표 9-4-1).[18]

[표 9-4-1] 아세안 나라별 5G 건설 협력사

1	XL Axiata(Indonesia)	Ericsson(Sweden)	6 August 2020
2	Smartfriend(Indonesia)	ZTE(China)	2 October 2019
3	Telkom(Indonesia)	ZTE(China)	21 June 2019
4	Axiata Group(Malaysia)	Huawei(China) and Ericsson(Sweden)	27 May 2020
5	Maxis(Malaysia)	Huawei(China)	4 October 2019
6	Viettel(Vietnam)	Ericsson(Sweden)	10 September 2019
7	Vinaphone(Vietnam)	Nokia(Finland)	10 April 2019
8	Singtel(Singapore)	Ericsson(Sweden)	25 June 2020
9	M1(Singapore)	Nokia(Finland)	25 June 2020
10	Starhurb(Singapore)	Nokia(Finland)	25 June 2020
11	Ooredoo(Myanmar)	ZTE(China)	16 May 2019
12	Globe Telecom(Philippines)	80% Huawei(China) 20% Ericsson(Sweden) and Nokia(Finland)	24 September 2020

자료: various media outlets.

중국의 부채 함정 외교와 전랑 외교

'부채 함정 외교Debt-Trap Diplomacy'란, 한 국가가 정치적 영향력과 영향력을 확보하기 위해 다른 국가에 인프라 프로젝트 등의 명목으로 차관을 제공하는 전략을 가리킨다. 비판론자들은 이 전략이 차관을 빌리는 국가가 차관을 빌려주는 국가에 막대한 부채를 지게 되어 수혜 국가의 주권과 전략적 이점을 상실하게 될 수 있다고 주장한다. 중국은 최근 몇 년 동안 대규모 인프라 개발계획인 일대일로 이니셔티브 BRI를 통해 부채 함정 외교를 벌이고 있다는 비난을 받아왔다. 일부 국가에서는 이러한 투자를 환영하는 반면, 다른 국가에서는 부채 함정 외교가 주권에 미칠 영향에 대한 우려를 제기하고 있다. 일례로 파키스탄에 과다르Gwadar 항구, 스리랑카 항구 및 라오스 철도건설 사업 등이 이에 속한다.[19] 2018년 3월 발표된 어느 연구기관은 대외부채가 GDP의 60~90%를 차지하는 고(高)위험군 8개국 중 라오스의 중국 부채가 GDP의 69%를 차지한 것으로 분석했다.[20]

'전랑(戰狼) 외교'란, 중국이 자국의 입장에 반하는 행동을 하는 주변 국에 대하여 정치·경제적 수단으로 중국의 위력을 과시하는 외교 행태를 빗대어 부르는 것이다. 전랑(戰狼)이라는 용어는 중국이 인민해방군 홍보를 위해 만든 애국주의 영화 제목에서 유래한다.[21] 2016년 7월 한국이 미국의 고고도미사일방위체제THAAD를 배치하는데 동의하기로 결정하자 중국은 즉각 보복조치를 취했다. 중국 관광객의 한국 방문을 취소하고 한국 기업에 대하여 보복을 가했다. 비슷한 시기 중국은 아래와 같이 아세안에게도 전랑 외교를 전개했다.

- **필리핀 바나나 수입금지**(2016.3.): 중국이 필리핀 바나나 수입을 금지하였다. 아퀴노Benigno Aquino III 정부가 남중국해 영토 분쟁을 상설 중재 재판소PCA에 제소하여 최종 판결을 기다리던 중이었다. 그 해 6월 정권이 바뀌어 신임 두테르테Rodrigo Duterte 대통령이 PCA 판결을 무시하고 친 중국 정책을 발표하자 중국은 그 해 10월 바나나 수입 제

중국과 공존하는 아세안의 지혜

한을 해제했다.

- **싱가포르 장갑차 압류**(2016.11.): 홍콩이 싱가포르 장갑차 9대를 포함 군수품을 압류했다. 싱가포르 군부는 자국의 영토가 좁아서 1970년대부터 대만에서 훈련을 실시했고 관행에 따라 훈련에 사용한 장갑차 등 문제의 군수품을 홍콩 항구를 경유하여 싱가포르로 보냈다. 결국 2개월여에 걸친 협상 끝에 압류가 해제되었다.

당시 중국 환구시보The Global Times 9.21자는 베네수엘라에서 열린 비동맹회의NAM에서 싱가포르 대표가 남중국해에 관한 헤이그 중재재판소 판결을 언급하면서 미국 및 일본 주장만 되풀이했다고 비난했다. 중국주재 싱가포르 대사는 이를 반박하는 서한을 보냈고 싱가포르 언론 Strait Times가 싱가포르 대사의 주장을 지지하는 사설을 실었다.[22] 그 해 11월 압류 사건이 발생했다.

- **말레이시아 팜 오일 수입중단**(2018년): 2018년 5월 취임한 마하티르 총리가 중국을 첫 방문하여 중국 지원으로 건설 중이던 철도 건설 사업을 중단시켰다(상기 쿤밍-싱가포르 철도 참조). 중국은 말레시아 팜오일 수입을 중단했다. 두 나라가 재협상을 통하여 철도공사를 재개하자 중국은 말레이시아 팜 오일 수입을 재개[23]했다.

- **호주에 대한 경제 보복**(2020년~): 호주는 2020년 8월 COVID-19 발생원인을 규명하기 위하여 중국 우한시에 대한 조사를 WHO에게 촉구했다. 트럼프 미국 대통령이 COVID-19 원인 규명을 위하여 국제조사단 구성을 제의하자 호주가 이를 지지하는 형식이었다. 중국은 이같은 호주의 태도에 강력히 반발했고, 호주에 대하여 석탄, 와인, 소고기, 보리, 면화Cotton 등의 수입 제한조치를 취하는 것으로 역공을 펼쳤다.

5) 미·중에 대한 아세안의 우려

아세안에 대한 경제 진출을 두고 미국과 중국이 경쟁하고 있다. 그럼에도 불구하고, 두 나라에 대한 불신과 우려는 여전하다.

중국은 1990년대 후반부터 일관성 있게 아세안 경제 진출을 추진하였다. 그 결과, 무역, 인프라 건설, 및 관광 부문에서 미국과 일본을 포함하여 다른 나라를 단연 앞서는 강점을 보였다. 아세안 사람들은 이제 동남아 지역에서 중국의 경제적, 정치적 영향력이 미국을 추월하였다고 보고 있다. 다시 말하여, 미국은 이 지역에서 이제 더 이상 최강자가 아니라고 인식하고 있다.

그럼에도 불구하고, 중국 위협에 대한 불안감은 여전히 남아있다. 위구르 소수민족 문제, 홍콩 보안법 사태, 그리고 대만에 대한 무력시위를 통하여 중국 외교의 폭력성을 목격했다. 위에서 구체적 사례를 통하여 보여 준 중국의 부채 함정 외교와 전랑 외교는 중국이 여차하면 경제적 카드를 외교적 압박 수단으로 활용한다는 점을 보여주었다. 무엇보다, 중국은 남중국해 분쟁에 대한 헤이그 중재재판소 판결을 준수하지 않고 중국·아세안 사이 논의되고 있는 '남중국해 행동강령(COC)' 협상을 지연시키는 대신, 남중국해와 대만 해협에서 군사력을 강화하고 있다. 중국이 언제든지 과거와 같이 군사행동을 취할지도 모른다는 불안감이 오히려 높아지고 있다.

아세안-미 입장 차이

한편, 아세안에 대한 투자 부문에서는 미국이 단연 선두이다. 특히

중국과 공존하는 아세안의 지혜

2021년 이후 반도체 및 전자 산업 분야에서 미국과 서구의 아세안 투자가 급속히 늘어나고 있다(후술). 미국은 트럼프 행정부 이후 중국 수입품에 대하여 고율 관세를 부과하였고 바이든 행정부도 고율 관세 수준을 낮추지 않았다. 외국 기업들은 중국을 이탈하여 동남아, 서남아시아로 옮기거나 본국으로 돌아갔다Reshoring. 미·중 무역 전쟁이 전반적으로 아세안 경제에 악영향을 주고 있지만 혜택을 받는 국가도 있다.

그럼에도 불구하고, 미국 정책에 대한 아세안의 신뢰도는 여전히 낮다. 오바마 행정부의 일관성을 결여한 동남아 정책과 트럼프 행정부의 아세안 경시(제6장), 그리고 바이든 행정부 하에서도 아세안-미국 양측의 입장 차이가 큰 사안들이 많아지고 있다.

첫째, 중국에 대한 아세안과 미국의 견해차다. 미국의 인태 전략이 중국을 겨냥한 것이지만 아세안은 이를 지지하지 않는다.

둘째, 러시아의 우크라이나 침공에 관하여 아세안은 미국과 거리를 두고 있다. 유엔 총회는 2022년 3월 압도적 다수로 러시아군의 우크라이나 철군을 요구하는 결의안을 채택했다. 아세안 회원국 중 라오스, 베트남 두 나라는 기권했으나 나머지는 전원 찬성표를 던졌다. 그러나 한 달 후인 2022년 4월 러시아군의 만행을 이유로 러시아를 유엔 인권위원회로부터 축출하자는 총회 결의안에 대하여 아세안 회원국들은 모두 반대하거나 기권했다. 2022년 11월 G20 발리 정상회의 성명문에 우크라이나 관련 문항을 두고 미국과 주최국(인도네시아) 사이 대립했던 이야기는 널리 알려져 있다.

셋째, 아세안은 바이든 행정부의 인권 및 민주화 정책에 대하여 거부감을 가지고 있다. 바이든 대통령이 취임 하던 해 2021년 12월 '민주주의 정상회의Summit for Democracy' 비대면으로 개최했다. 110개국이 초청되었지만 아세안 회원국 중 인도네시아, 말레이시아, 필리핀 3개 국만이 초청되었고 싱가포르, 베트남 등은 초청되지 않았다. 바이든 행정부가 '전제주의 대 민주주의'라는 프레임을 내세워 '중국 위협' 론을 확산시키고자 하고 있으나 아세안은 미국의 프레임에 찬동하지 않는다.

아세안이 가장 우려하는 것은 미·중 세력 경쟁에 말려들어가서 미·중 경쟁의 일선에 서는 것이다. 이 경우, 1967년 아세안 발족 이후 유지해 온 모든 원칙들, 균형 외교, 내정 불간섭, 아세안 중심주의 ASEAN Centrality, 적대세력을 만들지 않는다는 현실주의 외교 등이 순식간에 무너지고 결국 강대국 세력에 따라 아세안의 결속이 와해되고 마는 것을 우려한다.

아세안 개별 국가에 대한 중국의 주요 투자

중국은 BRI 추진 이전에도 기업의 해외투자를 장려하는 "밖으로 나가자(Go Out, 走出去)." 전략에 따라 해외 직접투자(FDI)를 장려했다. 아래 내용은 BRI와 민간 투자를 망라하여 아세안 역내 주요 중국 사업들을 정리한 것이다. 그러나 이에 관한 정보가 많지 않아서 Wikipeida, 싱가포르 ISEAS-Yusof Ishak 연구소(아래 ISEAS 연구소), China Economic Information Network[CEIN], UNCTAD 아세안 투자보고서 (2020-2021) 등 자료를 참고했다.

(1) 라오스

China Economic Information Network(中国经济信息网)의 BRI 2018년 보고서에 의하면, 아세안 10개국 중 중국 투자가 가장 많은 나라로는 인도네시아 제1위, 라오스가 제2위라고 한다. 인구 720만 명에 불과한 라오스에 대하여 누적 투자 금액이 150억 달러라고 하니 이는 경제적 실리를 추구하기 위한 투자라고 보기 어렵고 전략적 의도가 담긴 것으로 해석된다.

- 라오스 철도 건설: 58억 달러
- 경제특구 설립(2곳): 21억 달러
- 관광 수입이 GDP 12% 차지. 중국 관광객이 최대 규모
  (이상 ECIN 2018년 보고서)
- 비엔티안-방비엥 고속도로: 11억 달러(UNCTAD 보고서)
- 수력 및 화력 발전소 건설[24]
  - 2016년 가동 중인 8개 수력 발전소가 있고[25] 2016년 현재 건

설 중인 발전소 4개가 있다. Namngeum3(480MW, 2015년 착공)는 중국 지원 수력 발전소 중 최대 규모이다.

- 그 외 라오스 전역에 걸쳐 많은 수력 발전소가 중국 지원으로 완공되거나 건설 중이다.

(2) 인도네시아

현재 중국 지원을 받아 진행되고 있는 인프라 건설 사업은, 자카르타-반둥 철도 건설(55억 달러), Kuala Tanjung Port 건설(수마트라), 교량 건설 등 많다. 중국의 지원을 받아 건설되는 석탄 발전소Coal-Based 건설도 크게 주목을 받았다. 이 나라 발전량의 60%가 석탄 발전이며,[26] 그 중의 다수가 중국 지원 발전소이다. 대표적 사례는 다음과 같다.[27]

- Cilacap 발전소(중부 자바): 3단계에 걸쳐 600MW, 660MW, 1,000MW 생산 발전소가 2019년 모두 가동. 14억 달러의 중국 금융 지원
- Celukan Bawang 발전소(북부 발리): 2015년 가동. 425MW 생산, 7.6억 달러
- Pelabuhan Ratu 발전소(서부 자바): 2013년 가동. 1,050MW 생산, 4.8억 달러,
- 그 외 중·소규모의 화력 발전소가 있다.

(3) 필리핀[28]

최근 한 조사 보고서(2021.3)에 따르면, 조사 시점에서 중국 지원 프로젝트 중에서 Chico River Pump Irrigation(7천 8백만 달러, 대출), Kaliwa 댐(2.2억 달러, 대출), Binondo-Intramuros Bridge(8천 4백만

중국과 공존하는 아세안의 지혜

달러, 무상), Estrella‒Pantaleon Bridge(2천 3백만 달러, 무상) 등 4개 프로젝트만 착공되었다고 한다. 친 중국 정책을 발표한 두테르테 정권 아래에서도 중국의 지원이나 투자 진출이 많지 않았다.

(4) 베트남[29]

최근 수년 간 중국의 투자 진출이 가장 활발한 아세안 국가는 베트남이다. 2015년부터 투자 건수와 금액이 크게 늘고 있다. 중국의 투자는 지역에 관계없이 베트남 전국에 걸쳐 골고루 분포되어 있고 1억 달러 이상의 투자 프로젝트는 다음과 같다. 중국과 갈등이 많은 베트남이지만 지리적 인접성으로 인해 중국과의 산업 연계성이 높다는 평가를 받고 있다.

- 탄광 및 야금(3.37억 달러, Lao Cai)
- 직조공장(3억 달러, Quang Ninh)
- 고무 가공공장(3.37억 달러, Lao Cai)
- 제철소 확장(3.4억 달러, Thai Nguyen)
- Cat Linh‒Ha Dong 도시철도(4.19억 달러)
- Tien Giang 성 부동산 개발(1억 달러)
- 플라스틱 가공공장(4.2억 달러)
- Vinh Tan 1 발전소(17.6억 달러, Binh Thuan)
- 타이어 공장(4억 달러, Tay Ninh)
- 섬유공장(약 10억 달러, Nhon Trach 산업단지)(이하 UNCTAD 보고서)
- 태양광 발전 550MW(4억 달러, Lộ.c Ninh)
- 해양풍력 발전 141MW 3단계(3억 달러, Ba.c Li)

2008-2018년 베트남에 대한 중국의 투자 건수와 신규 투자액

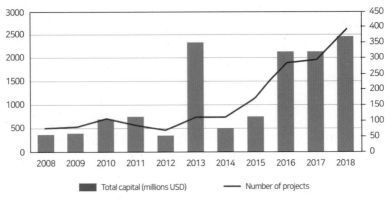

Total capital (millions USD) ── Number of projects

자료: 베트남 통계청 통계.

(5) 캄보디아

싱가포르 ISEAS 연구소의 조사에 의하면(2017년),[30] 1994~2016년 간 캄보디아에 대한 중국의 투자규모가 146억 달러이며, 분야별 비중은 농업 분야 10%, 공업 분야 28%, 기반 인프라 분야 32%, 관광 분야 30%라고 캄보디아 공식 통계를 인용하여 밝혔다. 이 조사연구서는 중국의 구체적 투자 현황(2017년)을 담은 조사 결과를 공개했다.

- 30개의 농업투자 사업이 진행
- 캄보디아의 최대 해외 수출품목은 봉제와 섬유. 많은 해외기업이 이 분야에 투자진출해 있는 가운데 중국 기업이 최대 다수.
- 시아누크빌에 건설된 중국전용 경제특구에는 100여 개 중국 기업이 입주
- 통신 5G 사업(중국과 협력 MOU 체결)
- 프놈펜 국제공항 신규터미널(6억 달러)(UNCTAD 보고서)
- 7개 수력 발전소와 2개 석탄 발전소가 중국의 지원 하에서 건설

중국과 공존하는 아세안의 지혜

■ 휴양지 개발 및 호텔 및 도박장 건설

■ 관광산업이 GDP 21% 차지. 아세안 중 관광산업 비중이 가장 높은 나라이며, 역외관광객 중 중국 관광객이 최대 규모

(6) 태국

태국이 받아들이는 외국인투자FDI는 일본 자동차 회사 및 관련 제조기업이 주류를 이르며 제조업 분야에서 중국 투자는 상대적으로 적은 편이다. 태국 통계청에 의하면, 2019년 말 누적 투자(Stock FDI) 비중은 일본(34.3%), 싱가포르(16.4%), 홍콩(8.6%), 미국(6.7%), 중국(2.8%) 등으로 여전히 일본의 우위가 계속되고 있다. 그러나 2019년 태국에 신청한 투자 금액은 중국이 처음으로 일본을 추월하여 1위가 되었다고 언론에 보도되었다.[31]

주(註)

1 ASEAN Investment Report 2022 (2022.10. UNCTAD와 아세안 사무국 공동 발간).

2 미국 무역대표부(USTR)의 2020.2. 및 2021.1. 자료 종합. 2019년까지 미국 기업의 투자누계는 아세안(3,185억), 호주(1,615억), 일본(1,318억), 중국(1,130억), 인도(459억), 한국(391억) 순이다.

3 ISEAS－Yusof Ishak 연구소 2021/39. "The Belt and Road Initiative in Southeast Asia after COVID－19: China's Energy and Infrastructure Investments in Myanmar"(Kaho Yu, 2021.4.).

4 2021. 12. 라오스 철도가 개통했다. 이 철도는 중국 국경 마을 '보텐'에서 라오스 수도 비엔티안까지 430Km를 시속 120－160Km로 달린다. 히말라야 연봉(連峰)의 험준한 산악지역을 가로지르는 만큼 200Km로 터널과 160개의 다리를 건설해야 할 정도로 난공사였다. 당시 계획대로 5년 공사기간 내 완공했다. 이 철도 완공으로 버스나 화물 트럭으로 비엔티안에서 '보텐'까지 24시간 걸리던 거리를 이제는 기차로 3~5시간이면 된다. 자동차는 우기, 겨울, 산사태 등으로 수시로 운행을 제한했으나 철도 건설로 이러한 문제를 많이 해결한 셈이다. 이 철도는 전적으로 중국의 기술, 장비 및 자본 지원으로 건설되었다. 중국은 라오스 철도 건설과 함께, 쿤밍에서 라오스 국경까지 중국 내 철도도 새롭게 건설했다. 다시 말하여, 중국은 쿤밍에서 라오스 비엔티안까지 총길이 1,000km에 100억~120억 달러의 공사비를 들여 중국－라오스 국제 철도를 건설했다.

중국과 공존하는 아세안의 지혜

5 Wikipedia, "Bangkok−Nong Khai high−speed railway" (2023.1.24. 열람).

6 마하티르는 2018.8.21. 리커창과의 공동 회견 도중 자유무역에 관한 발언을 하면서 "We do not want a situation where there is a new version of colonialism happening because poor countries are unable to compete with rich countries."라고 언급. 말레이시아 내 중국 BRI 사업 중단과 맞물려 중국을 빗대어 발언한 것으로 해석되었다.

7 Wikipedia, "Kunming-Singapore railway" (2023.1.24. 열람).

8 Shihong Bi, "The Economic Relations of Myanmar−China" http://www.ide.go.jp/English/Publish/Download/Brc/pdf/13_08.pdf (2017.2.17. 열람).

9 Xinhuanet, "China−Myanmar pipeline carries 10.8 M tonnes crude oil in 2019" (Xinnhua 2020−01−14).

10 云南經濟信息網, "云南−中國下一個出海口" (2010.7.16.).

11 밋숀 댐은 미얀마 북부에 위치한 중국 국영 기업이 개발 중인 수력 발전 프로젝트로 논란이 되고 있다. 이 프로젝트는 미얀마에서 가장 큰 강이자 미얀마의 문화적, 생태적 생명줄로 여겨지는 이라와디 강에 댐을 건설하는 것. 이 프로젝트는 댐의 잠재적인 환경 및 사회적 영향에 대한 우려를 제기한 지역 사회, 환경 운동가 및 시민 사회 단체의 강력한 반대에 직면하기도 했다. 2011년 미얀마 정부는 광범위한 시위로 인해 프로젝트를 중단했으며, 현재까지도 중단된 상태다. 이 프로젝트는 중국과 미얀마 간의 관계를 긴장시켰으며, 중국은 프로젝트 재개를 요구하고 미얀마는 국익에 부합한다고 판단되는 경우에만 프로젝트를 진행할 것이라고 주장했다. 이 프로젝트는 양국 간에 여전히 논쟁의 여지가 있는 사안으로 남아 있으며 명확한 해결 방안이 없다는 평가다.

12 상동.

13 Wikipedia, "Dams in Myanmar" (2021.3.30. 열람).

14 ASEAN STATISTICAL YEARBOOK 2022.

15 The ASEAN POST 2021.2.12.자, "Chinese Investors Gobbling Prime Asian Real Estate".

16 Mark Grimsditch, "Chinese Agriculture in Southeast Asia: Investment,

Aid and Trade in Cambodia, Laos and Myanmar" (2017.6 Heinrich Boll Stiftung/Southeast Asia).

17 David Sacks, "China's Huawei is Winning thr 5G Race: Here's What the United States Should Do to Respond." (Council on Foreign Relations, 2021.3.29.).

18 ISEAS－Yusof Ishak 연구소, "The Intricacies of 5G Development in Southeast Asia" (Melinda Martinus, 2020.11.13.).

19 The perils of China's "debt－trap diplomacy" (The Economist, 2018.9.21).

20 The Center for Global Development 연구소의 2018년도 조사서.

21 영화는 중국 준군사조직인 인민무장경찰부대(武警) 출신의 주인공이 2015년 개봉한 1편에선 미국 네이비실 출신의 악당들을, 2017년 나온 2편에선 아프리카에서 납치범을 물리친다는 내용이다.

22 싱가포르 Today 2016.9.30 기사, "Global Times continues drumbeat of criticism against Singapore".

23 세계 팜 오일 80% 이상이 말레이시아와 인도네시아에서 생산되고 최대 수출시장은 인도, EU, 중국, 파키스탄 등이다. 그런데 2017년 EU의회가 팜 오일 수입 금지 결의안을 통과시켰다. 이럴 즈음, 중국이 말레이시아의 팜 오일 수입을 중단했다. 그러자 말레이시아는 ECRL 공사 재개를 위한 협상 과정에서 중국에게 양보할 수밖에 없었다고 한다. 2018년 말레이시아의 팜 오일 수출 시장 중에서 중국만이 유일하게 감소했다는 점이 이를 입증하고 있다.

24 "Laos and its Dams: Southeast Asia's Battery, Built by China" https://www.rfa.org/english/news/special/china－build－laos－dams/ (2023.1.26. 열람).

25 2016.6. 라오스 에너지. 광업부 자료.

26 IESR, Indonesia's Coal Dynamics: Toward A Just Energy Transition (2019.3.).

27 3개 발전소는 google에서 일일이 확인한 내용이다(2023.1.26. 열람). 중국은 정부 차원, 아니면 기업 차원에서 인도네시아에서 다수의 화력(석탄) 발전소 건설을 제안했다. 그중 일부는 계획 단계에서, 아니면 건

중국과 공존하는 아세안의 지혜

설 중에 중단되는 사례도 다수 있다. 그러던 중 중국 시진핑 주석이 2021년 9월 유엔 총회 연설에서 해외에서 석탄 발전소 건설을 중단하겠다고 밝혔다. 따라서 이미 완공된 인도네시아 석탄 발전소를 제외하고 신규 또는 건설 중단된 공사가 재개되지 않을 것이다.

28 Jerik Cruz and Hansley Juliano 조사보고서 "Assessing Duterte's China Projects" (2021.3.).

29 Lan Thanh Ha, "Chinese FDI in Vietnam: Trends, Status and Challenge" (2019.4. No.34, ISEAS).

30 Vannarith Chheang, "The Political Economy of Chinese Investment in Cambodia" (2017 No.16, ISEAS－Yusof Ishak).

31 Benar News 2020.1.16. 자 "China is Top Investor in Thailand in 2019, Official Says".

1. 아세안의 새로운 과제들

2. 미·중 글로벌 공급망 재편

3. 동남아 지역의 국제화 전략

4. 아세안의 분열 조짐

5. 향후 진로를 고민하는 아세안

6. 결어

제10장

미·중 경쟁 속
아세안의 진로

미·중 경쟁 속 아세안의 진로

1 아세안의 새로운 과제들

아세안은 1990년대 이후 미국 주도의 지역 질서와, 동아시아 지역 경제협력 속에서 회원국들이 합심하여 역내협력을 다졌고 동아시아 경제와 함께 동반 성장하였다. 동아시아 외환위기 후 중국이 빠르게 경제성장하고 일본이 '잃어버린 20년'에 빠져 성장세가 주춤하는 사이 일본과 중국의 라이벌이 치열해 졌다. 그러한 가운데 아세안은 2015년 아세안 공동체를 발족하였다. 당시 회원국 사이 경제성장에 대한 열기는 높았고 국내정세는 비교적 안정적이었으며 동아시아 지역협력 체제 가운데 아세안의 지위는 공고해 졌다(제8장).

그러나 아세안 정세는 일련의 국제적 사건들로 인하여 일순 바뀌었다. 여기서 말하는 국제적 사건이란, 미·중 무역·기술전쟁의 시작(2018년), Covid-19의 아세안 확산(2020년), 바이든 대통령의 인·태 전략 개시(2021년), 러시아의 우크라이나 침공(2022년) 등이다. 미·중 경쟁은 갈수록 치열해 지고 있어서 장기화될 전망이다. Covid-19 위기가 아세안 역내뿐 아니라 동아시아 지역의 협력과 교류의 단절을 가져왔고, 경제위기로 이어졌다. 팬데믹 위기가 지역협력의 중요성을 다시 일깨워 주지만 미·중 경쟁은 이 지역을 협력보다 분열, 세력 다툼으로 몰고 가고 있다.

그동안 비교적 안정적이었던 아세안 회원국의 국내정세마저 크고 작은 변화를 경험하였다. 미얀마에서 2021년 2월 쿠데타가 발생하여 민주적으로 당선된 아웅산 수찌 정부를 무너트렸고 군부 정권은 거리 시위대를 향하여 무차별 발포하였다. 필리핀에 정권 교체가 일어나서 친 중국 인사로 알려진 두테르테 대통령이 임기 만료로 물러나고 친미 성향의 새로운 대통령이 선출되었다. 그 외에도 싱가포르, 말레이시아, 베트남 등이 정부 지도부가 부분적으로 교체되었다. 태국에서도 2023년 5월 하원선거에서 야당이 압승했다. 아세안에서 인구·경제 규모가 가장 큰 나라인 인도네시아 대통령 선거가 내년(2024년) 2월 예정되어 있다.

새로운 과제들

지난 10년간 미·중 경쟁의 궤적을 따라가면, 신흥 강국과 기존 강국 사이 충돌이 불가피하다는 '투키디데스 함정Thucydides Trap' 이론을 떠올리게 한다. '투키디데스의 함정'은 현대에는 미국과 중국 간의 갈등 가능성을 설명할 때 자주 인용된다. 실제, 두 나라의 갈등을 놓고 무역·기술 '전쟁War'이라는 표현을 쓰기도 하고 서로 한 치의 물러섬이 없이 부딪치고 있다.

아세안 사람들은 미·중 경쟁을 어떻게 보는가. 장기화될 것이라는 전망에는 의견의 일치를 보고 있으나 심각성의 수준을 두고는 의견이 갈린다. 어느 인도네시아 학술단체가 아세안 지식인을 상대로 한 여론조사에서, 미·중은 경쟁Competition 관계인가 아니면 대립Conflict 관계

중국과 공존하는 아세안의 지혜

인가를 물었다. 경쟁 관계라는 응답자가 62%, 대립 관계라는 응답자가 25%이었다.[1] 충돌의 위험성이 많은 대립 관계로 보기보다 대화와 타협 여지가 많은 경쟁 관계라고 보는 시각이 훨씬 많다.

미·중 관계가, 경쟁이든 대립이든, 아세안의 장래에 가장 큰 영향을 미쳐 왔고 앞으로도 아세안 진로에 가장 큰 변수임에는 틀림없다. 그럼, 미·중 경쟁은 아세안에게 어떠한 새로운 도전을 부과하고 있는가.

첫째, 아세안은 새로운 경제성장 패러다임을 찾아야 한다. 중국을 중심으로 형성되었던 동아시아 생산 분업 체제가 더 이상 가동하기 힘들게 되었다. 과거의 동아시아 지역 협력 체제를 대체할 수 있는 성장 패러다임을 개발해야 한다.

둘째, 동남아를 자신의 영향권으로 삼으려는 중국과 미국 전략에 대한 대응책을 찾아야 한다. 무엇보다, 미·중 경쟁에 말려들지 말아야 하며, 대만 및 남중국해 분쟁이 극단으로 치닫지 않도록 해야 한다.

셋째, 미·중 경쟁이 아세안 내분으로 이어지는 것을 막아야 한다. Covid−19로 인하여 정체된 아세안 지역 협력과 경제성장에 대한 열기를 되살려야 한다.

이 장에서는, 아세안이 당면하는 과제들의 현황을 알아보고, 어떠한 변화의 조짐이 있는지를 찾아보고자 한다. 아울러 아세안의 향후 진로에 대하여 아세안 사람들은 어떻게 진단하는가를 알아보고자 한다. 향후 진로에 대한 아세안의 고심에는 미·중을 바라보는 아세안의 시각 변화가 적지 않게 작용하고 있음을 알 수 있다.

② 미·중 글로벌 공급망 재편

미국과 중국 공히 글로벌 공급망GSC: Global Supply Chain을 재편 중에 있다. 지난 30여 년 동안 중국이 주변국으로부터 중간재(中間材)와 부품을 수입하여 가공한 후 미국, EU, 일본 등 선진국에 수출했다. 중국, 아세안이나 이 지역 국가들은 이러한 방식으로 동반 성장했고 동아시아는 '세계 공장'이라는 평가를 받았다. 그러나 미국은 이제부터 이러한 성장 방식을 허용하지 않겠다는 방침이 확고하다.

바이든 행정부는 경제 분야의 인도 태평양 전략으로 '인·태 경제 프레임워크IPEF'를 2022년에 제안했다. 이에 14개국이 참여할 의사를 표명했고, 그중 아세안이 7개국이다.[2] IPEF 참여국들은 2023년 11월 APEC 정상회의(미국) 전까지 합의안을 마련하기 위하여 논의 중이다. 미국의 IPEF 제안 관련 두 가지가 아세안의 주목을 끌었다.

하나는, IPEF를 제안하면서 미국의 시장개방을 배제하겠다고 선언하여 아세안을 크게 실망시켰다. 미국 정부는 미국의 시장개방과 자유무역이 미국 노동자의 권익을 해친다는 인식을 갖고 있다. 미국이 과거 아·태 경제협력체APEC을 주도하면서 시장개방과 자유무역주의를 옹호했으나 이제는 그 모델을 바꾸겠다고 선언하였다. 아세안은 이제 새로운 성장 모델을 찾아야 한다. 다른 하나는, 미국이 IPEF협력을 통하여 새로운 디지털 경제(질서)를 수립하겠다고 하였다. 새로운 디지털 무역 모델을 개발하고, 이를 노동계를 포함 미국 내 의견 수렴을 거쳐야 하는 만큼 갈 길이 멀다. 더욱이 중국, 유럽연합도 독자적인 디지털 경제 모델과 비전을 마련하고 있다.[3] IPEF가 이들과의 경쟁에 뒤처지지 않는 내용을 제시할 수 있을지 두고 볼 일이다. IPEF 참여국의

　　　　　　　　중국과 공존하는 아세안의 지혜

반수 이상이 아세안 국가이다. 미국이 이들에게 미국 시장개방에 상응하는 혜택을 제공할 수 있을지 두고 볼 일이다.[4]

이와 관련, 주목되는 점은 앞으로 '세계의 공장' 역할을 하던 동아시아 제조업 능력을 대체할 수 있는 지역이나 경제권이 어디일까 하는 문제이다.

아세안, 디지털 무역의 지역 중심지로

혹자는 인도가 중국을 대체할 수 있다고 주장한다. 그러나 인도의 인프라 수준, 제조업 기술 수준, 무엇보다도 지역 연계성Regional Connectivity이 중국이나 동아시아를 따라잡으려면 오랜 시간이 걸릴 것이다.[5] 2018년 이후 5년간 인도가 유치한 외국 투자FDI 유입 동향을 조사해 보면, 투자유입 성장세가 아래 설명하는 아세안처럼 빠른 증가세를 보이지 않았다.

이에 반하여, 2021년 아세안이 받아들인 외국인직접투자FDI는 아래와 같은 특징을 보이면서 주목을 끌고 있다.

첫째, 아세안에 유입되는 투자가 2020년에는 Covid-19 영향으로 크게 줄어들었다가 2021년에는 전년 대비 42%가 늘었다. 분야별 증가율을 보면, 제조업 분야가 2020년 대비 134% 증가할 정도로, 금융이나 도/소매업 등 다른 분야보다 월등이 높은 증가율을 보였다. 세계 발전도상국 중, 투자FDI를 가장 많이 받아들이는 경제는 중국과 아세안이었으며, 아세안에 유입되는 투자 규모(1,740억 달러)는 Covid-19 이전, 즉 2019년의 수준을 회복했다.[6]

둘째, 미국과 중국의 투자가 동시에 아세안으로 몰리고 있다. 표(10-2-1)가 보여주듯이 미국 투자 규모가 중국, 일본 및 다른 나라의

[표 10-2-1] 2020-2021년 아세안에 가장 많이 투자(FDI)한 나라들

(단위: U$ bill)

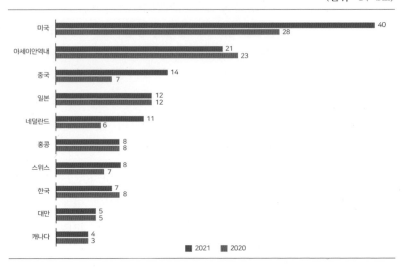

투자를 크게 앞서고 있다. 한편, 아세안에 대한 투자 규모 면에서 중국이 처음으로 일본을 추월하였다.

　마지막으로, 아세안에 대한 미국과 서구의 투자 가운데 반도체, 전자분야의 투자 급증세가 주목된다. 표(10-2-2)는 2021년 아세안으로 유입되는 반도체와 전자부품 분야의 투자이다. 2020년 투자금액이 10억 달러 미만의 수준에서 2021년은 각각 160억 달러, 140억 달러로 십여 배(倍) 급증했다.7 그중 미국의 다국적 기업의 숫자가 가장 많다. 바이든 행정부가 반도체 분야에서 중국에 대한 제재를 강화하고, IPEF를 제안하여 2023.11 APEC 정상회의(미국) 전까지 합의안을 마련하기 위하여 협상 중이다. 이 단계에서 미국 기업들이 반도체 분야에서 아세안 투자를 크게 늘리고 있다. 미국이 IPEF를 제안하면서 새로운 디지털 경제(질서)를 수립하겠다고 제시한 것이 이를 두고 하는 말인지

는 두고 볼 일이다.

미국, 유럽뿐 아니라 동아시아 지역 국가들도 아세안 디지털 경제 digital economy에 대한 투자를 늘리고 있다. 대만의 예를 보면, 반도체 제품의 수출입에서 아세안이 차지하는 비중이 작지 않다. 2022년도 대만 반도체 수출의 21%가 아세안 5개국(싱가포르, 말레이시아, 필리핀, 베트남, 태국)으로 가고, 수입의 16%가 이들 5개국으로부터 수입한다. 한국과 일본도 아세안 디지털 경제에 대한 투자를 늘리고 있다. 한·일 양국이 전기 자동차 제조 및 전지 battery를 포함한 부품 공장설립에 투자하고 있다. 중국은 아세안 각국의 5세대5G 통신건설 사업에 참여하고 있다. 중국 중심의 동아시아 경제협력 체제가 더는 작동하기 어

[표 10-2-2] 아세안 내 반도체와 전자부품 분야의 greenfield 투자

(단위: 10억 달러)

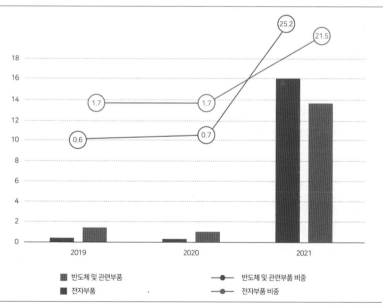

출처: UNCTAD, based on information from the Financial Times Ltd, fdi Markets (www.fdimarkets.com)

려운 상황에서 아세안 디지털 경제가 과연 부상할 수 있을지 두고 볼 일이다.

③ 동남아 지역의 국제화 전략

대만과 남중국해 문제는 이미 앞에서(제7장) 논의되었다. 중국의 통일과 해양강국에 대한 시진핑의 의지가 강하지만 미국을 중심으로 일본, 호주 등 해양 세력 및 유럽 국가들의 이해(利害)도 크다. 따라서 쉽게 타협점을 찾기 힘든 문제이고 아세안 입장에서 보면 화약고를 옆에 두고 사는 셈이다.

대만 문제 관련, 2024년 1월 대만 총선거(총통 및 의원)를 앞두고 있어서 양안(兩岸) 간 긴장상태가 언제든 다시 높아질 가능성이 있다. 민진당의 총통 후보로 현직 부총통이 선출되었고, 그는 대만 독립을 강하게 주장하는 인사이다. 중국과의 대화와 교류를 주장하는 국민당 후보도 결정되었다. 저자가 2023년 5월 초 대만을 방문하여 국민당·민진당 인사를 포함하여 다양한 인사들을 접촉하였다. 그들의 대체적인 중론은, 대만 민진당, 국민당 후보 공히 레드 라인(대만 독립을 공식 선언)을 넘는 언행을 하지 않을 것이며, 중국은 대만 선거를 겨냥하여 위협적인 조치들을 취하겠지만 대만이 레드 라인을 넘지 않는 한 극단적인 군사행동을 취하지 않으리라고 예상하였다.

남중국해 문제 관련, 헤이그 중재재판소PCA 판결 이후에도 중국이 해군이나 공군 대신 해양 경찰이나 해양 민병대를 동원하여 강압적인 행동을 계속하자 아세안이 대응 조치를 취하기 시작했다. 신임 필리핀

중국과 공존하는 아세안의 지혜

대통령 마르코스 주니어Marcos Jr.는 필리핀 내에서 미군이 사용할 수 있는 기지를 추가로 제공했다(2023.1), 또한 베트남은 소규모이지만 남사군도에 섬을 매립하여 전초기지를 건설했고 앞으로 해군기지로 삼을 계획이다. 남중국해 관련 당사국들은 해양법에 위배되는 중국의 불법·부당한 행위를 유엔에 보고하여 문제제기를 하거나 기록을 남기고 있다. 미국과 일본이 베트남, 필리핀 등에게 해양 경비정이나 장비 등을 제공하고 있으나 아세안 회원국들이 군비 경쟁을 추구하려는 조짐은 보이지 않고 있다.

남중국해에서 미군의 '항행의 자유 작전' 횟수는 오바마 행정부 때 5회, 트럼프 행정부 때 28회 실시했다.[8] 바이든 행정부에서도 계속하고 있다. 미국 외에도 일본, 호주, 인도 및 유럽 국가들이 미국과 합동으로, 아니면 독자적으로 남중국해에서 훈련을 실시하고 있다. 이에 대하여, 한편, 2023. 7. 아세안지역안보포럼ARF에서 중국과 아세안은 3년내 규범화COC작업을 끝내기로 합의하였다. 앞으로 실현 여부를 지켜볼 일이다.

동남아 지역의 국제화 전략

아세안은 국제 정세에 위기나 변화가 있을 때마다, 외교적 변신을 통하여 위기를 넘겼다. 아세안을 10개국으로 확대하고, 아세안＋3(한중일)과 동아시아정상회의EAS를 발족했으며, 미국과 러시아를 EAS를 참여시켰다. 요즈음 아세안 지식인들 사이에서 미·중 외 EU와의 관계를 격상하자는 '제3자론'(후술)이 나오고 있다.

이러한 외부 세력과의 연계확대, 즉 동남아 지역의 국제화 전략은 남중국해와 아세안을 자신의 영향권으로 편입하려는 중국의 의도를 저지하는 데 큰 힘이 되고 있다. 미국, 일본, 호주, 인도 및 유럽 국가들이 남중국해 문제를 중시하고 있는 만큼 중국이 과거와 같이 무력으로 해결하거나 일방적인 현상 변경조치를 취하기 어려운 상황이 되었다. 대만 문제도 국제적 관심이나 이해(利害)가 커진 만큼 홍콩이나 위구르 소수민족 문제와 같이 중국이 일방적으로 해결하기 어려운 국제적 환경이 조성되고 있다. 국제분쟁지역을 여러 나라에게 개방하고 제3국의 정치·경제적 이해를 높여 국제화Internationalize함으로써 어느 일방에 의하여 현상 변경을 어렵게 만드는 전략은 국제정치 무대에서 흔히 사용된다.

④ 아세안의 분열 조짐

아세안이 10개국으로 풀 하우스가 된 지 불과 10여 년 만에 아세안 공동체를 설립하고 동아시아 지역협력을 주도할 정도로 부상하였다. 그러나 아세안 통합과 결속을 훼손하는 내부 갈등은 항상 존재하고 아세안이 주도하는 지역협력의 구심체 역할을 방해하는 외부 세력도 있다. 아세안은 실제로 이러한 고비를 여러 차례 넘겼으나 미·중 경쟁 또한 아세안 결속에 심각한 타격을 주고 있다.

아세안은 1967년 창설 이후 회원국 사이 무력 충돌이 한 건도 없었다. 베트남의 캄보디아 침공은 두 나라가 아세안 가입 이전의 사건이다. 그러나 이러한 전통이 단 한 차례 깨졌다. 태국─캄보디아 국경지역에 위치한 프레아 비헤아르 사원Preah Vihear Temple 영유권 분쟁을 두고 두 나라가 군대까지 동원하였다. 2008년~2011년 동안 충돌한

중국과 공존하는 아세안의 지혜

결과 양측에서 수십 명의 사망자가 발생하기도 했다.[9] 당시 태국은 2006년 군부 쿠데타로 인하여 탁신 정권이 무너졌고, 탁신지지 세력과 반(反) 탁신 세력 간에 격렬하고 폭력적인 거리 시위가 오래 지속되어 거의 무정부 상태에 빠졌다. 태국 정부가 분쟁의 조기 종식에 적극 나설 형편이 아니었다. 이 사건은 결국 캄보디아가 유엔 안전보장이사회에 제소까지 하였으나, 아세안 의장국 인도네시아가 아세안 자체적으로 해결하자는 조정안을 가지고 두 나라를 설득하였다. 유엔 안보리는 이 조정안을 받아들여 아세안에게 해결을 위임하였고, 분쟁 당사자들도 이를 받아들여 무력 충돌을 중지하였다.

아세안 회원국이 외세의 압력을 받아서 아세안 결속을 해치는 행동을 하는 사례도 있다. 제4장에서 설명하였듯이, 2012년 아세안 외교장관회의AMM가 아세안 역사상 처음으로 공동성명 없이 종료되었다. 베트남, 필리핀 등 남중국해 분쟁 당사국들이 남중국해 분쟁 항목을 공동 성명에 명기할 것을 요구하였지만 주최국 캄보디아가 이를 끝까지 거부하여 발생하였다. 중국이 캄보디아에게 경제지원하고 이를 활용하여 캄보디아에게 압력을 가했다는 주장이 나오기도 하였다.[10] 2021년 2월에 발생한 미얀마 쿠데타도 아세안의 결속을 크게 해치고 있다. 아세안이 미얀마 군부와의 협상을 통하여 폭력적 사태를 종식시키려고 노력하였으나 미얀마 군부가 이를 거부하자 아세안은 미얀마를 아세안 회의에 초청하지 않기로 결의하였다.

'아세안 중심주의(ASEAN Centrality)' 훼손을 우려

아세안은 동아시아 외환위기 당시 이후 여러 지역협력기구에서 주도적 역할을 수행했다(제4장). 아세안이 제안하거나 주도한 지역기구

는 정치, 안보뿐 아니라 통상, 금융, 보건, 환경, 교육 등 다양한 분야
가 포함되어 있다. 이 지역뿐 아니라 다른 국제기구에서도 그 지위를
인정받고 있다. G7 연례정상회의에 아세안 대표가 관례적으로 초청
받는다.[11] G20 정상회의에도 아세안 의장국이 관례상 참석한다. 때
로는 인도네시아(G20 회원국)과 아세안 의장국 두 나라가 참석한다.
아·태 경제협력체APEC 연례회의는 관례적으로 2년에 한 번 꼴로 아
세안에서 개최된다.[12]

　미국, 중국, 러시아, 영국 등 세계대국들도 아세안이 주도하는 국제
기구에 참가하기 위해서는 아세안 중심주의를 공식 지지해야 한다. 그
러나 미국과 중국은 때로는 아세안의 결속이나 중심주의를 손상시키
는 행동을 한다. 예로, 바이든 행정부가 주최했던 민주주의 정상회의,
인·태 경제프레임워크IPEF 등에 아세안 나라 일부만 초청하여 다른 회
원국들의 불만을 샀다. 중국도 위에서 설명하였듯이 친중 성향의 캄보
디아를 앞세워서 아세안의 공동 전선을 깨기도 한다(2012년 아세안 외
교장관회의 사건). 이와 같이, 미국은 QUAD, IPEF, AUKUS를 앞세워
인·태 전략을 추구하고, 중국은 일대일로, 해양강국 정책을 앞세워 세
계전략을 추진하는 과정에서 아세안 중심주의를 훼손하는 일이 앞으
로도 일어날 것을 우려하고 있다.

⑤ 향후 진로를 고민하는 아세안

　아세안은 새로운 도전의 시기를 맞이하고 있다. 동남아 지역을 자신
의 세력권으로 끌어 들이려는 미·중 경쟁이 갈수록 치열해 지고 있다.

　　　　　　　　　　　　중국과 공존하는 아세안의 지혜

아세안은 '어느 세력권 속으로 빨려 들어가지 않고, 아세안의 통합과 결속을 다질 수 있을까'하는 문제에 대한 해답을 스스로 찾아야 한다. 이에 대하여 아세안 지식인들은 어떠한 생각을 하고 있는가.

싱가포르 소재 연구소 동남아 연구소ISEAS-Yusof Ishak Institute는 매년 아세안 10개국의 지식인(공무원, 학자, 언론, 기업인 등)들을 상대로 여론 조사를 실시하여 그 결과를 발표한다.[13] 2022년도 조사결과 'ASEAN Survey 2022'는 아래와 같이 아세안의 자생력과 결속력을 높여야 한다는 의견이 가장 많은 지지를 받고 있다. 이는 아세안이 1990년대 이후 추진해 온 자강 능력Capacity Building을 계속하고, 아세안의 균형 외교원칙을 계속해야 한다는 의견이다. 이 둘을 합하면 전체 응답자의 70%가 넘는다.

아세안 지식인들은 이 원칙들이 아세안 10국으로 늘어난 1990년대 이후, 즉 지난 20여 년 동안 아세안의 성공을 가능하게 하였다고 판단하는 한편, 동남아에서 미·중 영향력이 역전되는 현상을 주시하고 나온 대응책이 아닌가 싶다.

- 아세안이 자생력과 결속력을 높여야 한다(응답자 중 46%).
- 미·중 어느 편에도 가담해서는 안 된다(25%).
- 전략적 선택의 폭을 넓히기 위하여 미·중 외 '제3자'와 손잡아야 한다(16%).
- 미·중 두 나라 중 한 나라와 손을 잡아야 한다고 응답했다 (11%).

아세안 시각 – 중국 영향력이 미국을 역전

상기 동남아 연구소 여론조사에 나타난 새로운 점New Findings은 미국과 중국을 바라보는 아세안의 시각이 많이 바뀌었다는 점이다. ASEAN Survey 2022년 보고서에 의하면, 미국과 중국을 바라보는 아세안의 시각은 다음과 같다.

첫째, 동남아 지역에서 경제, 정치, 전략적 영향력 면에서 중국이 단연 제1위라고 꼽고 있다. 이러한 아세안의 시각은 미국이 아·태 지역에서 슈퍼파워의 위치에 있을 때와 다르다. 동남아에서 미국과 중국의 위상이 역전되었다.

둘째, 중국 위협에 대한 불안감은 여전히 높은 수준이다. 미국의 영향력 증대를 바라는 의견도 있지만 인도네시아, 말레이시아 등 주요국 지식인들은 미국의 영향력 증대를 그다지 반기지 않는 태도를 보이고 있다.

국제적으로 저명한 호주 연구소 Lowy Institute(LI)도 매년 아세안에 대한 여론 조사결과를 내고 있다. 2022년 LI 보고서도 동남아 연구소와 유사한 결론을 내고 있다. 2018년 LI 보고서는 미국의 영향력 Overall Influence이 중국보다 높다고 보는 나라는 필리핀, 싱가포르, 베트남, 태국이 있으나 2022 보고서는 필리핀과 싱가포르 두 나라를 제외하고 모든 아세안 나라들이 중국의 영향력이 더욱 크다고 답변하였다. 필리핀과 싱가포르도 49% 대 51%로 동등하다고 보았다. 한마디로, 동남아 지역에서 중국의 영향력은 높아지고 미국의 영향력은 줄어드는 추세이다(표 10-5-1. 호주 LI 조사결과).[14]

중국과 공존하는 아세안의 지혜

[표 10-5-1] 동남아에서 미·중 영향력에 대한 회원국 평가

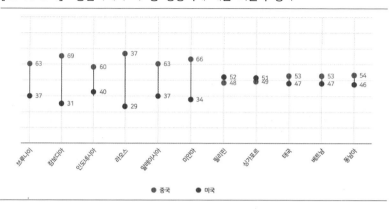

● 중국   ● 미국

이러한 결과를 보면, 2022년 11월 아세안 회원국에서 개최되었던 ASEAN＋3(캄보디아), G20 정상회의(인도네시아), 아·태 경제협력체 (APEC, 태국)에서 아세안 회원국들이 미국과 대립하였던 장면이 이해된다. 만약 이 회의들이 십여 년 전에 열렸다면 아세안의 태도가 크게 달랐을 것이다.

더욱 흥미 있는 사실은 이러한 동남아의 분위기가 동북아의 분위기와 정반대라는 점이다. 일본, 한국, 대만 등 동북아 국가들은 미국의 정치, 군사, 경제적 영향력이 여전히 중국에 비하여 압도적으로 크다고 보고 있으며, 미국의 영향력 증대를 적극 반기는 분위기이다. 이러한 동북아와 동남아 지역의 인식 차이가 앞으로 미·중 경쟁의 진로와 동아시아 정세 변화에 어떠한 영향을 미칠지 주목할 필요가 있다.

미·중 이외 '제3자'론

상기 지식인들의 답변 중, 미·중 외 '제3자'와 손을 잡아야 한다는 구상은 미·중 경쟁의 장래에 불확실성이 큰 만큼 EU를 끌어들여 불확실성을 줄여보겠다는 의도로 해석된다. 또한, 위에서 언급한 동남아의 국제화 전략과도 관련지어 볼 수 있다. 이번 조사에서 '제3자'의 대상으로 유럽연합(EU)을 가장 선호하는 것으로 나타났다.

아세안의 '제3자'론이 향후 어떻게 전개될지는 속단하기 어렵지만 유럽(선진국)과 아세안 공히 상호 정치, 경제, 안보 협력의 필요성을 인정하고 있다. 이는 최근 양자의 교류 빈도가 말해주고 있다. 예로, 2020년 'EU-ASEAN 전략적 파트너십 관계'에 합의, 2022년 12월 특별정상회의개최, '2023-2027 행동 계획' 채택 등이다. 이에 추가하여 영국, 프랑스, 독일 등은 독자적으로 인·태 전략을 추진하면서 아세안과의 관계를 강화하고 있다.

⑥ 결어

미·중 경쟁은 여전히 아세안이 극복해야 할 최대 과제이다. 미·중 경쟁 속에서 아세안의 미래는 불확실성이 많지만 희망적인 요소들도 나타나고 있다. 다시 말하여, 미·중 글로벌 공급망 재편과정에서 아세안이 디지털 무역의 중심으로 나설 가능성, 동남아 지역이 국제화 되면서 폭력에 의한 분쟁 해결 방식이 어려워지는 환경이 조성되고 있다. 중국이 주변국에 대하여 즐겨 쓰던 '당근과 채찍 외교'가 실효적이

중국과 공존하는 아세안의 지혜

지도 않고 나쁜 이미지만 남겼다. 일부 아세안 회원국들이 미·중 세력 경쟁에 말려들기도 하였지만 결국 아세안으로부터 일탈이 득(得)보다 실(失)이 많다는 사실을 인식하고 있다. 필리핀이 그 예이며, 캄보디아는 중국의 압력에도 불구 중국에게 해군기지 제공을 거부하고 있다. 아세안 지식인 여론 조사 결과, 아세안 자생력과 결속력을 강조하면서 아세안 지역협력과 결속을 회복하자는 여론이 일고 있다. 이는 분명 아세안에게 새로운 희망을 주는 요소들이다.

결론적으로, 아세안의 향후 몇 년은 도전과 희망이 공존하는 시기가 될 것이다. 다만 아쉬운 점은, 1990년대 냉전체제의 붕괴 때와 동아시아 외환위기 때 지역통합을 이끌어나갔던 카리스마와 비전 있는 지역 지도자가 나타나지 않고 있다는 점이다. 더욱이 인도네시아, 싱가포르, 태국 등 아세안 주요국들은 국가지도자 교체시기이다. 따라서 아세안이 지역통합과 결속의 열기를 다시 회복하거나 희망적 요소들을 키우는데 빠르게 대응하지 못할 것이다. 그러나 10개국의 아세안 공동체가 와해되지는 않을 것으로 보인다.

주(註)

1 Foreign Policy Community of Indonesia 발간 ASEAN-China Survey 2022.

2 IPEF 참여 13개국-뉴질랜드, 말레이시아, 베트남, 브루나이, 싱가포르, 인도, 인도네시아, 일본, 태국, 피지, 필리핀, 한국, 호주. 아세안 7개국이 참여했다.

3 CSIS 브리핑(2023.1.26.) Aidan Arasasingham, Emily Benson, Matthew Goodman, and William Alan Reinsch.

4 William Reinsch, CSIS, "An inflection point in US trade policy" (22 January 2023).

5 2018-2022년 간 인도로 들어가는 투자(FDI)는 늘어가는 추세이지만 연간 규모는 평균 750억 달러로서 아세안으로 들어가는 투자 규모의 반이하이다.

6 ASEAN Investment Report 2022 (ASEAN과 UNCTAD 공동 발간).

7 ASEAN Investment Report 2022 (2022.9. UNCTAD와 ASEAN 사무국 공동발간).

8 미 의회조사국(CRS)보고서 "U.S.-China Strategic Competition in South and East China Seas" (2021.3.18. 수정).

9 Preah Vihear 사원 소유권 분쟁. 캄보디아와 태국 국경지역에 11세기 지어진 Preah Vihear 힌두사원이 있다. 역사적 가치가 높으며 국민적 상징성이 강한 사원이다. 이 사원의 소유권을 두고 오랜 분쟁이 있었고 1962년 국제사법재판소(ICJ)는 캄보디아 소유로 판결을 내렸다. 2008

중국과 공존하는 아세안의 지혜

년~2011년 동 사원에 이르는 접근로(한 쪽은 절벽이라서 접근로는 외길)의 소유권을 두고 두 수비대 간 충돌이 확대되어 2011년에는 대포까지 동원되어 사상자가 발생하고 주민이 피난하였다. 2010년 8월 캄보디아는 이 문제를 UN 안보리에 제소하였다. UN 안보리 이사회는 아세안에게 이 문제를 자체적으로 해결할 수 있는가를 타진하자 아세안 의장국(인도네시아)이 자체적으로 해결하겠다는 뜻을 밝히고 중재에 나섰다. 유엔 안보리는 이를 아세안에게 위임하였다.

10 Heng Pheakdey, EISD, "Chinese investment and aid in Cambodia a controversial affair"(호주 EASTASIA FORUM, 2013.7.16. 자).

11 아세안은 2021년 G7 정상회의(영국)와 2022년 정상회의(독일)에도 참석했다.

12 1989−2022년 APEC 연례회의가 29차례 개최되었고 그 중 아세안이 14차례 개최했다.

13 "The State of Southeast Asia 2022" Survey Report는 ISEAS−Yusof Ishak Institute, 연구소가 2021년 11월~12월 아세안 10개 회원국 지식인(공무원, 학자, 기업인, 국제기구 근무자 등) 1,600여 명을 상대로 설문조사했고, 그 조사 결과를 2022년 2월 발표했다.

14 Lowy Institute, "Asia Power Snapshot: China and the United States in Southeast Asia"(2023.4.20. 발표).

끝내면서

― 한국은 아세안을 어떻게 보아야 할까.

아세안은 2015년 아세안 공동체ASEAN Community를 공식 발족하였다. 회원국들은 주요 사안에 대하여 공동 대응하고, 회원국 사이 지역 통합을 계속해 나가고 있다. 한국은 아세안 개별국가와의 관계도 중요하지만, 아세안 공동체(집단)의 흐름도 중시해야 한다. 이 책은 아세안 개별회원국의 움직임이 아니라, 아세안 집단 또는 전체의 흐름을 다루고 있다. 저자는 아세안 전체의 흐름 속에서 아래 분야를 특히 주목한다.

1. 아세안 경제성장 잠재력을 주목한다.

아세안은 현재 미국, 중국과 함께 한국 3대(大) 경제 파트너 중 하나이다. 2022년도 우리 통계가 이를 말해준다.

한국의 대외무역에서 중국 다음으로 아세안이 제2위의 무역 상대이고 아세안이 미국, 중국을 제치고 최대 흑자국이 되었다.[1] 한국은 무역 적자가 몇 년 계속되면 1997년 같은 경제 위기 닥쳐올까를 우려한다. 아세안과 무역흑자 추세를 이어나갈 필요가 있다. 한국 기업이 해외투자FDI를 가장 많이 하는 나라는 미국이고, 그 뒤를 아세안과 유럽

---

[1] 2022년 흑자 규모는, 아세안 340억 달러, 미국 279억 달러, 중국 12억 달러 순이다.

연합EU이 따르고 있다. 아세안에는 현재 17,000개 넘는 한국 기업이 있다. 중소기업의 최대 밀집 지역이고, 전자/반도체, 전기 자동차 등 우리의 미래성장 산업의 투자도 늘리고 있다.

Covid-19 이전, 2019년 천만 명 이상의 한국인들이 아세안을 방문하였다. 이 규모는 일본과 중국을 찾는 사람 숫자보다 2배 많다. 한국에 체류하는 외국인 중 아세안 사람이 가장 많고(25%), 아세안 근로자도 가장 많다.

아세안 경제의 성장전망

저자는 아세안의 향후 성장 잠재력을 더욱 주목한다. 한국과 아세안은 동아시아 생산 분업 체제 속에서 동반 성장하였다. 그러나 미·중 경쟁의 여파로 새로운 현상으로 나타나고 있다. 우선, 동아시아 분업 체제의 중심에 위치하였던 중국의 역할이 축소되는 가운데 미국과 중국의 투자가 아세안으로 몰리고 있다. 중국은 제조업 분야의 투자를 늘리고, 미국과 유럽 기업들은 반도체와 전자산업의 투자를 늘리고 있다(제9장, 10장). 미·중 경쟁 속에서 아세안이 어부지리(漁父之利)를 얻고 있다. 그러나 아세안이 중국 제조업manufacturing에 대한 대안(代案)이 될 여건을 갖추고 있으며2) 미국, 중국 어느 쪽으로 편향되지 않는 균형 외교도 그러한 결과를 가져왔다고 평가된다. 아세안은 당분간 해외투자FDI 유입 속에서 지속적 경제성장이 전망된다.

2000년대 초 아세안 10개국의 경제 규모GDP는 열 나라를 합해도

---

2) 흔히 인도나 남아시아가 중국의 대만(代案)으로 거론되지만, 제조업 능력(기술, 경험, 지역 기업 연계망 등), 하드와 소프트 인프라 수준이 아세안을 따라잡으려면 오랜 시일이 걸릴 것이다. 대만 기업 Foxconn이 작년 인도에 195억 달러 반도체 칩 생산할 계획이라고 발표하였으나 2023년 7월에 동 계획을 철회하겠다고 발표했다(REUTERS 2023.7.11. 기사).

한국 경제 규모와 엇비슷하였으나 지금은 한국 GDP의 2배를 넘었다. 이러한 양적 추월이 5년, 10년 후 질적으로도 한국을 추월할 수도 있다.

2. 미·중 반도체 경쟁 관련 아세안을 주목한다.

말레이시아와 싱가포르는 2021~2022년 두 해 사이 세계에서 반도체산업 분야에서 해외 투자를 가장 많이 유치한 열 나라 중에 포함되어 있다. 인도네시아, 베트남, 태국, 필리핀도 반도체산업 관련 국제언론의 주목을 받고 있다. 몇 년 전까지 중국이 세계 반도체 칩chip 소비의 반을 차지하였고, 이 나라의 칩 생산 계획이 세계적 주목을 받았다. 그러나 2021년 바이든 행정부가 들어서고, 중국에 대한 미국의 견제조치가 본격 가동되자 중국에 있던 반도체 관련 외국기업 다수가 동남아로 옮겼다.

반도체산업의 가치 사슬은 크게 나눠 설계design, 제조production, 후공정(后工程)으로 나눈다. 설계의 강자는 미국, 유럽이고, 제조의 강자는 대만, 한국이다. 대만 기업 TSMC가 일본에 대규모 반도체 칩 생산 공장을 건설 중이다. 아세안은 후공정(后工程)[3] 분야에 강점이 있다. 또한, 휴대전화기, 가전, 자동차, PC, 그리고 디지털 경제 등 반도체 칩이 필요한 반도체 전방(前方)산업도 빠르게 성장하고 있다.

반도체산업의 동아시아 지역분업

반도체산업에 대한 동아시아 지역분업이 진행되고 있다. 대만과 싱

---

3) 后工程이란, 설계에 따라 제조된 반도체 chip을 자동차, 휴대폰 등 최종 수요기기에 맞게 조립, 테스트, 패키징(packaging)하는 공정이다.

가포르의 예를 들면, 반도체 칩 수출입의 80~90%가 이웃 나라, 중국, 한국, 일본, 대만, 아세안을 상대로 이루어지고 있다. 그중에서도 중국(및 홍콩)이 절반 이상을 차지하는 반면, 미국 비중은 5% 미만이다. 이에 비추어, 미국이 중국에 대한 반도체 투자 견제는 가능하지만, 중국에 대한 수출입마저 견제하려면 대체(代替) 시장을 제공해야 할 것이다.

아세안의 태도를 주목할 필요가 있다. 첫째, 미국이 주도하는 인·태 경제프레임워크IPEF 협상은 반도체공급망GSC도 주요 의제로 다루고 있다. IPEF 협상에 참여하는 14개국의 절반이 아세안 회원국이다. 둘째, 앞에서 언급하였듯이 동아시아 반도체의 최대 수출시장은 동아시아이다. 과거에는 동아시아 제품의 최대 수출시장이 미국과 유럽이었다. 마지막으로, 미국과 아세안 간 견해(인식) 차이가 크다. 아세안은 미국의 중국 견제 정책을 지지하지 않는다. 아세안 사람들은 중국이 미국보다 더 큰 정치, 경제적 영향력을 가지고 있다고 인식하고 있다(동남아연구소 여론 조사4)).

이에 비추어, IPEF 협상에서 반도체 공급망 문제를 미국과 아세안이 어떻게 타협할까 주목된다. 아마도, 미국 정부는 중국에 대한 직접 견제는 강화하되 아세안의 우회로(迂廻路)는 허용하지 않을까 싶다. 그렇지 않으면, 미국 기업이 아세안 내 반도체 투자진출을 허용하지 않았을 것이다. 아세안에는 중국의 반도체 투자진출도 활발하다.

---

4) 국제적으로 잘 알려진 싱가포르의 동남아 연구소 ISEAS－Yusof Ishak Institute는 매년 아세안 10개국 지식인에 대한 여론 조사 결과를 시행하여 발표한다(ASEAN Survey 2023).

끝내면서

3. 한반도 정세 안정에 아세안을 활용한다.

현재 남·북한 및 미·중 관계에 비추어, 한반도 안정과 북한(핵) 문제의 조기 타결은 기대하기 힘들다. 미국과 중국은 미·중 경쟁 속에서 한반도 문제를 어떻게 자신의 전략에 유리하게 활용할까에 더 큰 관심이 있어 보인다. 전략경쟁을 벌이고 있는 미·중에만 의존하는 것은 한반도 긴장만 더욱 고조시킬 뿐이다. 현재 일어나고 있는 현상이 이를 입증하고 있다.

우리는 한반도 문제를 미·중 경쟁에만 의존하지 말고 양자, 다자 등 다양한 방안을 찾아야 한다. 그중, 아세안을 활용한 다자적 접근 multilateral approach도 유용할 것이다. 아세안은 남북한에 대하여 균형 외교 원칙을 유지해 왔으며, 오랫동안 한반도 문제에 개입한 경험이 있다. 남북한이 매년 열리는 아세안지역안보포럼ARF에 같이 참가한다.

다자외교란 사태를 진정시키는데 가장 좋은 약이다. 아세안의 중간 역할을 통하여, 아니면 아세안이 주관하는 다자회의를 활용하여 한반도 사태를 진정시키고, 이를 통하여 문제 해결을 위한 다음 단계의 방안을 논의하는 것이다. 중소(中小)국가가 대국에 의존하여 문제 해결하려는 방식은 때로는 유용할 때도 있지만, 장기적으로 다른 대국의 개입을 유발한다. 대국들은 자국 이익부터 챙기면서 해당국의 이익은 뒷전으로 미루는 경우가 많다. 새로운 시대 변화에 미국, 중국에만 의존하던 방식을 보완할 필요가 있다.

저자 약력

이선진(李先鎭)

- 서울대학교 외교학과 졸업
- 외교부 재직(1975년–2008년)
  • 본부: 중국과장, 외교정책국장, 외교정책실장
  • 해외: 주 인도네시아 대사, 주 상하이 총영사, 미국, 중국, 일본 근무
- 외교부 퇴직 후 대학 강의 및 연구
  • 서강대학교 국제대학원(2009년~2018년, 가을 학기)
  • 서울대학교 정치외교학부(2014년~2018년, 봄 학기)
  • 동남아 지역의 현지 조사 여행 20여 차례: 아세안–중국 관계와 동남아 지역 통합에
    관하여 연구.

저 서

  • 저서: 『중국의 부상과 동남아의 대응』(2011. 편저), 『대사들, 아시아 전략을 말하다』
    (2012 · 편저).
  • 동아시아 지역협력 및 아세안 정세에 관한 다수의 기고와 언론 칼럼("내일신문"과
    "매일경제신문" 등)

중국과 공존하는 아세안의 지혜

초판발행   2023년 9월 15일

지은이   이선진
펴낸이   안종만·안상준

편 집   장유나
기획/마케팅   노 현
표지디자인   BEN STORY
제 작   고철민·조영환

펴낸곳   (주)**박영사**
               서울특별시 금천구 가산디지털2로 53, 210호(가산동, 한라시그마밸리)
               등록 1959. 3. 11. 제300-1959-1호(倫)
전 화   02)733-6771
f a x   02)736-4818
e-mail   pys@pybook.co.kr
homepage   www.pybook.co.kr
ISBN   979-11-303-1777-9   93340

정 가   20,000원